O Mediterrâneo de Vidal de la Blache
O primeiro esboço do método geográfico (1872-1918)

LARISSA ALVES DE LIRA

O Mediterrâneo de Vidal de la Blache
O primeiro esboço do método geográfico (1872-1918)

Copyright © 2013 Larissa Alves de Lira

Grafia atualizada segundo o Acordo Ortográfico da Língua Portuguesa de 1990,
que entrou em vigor no Brasil em 2009.

Edição: Joana Monteleone/ Haroldo Ceravolo Sereza
Editor assistente: Vitor Rodrigo Donofrio Arruda
Projeto gráfico e diagramação: Gabriel Patez Silva
Capa: João Paulo Putini
Revisão: Bruno Martins
Assistente de produção: Ana Lígia Martins
Imagens – Capa: Ilustração – Vidal de la Blache. In: RIBEIRO, Orlando. "En relisant Vidal de la Blache". *Annales de Géographie,* t. 77, n° 424, 1968, p. 641-662/ *Contracapa:* Disponível em: <sxc.hu>.

CIP-BRASIL. CATALOGAÇÃO NA PUBLICAÇÃO
SINDICATO NACIONAL DOS EDITORES DE LIVROS, RJ

L745m

Lira, Larissa Alves de
O MEDITERRÂNEO DE VIDAL DE LA BLACHE : O PRIMEIRO
ESBOÇO DO MÉTODO GEOGRÁFICO (1872-1918)
Larissa Alves de Lira. - 1. ed.
São Paulo : Alameda, 2013
302 p. ; 21 cm

Inclui bibliografia
ISBN 978-85-7939-239-9

1. Vidal de la Blache, (1845-1918) - Geografia.
2. Geografia. 3. Mediterrâneo, Mar, Região. I. Título.

13-07141

CDD: 910
CDU: 910

ALAMEDA CASA EDITORIAL
Rua Conselheiro Ramalho, 694 – Bela Vista
CEP 01325-000 – São Paulo – SP
Tel. (11) 3012-2400
www.alamedaeditorial.com.br

Para o meu pai, Jaime José de Lira,
e para minha mãe, Maria Auxiliadora Alves da Silva

"Amei apaixonadamente o Mediterrâneo indubitavelmente porque oriundo do Norte. Como tantos outros, após tantos outros. Consagrei-lhe, com alegria, longos anos de estudo, muito para além de toda minha juventude. Como única contrapartida, espero que um pouco desta alegria e muito da sua luz iluminem as páginas deste livro. [...] Penso que o melhor documento sobre o passado do mar é ele próprio, tal como cada um o pode ver – e amar. Talvez tenha sido esta a única lição que me ficou dos geógrafos que foram meus mestres na Sorbonne; mas, pelo menos, conservei-a, e com uma obstinação que explica o sentido de todo o meu trabalho".

Prefácio de *O Mediterrâneo*, de Fernand Braudel

Fonte: VIDAL DE LA BLACHE, s/d

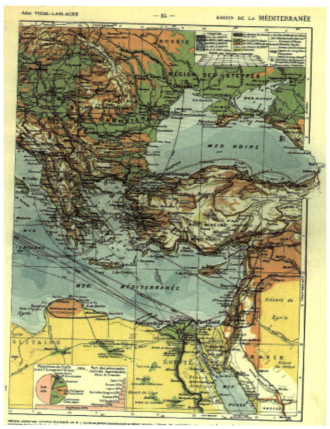

Fonte: VIDAL DE LA BLACHE, s/d

SUMÁRIO

PREFÁCIO 17
Paul Claval

INTRODUÇÃO 19

CAPÍTULO I. Vidal de la Blache à luz dos recursos da 25
história social das ideias e da história das permanências

O Mediterrâneo 34

História social das ideias vidalianas acerca do Mediterrâneo 40

Uma história das permanências: o movimento 47
lento da constituição das ideias científicas

A história das ideias: o retorno ao passado 52
e os esforços de coerência

CAPÍTULO 2. Vidal de la Blache à luz dos recursos 59
da história social da Geografia

Sociologia da ciência e círculo de afinidades: a relação 60
com os historiadores como uma das estratégias
de institucionalização da Geografia vidaliana

A força da circulação na teoria lablachiana a partir do contexto 67

Geografia da ciência: as geopolíticas do conhecimento 72
na regionalização do Mediterrâneo

Lugares e ideias vidalianas negligenciadas pela historiografia da 79
Geografia clássica: a história, a circulação e o Mediterrâneo

CAPÍTULO 3. Vidal historiador: a noção de tempo 91
geográfico a partir do Mediterrâneo de Vidal de la Blache

O Mediterrâneo antes de Vidal: 93
a "invenção científica do Mediterrâneo"

Percursos da institucionalização da Geografia: a formação, o ingresso em Nancy e o contato com os historiadores 99

Vidal como historiador erudito: o doutorado em Atenas 109

A concepção de tempo geográfico do Mediterrâneo de Vidal de la Blache 116

Novos fatos e novos personagens 117

Avanços e recuos dos processos históricos 121

Cronologia dos espaços e das técnicas 124

Camadas de tempo 132

A importância da noção de tempo (geográfico) para o determinismo vidaliano 136

CAPÍTULO 4. Vidal naturalista: a circulação no Mediterrâneo de Vidal de la Blache 141

O empréstimo dos métodos das ciências naturais em prol da circulação 146

A circulação dos naturalistas 153

Diversas concepções que a circulação toma no Mediterrâneo e no pensamento de Vidal de la Blache 162

O isolamento 168

A disseminação 170

Formação das regiões por contiguidade 174

Formação das regiões por redes 178

Ritmo lento, pequenas jornadas, meio de transporte arcaico e associação com o solo e o relevo 181

Ritmo veloz, grandes jornadas, meio de transporte moderno e associação com os rios e correntes 183

As escalas 185

CAPÍTULO 5. Vidal político: a 3regionalização do Mediterrâneo de Vidal de la Blache 191

A Península italiana e o reino da Itália 192

Península Ibérica e Reinos de Espanha e Portugal 201

A decadência do Mediterrâneo 208

O Mediterrâneo do Colonialismo 216

O Mediterrâneo como espaço de referência 225

CONSIDERAÇÕES FINAIS 231

BIBLIOGRAFIA 237

ANEXOS

ANEXO A – Tradução. A Península Europeia. 261
O Oceano e o Mediterrâneo

ANEXO B – Tradução. A relação entre as populações 281
e o clima nas costas europeias do Mediterrâneo

ANEXO C – Mapa 4: Italie Politique 302

ANEXO D – Mapa 5: Italie Physique 303

ANEXO E – Mapa 6: Espagne et Portgual Politique 304

ANEXO F – Mapa 7: Espagne et Portugal Physique 305

AGRADECIMENTOS 307

LISTAS

MAPAS

Mapa 1: Carta para servir à história da ocupação dos solos 187

Mapa 2: As regionalizações do Mediterrâneo: 214
cidades e áreas citadas por Vidal de la Blache
por documento (1872, 1873, 1875, 1886, 1918)

Mapa 3: Os Mediterrâneos de Vidal, da Geografia botânica, 215
da colonização e do Império Romano

Mapa 4: Italie Politique 302

Mapa 5: Italie Physique 303

Mapa 6: Espagne et Portgual Politique 304

Mapa 7: Espagne et Portugal Physique 305

GRÁFICOS

Gráfico 1: Origem das fontes de Vidal de la Blache 117
– Princípios de Geografia Humana com repetições

Gráfico 2: Autores mais citados nos documentos 144
sobre Mediterrâneo de Vidal de la Blache

Gráfico 3: Geografia das fontes de Vidal de la Blache 145
(documentos sobre o Mediterrâneo)

TABELAS

Tabela 1: Autores mais citados e os cruzamentos bibliográficos entre os 87
discípulos de Vidal em obras sobre o Mediterrâneo (1934-1948)

Tabela 2: Investimentos estrangeiros nos empreendimentos 221
no Egito e no Império Otomano (em milhões de francos)

ILUSTRAÇÕES

Ilustração 1: Vidal de la Blache 83

Ilustração 2: Marseille. Plan Géometral Gravé par Faure 139

FOTOS

Foto 1: Alexandria, Egito 24

Foto 2: Aqaba 24

Foto 3: Istambul 57

Foto 4: Atenas 57

Foto 5: Veneza 88

Foto 6: Veneza 89

Foto 7: Roma 89

Foto 8: Barcelona 140

Foto 9: Lisboa 230

PREFÁCIO

O projeto de Larissa Lira não estava livre de riscos : ao abordar o pensamento de Vidal de la Blache através de seus trabalhos sobre o Mediterrâneo, ela poderia ter desconsiderado as lições trazidas pelo *Tableau de la Géographie de la France*, pelos grandes artigos metodológicos publicados em torno de 1900 e também por aqueles que lançaram, a partir de 1909, as bases de uma Geografia moderna. Seria preciso esta prodigiosa familiaridade que Larissa Lira adquiriu com a obra vidaliana, com o contexto francês e internacional no qual ele amadurecera, com as influências sofridas por Vidal e com a multiplicidade de comentários e estudos que tais publicações suscitaram, para compreender que o Mediterrâneo fora o laboratório no qual essas ideias haviam se formado.

Vidal de la Blache tinha inúmeras razões para se ligar ao mundo mediterrâneo. Ele era originário da região. Descobrira a Geografia enquanto residia em Atenas e realizava pesquisas arqueológicas na Ásia Menor: as obras de Ritter serviram-lhe de guia. Ele assistiu à inauguração do Canal de Suez, que restituiu o papel central do mar interior nas relações marítimas mundiais. As pesquisas dos naturalistas mostraram qual era a especificidade desses meios. Que conjunto teria melhor servido para a construção de uma disciplina que considerava a terra como um todo, que passava constantemente do local ao regional ou mundial, que insistia na circulação, levando todavia em conta as restrições ambientais e as heranças, tão pesadas, nessa terra rica em história?

Dos três componentes do método de Vidal – a adaptação dos homens ao meio, o papel atribuído à história, a atenção dada à circulação – Larissa Lira retém os dois últimos, o primeiro já tendo sido amplamente estudado por outros autores. O Mediterrâneo está no centro de seu trabalho: os povos mediterrâneos instalaram-se em ambientes difíceis, cujos meios avaros impõem uma vida de relação que se aproveita das complementaridades e que estrutura o espaço. Diante do isolamento que ameaça as pequenas células de que esse mundo é feito, as relações de contiguidade do mundo tradicional desenham uma primeira forma de organização regional. Com a construção de eixos melhor equipados, cidades e portos se desenvolvem, um novo mosaico de áreas compostas por essas redes se estabelece. De um lado, os lentos deslocamentos dos grupos de antigamente; de outro, o papel da velocidade nas sociedades que se modernizam.

Nem todos os meios mediterrâneos prestam-se igualmente bem à construção de sistemas políticos. As grandes penínsulas da parte norte organizaram-se precocemente em reinos ou em um mosaico de dinâmicas cidades-estados. Nas costas meridionais e orientais, a difícil coabitação de comunidades agrícolas sedentárias e pastores nômades constitui frequentemente um gérmen de insegurança e instabilidade. Mais do que as grandes penínsulas das costas europeias, essas terras conhecem a decadência. Da qual a colonização se aproveita.

O método desenvolvido por Vidal de la Blache, em sua análise do mundo mediterrâneo, tem um alcance geral: ele leva em consideração o peso da história e as restrições ambientais, mas mostra como esse mundo, pouco a pouco, libertou-se desses fatores por meio da circulação.

A tese de Larissa Lira é original; seus argumentos, bem embasados.

Paul Claval
4 de março de 2013

INTRODUÇÃO

Quando este trabalho foi pensado, ainda não se desenhavam as fontes ou o tema. Só o personagem exercia enérgica atração, no início de nossa graduação, ainda em 2004. A história do pensamento geográfico já nos havia convencido do seu alcance no entendimento da atividade geográfica, do ser geógrafo. A um espírito dado às questões teóricas, uma ferramenta dessa envergadura instalou-se nas profundezas da nossa busca pela identidade e logo Vidal de la Blache se desenhou como o líder austero de uma disciplina segura de seus métodos, plantada sob os domínios felizes do reconhecimento acadêmico em fins do século XIX.[1]

Felizmente, nosso cenário intelectual vivido intensamente na Universidade de São Paulo, demonstrou-se muito mais turbulento do que os próprios devaneios sobre o passado da Geografia. A morte de Milton Santos, em 2001, deixou-nos a sensação de uma chegada atrasada, e a crise política pela qual passou o Brasil em 2005 agitou tanto o movimento estudantil dos cursos de Geografia, que foi impossível não fazer desse malogro uma busca ainda mais intensa por uma identidade que já se imporia naturalmente no despertar do nosso curso.

A Geografia apareceu-nos maravilhosamente repartida em muitos domínios, métodos e temas. Mas isso causava, naquela época, algum mal-estar entre os estudantes. As controvérsias sobre a identidade da Geografia eram intensas, por vezes apaixonadas e muitos dos ensinamentos dos antigos geógrafos estavam velados sob os argumentos do presente. Vidal era certamente uma dessas lembranças controversas que, às vezes, era melhor evitar.

---

1 Vidal de la Blache foi mestre incontestável da Geografia francesa universitária. Tal Geografia influenciou, no início do século XX, departamentos como o da Universidade de São Paulo, através da missão francesa, que contribuiu na fundação da Universidade.

Mas, no fim daquele novo ano, outro personagem nos foi apresentado: Fernand Braudel. Junto com ele, o Mediterrâneo. Isso foi feito de forma tão instigadora pelo historiador Lincoln Secco que admiramos pela primeira vez o empenho dos historiadores, vizinhos de prédio, em recuperar seus mortos, exercer uma crítica arguta e, mesmo assim, dá-los o status de grandes mestres.

Mas isso não explica por si só a intensidade com que nos dedicamos a Fernand Braudel nos anos da graduação. Ainda que nosso primeiro projeto de pesquisa tenha sido sobre as relações de Braudel e de Vidal de la Blache, financiado pela Fapesp, sob orientação do professor Lincoln Secco, e pelo CNPq, sob orientação do professor Antonio Carlos Robert Moraes, foi em Braudel, e não em Vidal, que nos encontramos. Sua inteligência elegante e perspicaz fisgou uma estudante de Geografia sem nenhum constrangimento: Braudel era também geógrafo, como defendia Lacoste.

Passaríamos muitas linhas descrevendo nosso trabalho "braudeliano", mas esta introdução pretende ser curta. O fato mais proeminente é que, aquele que se tornou uma referência fundamental, tinha também em Vidal um porto seguro. Os resultados dessa pesquisa foram publicados na revista Confins, em 2008, no artigo "Fernand Braudel e Vidal de la Blache. Geohistória e História da Geografia" (2008). Vidal era a referência principal na elaboração do conceito de longa duração, na primeira parte da obra *O Mediterrâneo e o mundo mediterrânico na época de Felipe II* (1983). Uma conexão afortunada que nos lançou novamente aos mares vidalianos.

Concomitantemente, findavam-se os anos de graduação. A orientação com o professor Antonio Carlos Robert Moraes no trabalho de conclusão de curso convenceu-nos da necessidade de fazer a viagem de retorno aos domínios da Geografia, no âmbito do nosso mestrado. Este livro é o fruto da nossa dissertação de mestrado, defendida em Abril de 2012, na Faculdade de Filosofia, Letras e Ciências Humanas da USP e denominada "O primeiro esboço do método geográfico de Vidal de la Blache a partir dos estudos do Mediterrâneo. Permanências e rupturas no contexto da institucionalização da Geografia (1872-1918)" e

O MEDITERRÂNEO DE VIDAL DE LA BLACHE

orientada pelo professor Manoel Fernandes de Sousa Neto. Pareceu-nos evidente olhar o antigo horizonte e estudar o método vidaliano de Geografia. Seja para compreender nossa própria formação, seja para compreender (por que não?) a formação de Braudel.

Este trabalho se situa nesse intermédio. Mesmo que para sua elaboração tenha sido preciso fazer, ou tentar fazer, tábula rasa dos conceitos braudelianos, ele não deixa de se situar no esforço rebelde de observar uma Geografia fora de suas fronteiras. Um esforço que tinha tudo para ser dramático se o domínio da Geohistória não estivesse tão solidamente definido e se as suspeitas de que Vidal tenha sido peça chave dessa elaboração não tivessem sido previamente defendidas por pesquisadores como Paul Claval (1984).

Aliás, foi um artigo deste mesmo pesquisador que nos introduziu a necessidade de estudar o Mediterrâneo dos geógrafos.[2] Encontramos então um caminho acautelado para a viagem de retorno, variando os personagens, mas mantendo sob o nosso olhar as alegrias mediterrâneas e os espaços de refúgio de bandidos.

Qual não foi nossa surpresa quando vimos a quantidade de geógrafos que havia se dedicado ao tema: Vidal de la Blache, Jean Brunhes, Max Sorre, Jules Sion, Gautier, Maurice Le Lannou, André Siegfried, Pierre Deffontaines, Pierre Monbeig, Pierre George, entre outros. Nosso primeiro impulso foi abarcá-los todos. Ainda mais porque Fernand Braudel tinha uma leitura muito sutil da história do pensamento geográfico que carecia de comprovação: enquanto a Vidal eram reservadas as elogiosas palavras dos mais altos graus de admiração, os discípulos de Vidal Braudel o acusavam de "estreito", "que havia des-espacializado a história", vivendo em época de "crise". O que acontecera?

Manoel Fernandes de Sousa Neto fez um esforço hercúleo para nos mostrar que certas questões nos acompanhariam pela vida e que nem tudo seria respondido de um só golpe. Ao longo do caminho

---

2 Referimos-nos à CLAVAL, Paul. Le Géographes français e le monde méditerranéen. *Annales de Géographie*, XCVII, n. 542, p. 385- 403. 1988.

de escrita desse livro, organizamos um recuo das ambições e foi no Mediterrâneo de Vidal que se enraizaram os objetivos da pesquisa. Essa leitura braudeliana que vê uma espécie de ruptura entre Vidal e os discípulos ainda está por ser revista.

Ao longo da trajetória, demo-nos conta de que o Mediterrâneo de Vidal de la Blache não só tivera sido uma preocupação primeva do historiador que se tornou geógrafo em fins do século XIX, como também aparecia frequentemente através de exemplos, nos trabalhos mais significativos do autor, como o Princípio de Geografia Geral, As Caraterísticas Próprias da Geografia, O Gênero de Vida em Geografia Humana, *Tableau de la Géographie de la France* e *Princípios de Geografia Humana*, entre outros. Uma busca minuciosa revelou que Vidal possuía passagens significativas sobre o Mediterrâneo: além do doutorado que tem a Grécia como pano de fundo, artigos, capítulos de livros, cartas, trechos. Daí formatou-se a questão que rege este trabalho: qual a concepção metodológica de Geografia elaborada a partir do Mediterrâneo de Vidal de la Blache?

Esta inspiração primeva de Vidal sobre o Mediterrâneo – começando no doutorado, ainda como historiador, para depois se "tornar" geógrafo – aguçou-nos a sensação de que as rupturas no âmbito da ciência não eram tão estrondosas como pareciam. A ideia de que a institucionalização da Geografia, em outras palavras, a entrada da Geografia nas universidades, seja um movimento com avanços e recuos, faz parte do método desse trabalho. O despertar de uma visão geográfica em Vidal não fez tábula rasa de seu antigo domínio de predileção: a história. Se já não estivéssemos convencidos da importância da observação das permanências no desenrolar dos fatos históricos, esta também teria sido uma excelente oportunidade.

Nosso orientador, Manoel Fernandes, foi também perito em nos orientar para observação "aberta" do nosso objeto, fora dos quadros "estreitos" – desta vez o termo se aplica a ele – dos conceitos de Fernand Braudel (ainda que nossos insucessos não sejam de sua responsabilidade). O Mediterrâneo de Vidal tornou-se um mundo desconhecido, mesmo que a nossa imaginação já estivesse permeada pela imobilidade de Felipe II (ou o "rei papeleiro") e as andanças do duque de Alba. Ao final, três conceitos assumiram o carro chefe: o tempo geográfico, a circulação e a região (ou a regionalização). Nossos últimos três capítulos apresentaremos o modo como estas ferramentas ganharam significado e se organizaram no Mediterrâneo de Vidal de la Blache.

Sousa Neto também nos apresentou outro método profícuo que orientou o nosso olhar para a centralidade de tais conceitos (além da inspiração das permanências): a história social das ciências. Recorrendo ao contexto social de sua época e aos jogos políticos e institucionais, pudemos perceber que tais arrimos metodológicos não apenas faziam parte de uma brilhante visão de mundo – ou de centro de mundo –, como representavam estratégias de aceitação e legitimidade da disciplina neófita, em fins do século XIX.

Os primeiros dois capítulos desse livro apresentam ao leitor quem foi Vidal de la Blache e como ele viu, resumidamente, o Mediterrâneo. Em seguida, discutimos rapidamente o alcance do método social e da história das permanências para uma abordagem em história das ideias. Os últimos três já tiveram seu conteúdo anunciado. Todos os capítulos possuem ferramentas específicas que contribuem para os argumentos: elaboramos mapas das "ideias" de Vidal e a análise bibliométrica contribuiu para enfatizar as fontes. Nos anexos, duas traduções, uma delas realizada com outro pesquisador "vidaliano", Guilherme Ribeiro.

Que o leitor possa encontrar neste livro o que fora aqui enunciado e que o leve muito mais adiante através do que não foi. O alcance de um trabalho produzido a partir de um mestrado será julgado pelo que suscita numa época em que os trabalhos de pequeno porte pelejam para ganhar repercussão. Mas o prazer que encontramos em sua elaboração já seria a compensação necessária para que suas páginas fossem apenas corroídas em algumas das bibliotecas geográficas brasileiras, que dirá se encontrar caros leitores.

Foto 1: MARTINS, Yuri. Alexandria, Egito. 2011.

Foto 2: MARTINS, Yuri. Aqaba. Vista do litoral palestino. 2011.

CAPÍTULO I

Vidal de la Blache à luz dos recursos da história social das ideias e da história das permanências

Dissertaremos, ao longo deste trabalho, sobre o método geográfico elaborado a partir do Mediterrâneo sob a perspectiva da história social das ideias e de uma história das permanências. Mas antes de adentrar na discussão sobre como tais perspectivas auxiliam na elucidação dos conceitos centrais do método geográfico vidaliano, merece consideração uma apresentação à ligeira de ambos os atores envolvidos nessa história.

O nome de Vidal é vinculado à terra. Está ligado a uma pequena vila da região de Velay, em meio às montanhas do Maciço Central, vilarejo atravessado pelo rio Loire. Nas próprias palavras do nosso personagem, o *pays* tem uma aparência feudal, onde a existência de uma vida laboriosa e difusa sobrevive há séculos em um planalto de 700 a 1.000 metros de altura. O relevo vulcânico, a abundância de água e a presença de material de construção proveniente da lava facilitaram a instalação de agrupamentos humanos. Aí estabeleceram-se laços difíceis de romper: casas construídas passavam de pai para filho e o cultivo do solo dependia da força dos braços familiares. A família de Vidal viveu na aldeia de La Blache, nessa região, desde pelo menos 1644, seguindo-se muitas gerações (SANGUIN, 1993, p. 24-26). Tal é a imagem dos *pays* franceses. Vidal de la Blache nasceu em Pézenas em 22 de janeiro de 1845.

Antoine, pai de Vidal, formou-se em Letras aos 20 anos e, devido à profissão de professor do Segundo Império, sua vida itinerante fez com que Vidal nascesse em Pézenas, em 22 de janeiro de 1845 (SANGUIN, 1993, p. 28-38). A vida de estudos na província era sofrida. A dificuldade de passar nos exames da *Agrégation*,[1] que distava das principais bibliotecas da capital, tornava a ascensão administrativa no sistema de liceus uma batalha (Antoine prestara o exame II vezes). É por isso que, em 1858, Antoine envia Paul para estudar em Paris, em um dos mais conceituados liceus: *Charlemagne*. Lá, ele conheceu o historiador Ernest Lavisse, uma classe acima (SANGUIN, 1993, p. 40-48), que terá um papel muito importante na carreira de Vidal (voltaremos a este ponto).

Vidal termina os estudos colegiais em 1863 e passa em primeiro lugar no concurso de admissão da *École Normale*, o *baccalauréat*, (SANGUIN, 1993, p. 51). Dedica-se então à preparação para alcançar uma vaga na *Agrégation*. Após ter se destacado nas belas artes, o interesse pela História lhe toca já tardiamente, mas lança-se com afinco aos estudos para apresentar-se à *Agrégation* em História e Geografia em 1866, aos 21 anos (a média de idade dos candidatos situava-se entre 27 e 42 anos). Nesse ano, são quatro os *agregés*, sendo Vidal o mais novo e o único que ainda não tinha experiência em algum liceu. Sua atuação é brilhante, sendo aprovado em primeiro lugar (SANGUIN, 1993, p. 53-55).

A partir deste extraordinário resultado, uma perspectiva importante se abrirá. A *École Française d'archéologie,* criada em 1846, admitia, sem exame, os alunos aprovados em primeiro lugar na *Agrégation* (SANGUIN, 1993, p. 59). Em 1867 ele é direcionado pelo ministro para essa escola. Fazia parte do ritual de entrada uma passagem pela Itália, onde Vidal passa os meses de fevereiro, março e abril de 1867 (SANGUIN, 1993, p. 60).

A estada em Antenas lhe proporcionou muitas viagens, quase todas pelo Mediterrâneo. Em 1869 ele parte para as costas da Síria. Depois, viaja para o Egito, onde assiste à inauguração do Canal

---

[1] Obter êxito nos exames da *Agrégation* (criada por decretos napoleônicos de 1806 e 1808), era a porta de entrada para o sistema universitário e para a melhoria dos salários na rede dos colégios, além do acesso ao sistema administrativo da Instrução Pública em escala regional e nacional (SANGUIN, 1993, p. 30).

de Suez. A Turquia e a Palestina são também percorridas por ele (PINCHEMEL, 1975).

Nos idos de seu segundo ano em Atenas, Paul completa sua obra histórica: a biografia do retórico grego, cuja vida se desenrolou sob o cenário de dominação romana, Heródes Ático. La Blache deixa Atenas em 6 de dezembro de 1869 (SANGUIN, 1993, p. 66-71). Durante sua estada na Grécia, Vidal lerá as obras de um dos pioneiros da Geografia moderna, Carl Ritter, consagradas à Síria, à Palestina e à Ásia Menor e, com mesma intensidade, os escritos de Humboldt[2] (PINCHEMEL, 1975, p. 11). *Foi o Mediterrâneo que levou Vidal a Ritter,* é ideia que nos vem ao espírito:[3]

> É difícil saber, na verdade, como se revelou a vocação do geógrafo Vidal de la Blache. Ele pertence a esta geração de transição dos últimos geógrafos vindos de outras disciplinas e que não receberam formação universitária em Geografia. Não deveríamos pensar, mais do que em todas as influências históricas e intelectuais, naquela da paisagem mediterrânica, nessa natureza que, como um livro aberto, oferece à leitura as expressões morfológicas das rochas e camadas, que exprime os contrastes mais sobressalentes e que expõe, com maior evidência, as relações entre os meios e as sociedades? (PINCHEMEL, 1975, p. 11).[4]

---

2   Geógrafos alemães, estes foram os principais nomes da primeira metade do século XIX, reconhecidos internacionalmente. Alexander Von Humboldt era naturalista e Carl Ritter tinha formação original de historiador.

3   Para os textos em língua francesa e não publicados em língua portuguesa, foram realizadas traduções pela autora, por Marcelo Almada e por Bárbara Falleiros e também foram reproduzidos na língua original, em nota.

4   "Il est difficile de savoir en vérité comment se révéla la vocation du géographe Vidal de la Blache; il appartient à cette génération de transition des derniers géographes issus d'autres disciplines, et qui n'avaient pas reçu de formation universitaire géographique. Plus que toutes les influences historiques ou intellectuelles, ne faudrait-il pas songer à celle des paysages méditerranéens, à cette nature où se lisent à livre ouvert les expression

A tese que Vidal desenvolveu no instituto de Atenas será defendida na *Faculté de Lettres de Paris (Sorbonne)*, em 1872, após ter labutado nos seus útlimos detalhes numa pequena sala ao som das bombas da Comuna de Paris. Frente à revolução, Paul decide deixar a capital. Para escapar à revista rigorosa que se dá na saída da cidade, empresta de um conhecido um documento falso, de um brasileiro chamado Gaston Maspéro, nascido em Motevidéu! (SANGUIN, 1993, p. 94).

Em 1870 casa-se com Laure, com quem terá cinco filhos, dos quais quatro não sobrevivem às vicissitudes dos agitados séculos XIX e XX. Ademais, a família de Vidal logo será arrastada pela corrente da guerra franco prussiana, declarada em 17 de julho de 1870, da qual seu irmão mais novo participará desde o início, sendo sucessivas as derrotas: Wissembourg, Froeschwiller, Reichshoffen, Forbach (SANGUIN, 1993, p. 80-84).

A maneira como o império conduz o conflito é alvo de censuras populares (SANGUIN, 1993, p. 80-84). Uma carta de Vidal enviada à sua mulher atesta seu sentimento patriótico e, mesmo as decepções, suas e de seus familiares, não fizeram mais do que aprofundar esse sentimento. Num paradoxo entre o horror e a admiração, é assim que se refere aos seus adversários:

> Não tinham os estudantes de Leipzig razão ao mencionarem, outro dia, a missão histórica da Alemanha? Não há aí um fato incontestável, uma marcha, avançando em todos os ramos da atividade humana, desde o início do século? A raça germânica não está tomando posse dos destinos do mundo? Não é ela, hoje, a única que coloniza, que ocupa a América, que compete com os ingleses na Índia, que tem o dom de engendrar? Ela não nos ultrapassa, não só no comércio como também

morphologiques des roches et des couches, où s'expriment les contrastes les plus accusés, où se posent avec le plus d'évidence les relations des milieux et des sociétés?"

na ciência? Estamos prontos para deter esta ascensão progressiva, regular, irresistível? Triste pensamento, cuja conclusão empurra a França para o lado da Itália ou da Espanha! (VIDAL DE LA BLACHE *apud* SANGUIN, 1993, p. 86-87).[5]

Em 8 de janeiro de 1872, Vidal sustenta sua tese após uma longuíssima argumentação. Na plateia, um convidado incógnito escondido na massa: o Imperador do Brasil (SANGUIN, 1993, p. 101-102). A estratégia para obter uma cadeira de História e Geografia na Faculdade de Nancy é colocada com afinco desde novembro de 1871, quando aciona as maiores personalidades do ensino superior, Dumesnil e Mourier. As recentes mudanças ocorridas nos estudos geográficos o atraem para essa região (SANGUIN, 1993, p. 104-106). Desde 4 de julho, Nancy se tornara praticamente fronteira com a Alemanha (depois das perdas territoriais), recebendo exilados das antigas Alsácia e Lorena (SANGUIN, 1993, p. 106).

Entre outros, ele é apoiado por Émile Burnouf, diretor da Escola de Atenas, que se reporta diretamente ao Ministro e dá vulto às qualidades de Vidal, bem como às desvantagens de seu concorrente (este último, por sua vez, era demasiadamente católico!). Paul, acrescenta ele, fará face aos seus rivais de Estrasburgo (os prussianos!) (ANDREWS, 1986, p. 354).

Este interesse de La Blache pela Geografia, defende Andrews, é em grande parte impulsionado pelo contexto. Depois da derrota na guerra, Jules Simon, ministro da Instrução Pública, lança uma forte

---

5 "Les étudiantes de Leipzig n'avaient pas raison de parler l'autre jour de la mission historique de l'Allemagne? N'y a-t-il pas là un fait inéluctable, une marche qui se poursuit dans toutes les branches de l'activité humaine, depuis le commencement du siècle? La race germanique ne prend-elle pas possession des destinés du monde? N'est-elle pas la seule aujourd'hui qui colonise, qui remplit l'Amérique, fait concurrence aux Anglais dans L'Indie, qui a le don d'engendrer? Ne nous dépasse-t-elle pas dans le commerce comme dans la sience? Sommes-nous en état d'arrêter cette ascension progressive, régulière, irrésistible? Tristes pensée dont a conclusion rejette la France à côté de l'Italie eu de l'Espagne!"

política para dar impulso à disciplina. Levasseur (*Collège de France*) e Himly (*Sorbonne*) são convocados para realizar uma enquete nacional sobre o ensino de Geografia e História (ANDREWS, 1986a). Esta investigação vai resultar em um relatório geral (de conclusões pessimistas) e, em novembro de 1871, Simon institui a Comissão de Ensino da Geografia. Entre novembro de 1871 e fevereiro de 1875 essa Comissão promove 52 palestras, que culminarão com o II Congresso Internacional de Geografia, em Paris, nos primeiros dias de agosto de 1875. É nesse período que ocorre a nomeação de Paul Vidal para a cadeira de História e Geografia de Nancy, em 10 outubro de 1872 (SANGUIN, 1993, p. 108-109).

Para se preparar para suas novas funções, Vidal viaja à Alemanha e lá encontra Peschel em Leipzig e Richthofen em Berlim. Também manterá relações com Ratzel, sobretudo intelectualmente (mas sem lhe poupar as críticas, defende Gallois) (GALLOIS, 1918, p. 164).

Alguns anos depois, em 1877, Paul é encarregado do ensino de Geografia no terceiro ano da *École Normale, no interior do curso de história* (GALLOIS, 1918, p. 165). O sucesso das aulas fez com que tais estudos complementares fossem acrescidos em dois anos (SANGUIN, 1993, p. 118-121).

Tornado-se um dos principais pedagogos da III República, é nesse cenário que ele publicará as 44 cartas murais. Seu sucesso foi tanto que a editora *Armand Colin* encomendou-lhe um Atlas, elaborado entre os anos de 1886 e 1894 (data da primeira edição). Pela mesma editora, La Blache vai lançar em 1891 os *Annales de Géographie* (SANGUIN, 1993, p. 128-130), um dos principais periódicos franceses de Geografia.

É nessa condição de professor associado ao curso de história que Paul ensinará durante 20 anos![6] – aspecto ao qual a historiografia tentará não dar relevo. De lá sairão seus principais discípulos (SANGUIN, 1993, p. 137). Segundo o depoimento de alguns deles, a

---

6   Somos levados a afirmar isso, dado que as fontes biográficas não relatam uma mudança dessa condição.

frieza de Vidal lhes fazia tremer, consideravelmente quando se tratava de lhe enviar os manuscritos. Qual não foi a decepção de Sion quando se deu conta de que o mestre havia prefaciado a obra de outro autor de mesmo tema! (CLOUT, 2003b, p. 340). É com carinho, no entanto, que Demangeon lhe rende homenagem:

> Todo este ensinamento se dava em uma atmosfera de familiaridade respeitosa, pois percebia-se prontamente que a frieza do mestre nada mais era do que a aparência externa de sua modéstia e discrição. Se nunca nenhuma orientação científica conseguiu ser mais fértil, tampouco houve alguma menos tirânica: ele respeitava a personalidade de seu discípulo; para aconselhá-lo, entrava em seu espírito, em seus pensamentos, operava por meio de sugestões, lembranças, intuições, mas nunca através de regras rigorosamente formuladas, e indicava assim, com delicadeza, o espírito de liberdade que ele gostaria que marcasse sua orientação. [...] Pela dignidade de seu caráter, pela integridade de sua consciência, pela riqueza de seu intelecto, ele era realmente um mestre (DEMANGEON, 1918, p. 12).[7]

Esta postura não sentenciosa que mantinha em relação aos discípulos, também foi notada por Tissier. Para ele, a influência exercida pelo geógrafo

---

7 "Tout cet enseignement se donnait dans l'atmosphère d'une familiaritié respectueuse; car on sentait bien vite que la froideur du maître n'était que l'apparence extérieure de sa modeste et de sa discrétion. Si jamais direction scientifique ne fut plus fertile, jamais non plus aucune ce fut moins tyrannique, il avait le respect de la personnalité de son disciple; pour lui donner des conseils, il pénétrait dans son esprit, il entrait dans ses pensées, il procédait par des suggestions, par des souvenirs, par des intuitions, mais jamais par des règles rigoureusement formulées, il indiquait ainsi, avec délicatesse, l'esprit de liberté dont il entendait marquer sa direction. [...] Par la dignité de son caractère, par la probité de sa conscience, par la richesse de son intelligence, il était vraiment un maître".

> deve-se menos a uma doutrina exposta e imposta de forma sistemática do que ao brilho pessoal de Vidal, irradiando a partir de sólidas posições institucionais, na Escola Normal Superior da Rua de Ulm, na Escola Normal de Fontenay-aux-Roses, na Sorbonne, sendo sustentado por suas iniciativas editoriais e difundido pela rede de amigos e alunos normalianos (TISSIER, 1996a, p. 1156).[8]

Não é fácil, contudo, definir Vidal como um homem forte das instituições. A julgar pelas atas das Assembleias da *Faculté des Lettres*, ele nunca falava e só frequentava as reuniões uma vez por mês (SANGUIN, 1993, p. 20). Era Gallois o representante dos geógrafos. Ademais, o círculo de discípulos no meio universitário era muito reduzido, chegando somente a 10 em 1900 (SANGUIN, 1993, p. 20).

Nomeado professor de Geografia na *Sorbonne* em dezembro de 1898 (SANGUIN, 1993, p.139), enquanto percorria toda a França (1882 a 1902) para observar e analisar o terreno, em preparação à monumental obra que Ernest Lavisse lhe encomendara: o fabuloso *Tableau de la Géographie de la France*, que publica aos 58 anos de idade (SANGUIN, 1993, p. 198). O sucesso da obra lhe abriu portas: em 1906 foi eleito para a *Académie des Sciences Morales et Politiques*. Recebe, nesse mesmo ano, o prêmio *Audiffred* (5.000 francos), que pela primeira vez não é dividido (SANGUIN, 1998, p.201). Também passou a presidir a seção de Geografia do *Comité Historique et Scientifique* no Ministério da Instrução Pública (GALLOIS, 1918, p.171).

Em uma nota surpreendente, Sion comenta que a propósito do *Tableau de la Géographie de la France*, ele não revela totalmente o método de Vidal, visto que não é uma obra propriamente geográfica, mas uma introdução à História da França, de Ernest Lavisse. Porém,

---

8   "est moins due à un corps de doctrine systématiquement exposé et imposé qu'au rayonnement personnel de Vidal qui a été émis depuis positions institutionelles solides, à l'École Normal Supérieure de la Rue l'Ulm, à L'École Normal de Fontenay-aux-Roses, à la Sorbonne, qui a été soutenu par ses initiatives éditoriale et été relayé par le réseau de ses amis ou de ses élèves normaliens".

O MEDITERRÂNEO DE VIDAL DE LA BLACHE 33

como objeto e como método, esta obra não difere, defende Sion, das lições que foram proferidas na Escola Normal de Fontenay, reunidas na obra *États et Nations d'Europe*, esta, infelizmente, negligenciada (SION, s/d, p. 408).

Mas o sucesso do *Tableau* é incontestável. Muitas palestras ao redor da França são ministradas por Vidal, considerado um especialista na questão regional em pleno movimento regionalista (OZOUF-MARIGNIER, 2000). Nunca ficou à margem dos acontecimentos políticos franceses, ao longo de toda a sua carreira. Os geógrafos universitários dirigidos pelo mestre participarão ativamente do chamado *Comité d' Études*, nos trabalhos para a preparação da Conferência de Paz pós Grande Guerra, a qual redesenhará o mapa da Europa. O historiador Ernest Lavisse presidia o Comitê, sendo Vidal o vice presidente e Emmanuel de Martonne, o secretário. Criado em 17 de fevereiro de 1917, a partir de iniciativas do Ministro Briaud e do Deputado Benoist, as funções do Comitê eram de grande relevância: "preparar dossiês úteis para aqueles que terão a responsabilidade de representar a França na Conferência de Paz",[9] segundo as palavras de seu presidente (TISSIER, 1996b, p. 350).

Fim de 1911, início de 1912, Vidal não ensina mais na *Sorbonne*. Dedica-se então à confecção da *Géographie Universelle* e da *La France de l'Est* (SANGUIN, 1993, p. 270). Laure morre aos 68 anos, em 23 de março de 1914 (SANGUIN, 1993, p. 279). Vidal se aposenta em 1914, depois de um pedido ao ministro da Instrução Pública (SANGUIN, 1993, p. 279). Dos filhos que haviam sobrevivido, o único homem morre aos 43 anos no campo de batalha, em 1915, restando-lhe apenas uma filha, casada com seu discípulo Emmanuel De Martonne (SANGUIN, 1993, p. 284).

Quanto à sua última obra, escreve Ribeiro, apesar da edição póstuma, o *Princípios de Geografia Humana* revela-se como uma obra final. Desvela-se também que, depois de realizadas diversas viagens

---

9   "constituer des dossiers utiles pour ceux qui auront la responsabilité de représenter la France au Congrès de la Paix".

que cobriram o mundo, "o Mediterrâneo permanecia sendo, para ele, um lugar de predileção e um objeto de reflexão permanente."[10] (RIBEIRO, 1968, p. 650). Um amigo e colega de Vidal nos dá a conhecer que, no fim da vida, La Blache se dedicava às reflexões sobre o Mediterrâneo, cujo charme lhe trazia as lembranças da infância (BOURGEOIS, 1920, p. 7).

O Mediterrâneo

Se Michelet disse a propósito da França, seguido de Vidal de la Blache, "a França é uma pessoa",[11] repetiríamos de bom grado, reforçando o coro: o Mediterrâneo é um personagem.[12] Por mais desusada que possa parecer a expressão, ela remete, no século XIX, ao fato de que, do ponto de vista dos historiadores, apenas os homens eram considerado os atores. Quando Michelet assim se refere à França, ele chamou atenção para o papel ativo que o território desempenhou na construção do passado francês. Sobre este ponto, nós também já colocamos relevo no papel vivaz que o Mediterrâneo exerceu no pensamento de Vidal.

Mas, se repetimos a fórmula, é mais para clarear o modo como o Mediterrâneo era visto e sentido no século XIX. Elisée Reclus, geógrafo militante da comuna de Paris, principia sua obra monumental dando-nos a conhecer o papel nada inerte que o "personagem" jogou na epopeia das civilizações:

---

10 "La Méditerranée demeurait pour lui un lieu de prédilection et un sujet permanent de réflexion".

11 E o cineasta Woody Alen (Meia Noite em Paris, 2011) parece lhe dizer a propósito de Paris...

12 Outro historiador, Lucien Febvre, ao sugerir que Fernand Braudel reorientasse o tema de sua obra maior, *O Mediterrâneo e o Mundo Mediterrânico na Época de Felipe II*, assim se expressou: "Felipe II e o Mediterrâneo, belo tema. Mas por que não o Mediterrâneo e Felipe II? Um tema muito mais amplo. Pois o fato é que o confronto entre esses dois protagonistas, Felipe e o Mar interior, não é equilibrado" (DAIX, Pierre. 1999. p. 95).

O MEDITERRÂNEO DE VIDAL DE LA BLACHE   35

> Sem esse mar de junção entre as três massas continentais da Europa, Ásia e África, [...], sem este grande agente mediador, que modera o clima de todas as terras marginais e facilita o acesso a elas, pelo qual navegam os barcos, distribuindo as riquezas, que possibilita o contato entre os povos, todos nós, europeus, teríamos permanecido na barbárie primitiva (RECLUS *apud* FABRE, 2000, p. 44-45).[13]

Quais são os estímulos que o Mar Interior exerceu sobre os homens e que foram percebidos por Vidal?[14] Tentaremos responder esta questão ao longo deste tópico. O Mediterrâneo possui dois agentes de moderação dos climas que relativizam sua posição absoluta (RUEL, 1991, p. 7-14): o primeiro, o embate entre as massas de ar vindas do deserto e do Atlântico, que do inverno para o verão, alteram seus equilíbrios de força (BRAUDEL, 1983, p. 259-260); o segundo, as próprias montanhas, cujas altitudes distribuem os recursos d'água e fazem variar as temperaturas. Picos de neve são avistados das planícies abrasadoras, mesmo nos verões (BRAUDEL, 1983, p. 38-39). Disso resulta um meio extremamente diverso, que, mesmo voltado para o mar, pois as massas de água, segundo o depoimento do geógrafo anarquista, colocam tudo em movimento e distribuem as produções pelos esforços de navegação, é também um meio árduo, de poderosos contrastes, difícil de dominar, onde tudo falta em toda parte.

É este ambiente rude que primeiro chama a atenção de Vidal – segundo as anotações de seus cadernos – sobre a observação dos Alpes

---

13   "Sans cette mer de jonction entre les trois messes continentales de l'Europe, de l'Asie et de l'Afrique, [...], sans ce grand agent médiateur qui modère les climats de toutes les contrées riveraines et en facilite ainsi l'accès, qui porte les embarcations et distribue les richesses, qui met les peuples en rapport les uns avec les autres, nous tous Européens nous serions restés dans la barbarie primitive".

14   Nessa caracterização, virão em nosso auxílio as reflexões do historiador Fernand Braudel. Já tivemos a oportunidade de demonstrar o papel essencial que Vidal de la Blache teve na elaboração da parte geográfica de *O Mediterrâneo* (LIRA, 2008).

meridionais: amplos e áridos planaltos calcários, verdadeiros "desertos de pedra" que rebordam as bacias montanhesas, onde a vegetação não nasce senão em tufos até as mais altas altitudes.[15] (COURT, 2007). Descendo a vertente, *e afastando-se da rocha*, a ocupação se torna mais regular, cujas oliveiras atingem o fundo dos vales, ora selvagens, ora cultivadas em terraços. Tais construções são particularmente erigidas nas margens das vilas. Dispersas no topo, vão se aglomerando consoante descemos a montanha (COURTOT, 2007). No alto, domínio do habitat disperso, e nos planaltos, abundam as aldeias.

Nas colinas, *região de convergências, antes das águas lançarem-se errantes pelas planícies*, instalam-se os principais contingentes da massa humana. Vilas prósperas em meio a cantões onde o trigo brota, junto com os campos de oliveira e amendoeiras (CLAVAL, 2007a, p. 118). As habitações humanas acompanham as culturas, sendo que sua altitude varia entre 200 e 400 metros. Elas escapam às exalações que tornam as planícies perigosas.

É nessa zona de altitude que os meandros dos Apeninos envolvem um grande número de bacias que formam unidades demográficas. *Essa região de encontro de águas permite a instalação da irrigação.* Culturas quase de oásis produzidas em hortas cuja maravilhosa variedade de aspecto e cores atrai todos os olhares. Laranjeiras, limoeiros, cidreiras: culturas de colonização que necessitam de água todo o ano (VIDAL DE LA BLACHE, 1886, p. 415).

Estas plantações de vertente não facilitam a instalação do arado. "O trabalhador da costa do Mediterrâneo prima por manejar a pá" (VIDAL DE LA BLACHE, 1886, p. 418). Desse meio de labor industrioso deriva que a pequena propriedade tenha encontrado espaço de instalação privilegiado e se desenvolve, de preferência, sob o esforço pessoal.

No Mediterrâneo, *os planaltos são planícies extensas e elevadas de solo seco, cortadas por poucos cursos de água. Essas características permitem*

---

15 Houve uma evolução, desde as eras geológicas, da vegetação florestal à vegetação de campos (FEBVRE, 1954, p. 547-548).

certa facilidade na construção de caminhos. São os locais mais propícios para o intenso cruzamento, como no planalto de Emília, sempre ocupado por brilhantes civilizações (BRAUDEL, 1983).

Além disso, próximas às vilas florescem as rivieras, formadas pelo burgo que se lança ao mar. Diz-se de praias abrigadas envolvidas por montanhas de alto declive. Nas encostas o homem talhou degraus para as plantações. *Ao abrigo do mistral e dos ventos essas pequenas praias arenosas são favoráveis à vida de cabotagem e à pesca.* Entre as habitações e o mar, entre as plantações e os bosques de oliveira, surgem uma série de caminhos irregulares, todos os dias escalados por burros (VIDAL DE LA BLACHE, 1918, p. 178). *Da abundância das bacias abrigadas que recortam todo o litoral mediterrânico, um porto nunca dista demasiado de outro.* Cria-se uma comunicação entre as costas, temerárias da aventura do alto-mar, por onde são trocados técnicas e produtos cotidianos (BRAUDEL, 1983, p. 121-126).

Eis, enfim, as planícies. Em algumas regiões, como na Itália, a maré alta atinge até 1 metro. No seu refluxo formam-se lagunas que são chamadas de *palui* (VIDAL DE LA BLACHE, 1889, p. 467). Vinda do mar ou da montanha, *há que se notar a característica essencial da planície, "servem normalmente de coletores para as águas",* nas palavras de um historiador (BRAUDEL, 1983, p. 73). Todas essas zonas baixas conhecem a estagnação das águas e suas consequências: a água estagnada é sinônimo de morte, conservando perigosa umidade, causadora das febres palúdicas. Não são lugares de densidade.

A partir do século XVI começam as drenagens das águas. Empreendimentos de grandes investimentos são levados a cabo por poderosos capitalistas. Uma vez o trabalho concluído, instalam-se os latifúndios, arrozais imensos cujo trabalho assalariado faz concorrência com as condições do escravo (BRAUDEL, 1983, p. 81-92). E, embora os recursos das montanhas sejam variados, eles não são de modo algum abundantes, *de onde resulta um movimento de migração das alturas às terras baixas,* quando nas estações favoráveis os montanheses descem para vender seus braços (BRAUDEL, 1983, p. 55-56).

Estas terras baixas são drenadas por grandes metrópoles: Veneza, Gênova, Ragusa, Barcelona, Marselha, tanto nos seus produtos como pelos homens que se tornam aventureiros. "Todos os grandes esforços de beneficiação se situam na zona de influência de grandes cidades com Veneza, Milão, Florença, etc." (BRAUDEL, 1983, p. 99). Em Marselha, Atenas, Roma ou Veneza, a grande densidade populacional, alimentada pelo latifúndio e pelo comércio, é notada pelo caráter estreito das vielas e ruas, pelas casas em anfiteatro, onde mal há espaço para secar as roupas e estender os varais.

Nesses núcleos geográficos reina o mesmo clima, com seus elementos principais em pontos de equilíbrio variados segundo a localização absoluta, altitudinal e as estações, notavelmente quando nos deslocamos da montanha à planície (variação dos rigores do inverno e do verão segundo a altitude), do norte ao sul da bacia (maior calor ao sul, notavelmente no verão), como de leste a oeste (o verão chega antecipado no leste). *Tal diversidade descrita acima é causa e consequência desses microclimas tão próximos.* Esse regime de calor e frio regula a distribuição das chuvas, quase sempre ausentes, se não fossem certas torrentes de verão.

Desde logo, e quase por toda parte, a característica mais notável do clima do Mediterrâneo são os bruscos contrastes de temperatura entre o inverno e o verão (VIDAL DE LA BLACHE, 1886, p. 406) além da notável aridez que se acentua na estação quente (devido à proximidade do deserto). Mas não se pode falar de ausência de chuvas (devido à proximidade do Oceano e das correntes vindas do Golfo do México) (VIDAL DE LA BLACHE, 1873).

Equivalentes condições são favoráveis às árvores sempre verdes (cuja cor se acentua pelo excesso de luminosidade) *e de características específicas: cultivo ligeiro entre as estações do inverno (alguns meses), outono e primavera, raízes longas capazes de reter a umidade do subsolo* dado que a duração das secas é grande, quando tudo enlanguesce a espera das primeiras gotas d'água (VIDAL DE LA BLACHE, 1886, p. 403-404).

Outra mobilidade que é fruto desses contrastes é aquela que une a montanha à planície, num regime de transumância. No quadro que compreende as cadeias ibéricas e provençais, dos Apeninos ao Alpes Dináricos, a planície e a montanha se entrelaçam. Esta, coberta de neve no inverno, mas com frescas pastagens no verão. Já a planície, hospitaleira no inverno e sofrendo poderosas secas no verão. O gado, de fácil mobilidade, viaja alternativamente por tais paisagens e um verdadeiro regime pastoral surge dessa solidariedade.

Mas esta harmonia deu lugar a desenvolvimentos conflituosos. No começo, apenas entre as proximidades, esse regime foi se expandindo para grandes distâncias e exercendo uma verdadeira oposição ao regime de plantação: a montanha, despejando na planície seus pastores e rebanhos, perturbava periodicamente o trabalho agrícola. *A pequena propriedade não conseguiu se enraizar na planície e foi assim que se instalou um verdadeiro regime do latifúndio* (VIDAL DE LA BLACHE, 1918, p. 175).

O último aspecto do olhar lablachiano do Mediterrâneo é a clara sensação de decadência que se observa no século XIX. "Nada mais tristemente significativo, diz ele, do que o quadro descrito por François Lenormant sobre o trabalho agrícola [...]", onde os montanheses descem às planícies e trabalham muitas vezes com as pernas sob as águas, ordenados como gado e que avançam nesses latifúndios com o auxílio da enxada (VIDAL DE LA BLACHE, 1886, p. 414). Semelhante estado lastimável se observa no *Agro Romano*, que obriga, segundo as estações, suas populações miseráveis a tomarem o caminho do Brasil (VIDAL DE LA BLACHE, 1889).

> Esse trabalho de apropriação do solo data de muito tempo ao redor do Mediterrâneo. Ele foi obra dos povos da antiguidade. *Mas aconteceu que, em consequência não de uma mudança de clima, mas de circunstâncias históricas*, em certas partes do litoral, até mesmo as europeias, perderam-se os benefícios do trabalho secular pelo qual o homem conseguiu dominar

as influências hostis do solo [grifos nossos] (VIDAL DE LA BLACHE, 1886, p. 413).[16]

Como demonstra a citação, este estado geral de decadência faz brilhar o espírito analítico do historiador, que se dá conta que nem todos os impulsos são determinados pelo meio. A decadência do Mediterrâneo e, com ela, a relatividade do determinismo, é claramente sentida, embora os estímulos "constantes" do ambiente sejam observados pelo geógrafo.

História social das ideias vidalianas acerca do Mediterrâneo

Neste livro, optamos por desenvolver uma história social das ideias lablachianas acerca do Mediterrâneo. O intento da recém história social da ciência é arrolar diversas determinações para explicar emergências, declínios e evoluções das teorias sem renunciar à primazia da ideia no coração da empresa científica. Ela inova os métodos no interior de uma longa tradição em história da ciência.

Um dos pioneiros da história da Geografia, cujo interesse voltava-se para a Teologia, a Idade Média e os dias atuais, definiu um lugar de honra ao historiador do *pensamento* geográfico: a história da Geografia é uma história das ideias. A este asserto contundente juntavam-se afirmações ainda mais inequívocas: investigações da história das ideias geográficas "sempre" existiram. Estrabão e Erastótenes sustentaram uma contenda em torno do realismo ou

---

16 "Ce travail d'appropriation du sol date de loin autour de la Méditerranée; il a été l'oeuvre des peuples de l'antiquité. Mais Il est arrivés par suite, non d'un changement de climat, mais de circunstances historiques, que dans certaines parties même européennes du littoral les bénéfices du travail séculaire par lequel l'homme était parvenu à maîtriser les influences hostiles du sol, ont été perdus".

da fantasia da obra de Homero. O primeiro defendendo seu caráter realista e o segundo poético (WRIGHT, 1996, p. 26).

Todavia, do artigo publicado em 1920 aos dias atuais, as correntezas do debate metodológico sobre a história da ciência avolumaram-se, tormentaram-se, divergiram, sem, contudo, deixar de se encontrar à jusante. A historiografia que nutria a concepção de ciência como uma empresa fundamentalmente teórica, encontrou terreno fértil por duradouros anos. A este modo de ver estava implícita uma tradição filosófica e cultural que outorgava ao conhecimento justificado racionalmente, o primado sobre o aprendizado prático (SUÁREZ, 2005, p. 21). Rebentavam-se as histórias intelectuais.

Mas o tempo suavizou este brilhantismo. Rachel Laudan deu vazão à decepção em relação aos historiadores formados na tradição de caráter teórico, denunciando o "crescente obscurantismo da linguagem da história da ciência"[17] (SUÁREZ, 2005, p. 20-21). As histórias empíricas crescem em importância nos anos 80, enquanto há um declínio das histórias intelectuais. Não eram poucos os historiadores que aconselhavam um estudo prático do conhecimento metódico. Os anos 80 vivenciaram o auge das histórias práticas e um declínio das abordagens epistemológicas. Os caminhos da justificação e da veracidade deveriam ser evitados e muitos historiadores compreendiam o conhecimento metódico apenas como mais um dos aspectos da cultura (SUÁREZ, 2005, p. 23).

Reconhecia-se o significado global da ciência para a história, bem como as imbricações sutis entre as teorias e os contextos. A própria ideia do primado da Razão foi historicamente situada: através da apologia ao espírito científico, os historiadores da Ilustração puderam pelejar no terreno das liberdades intelectuais e políticas e elaborar um programa de reforma criado por filósofos e cientistas (CHRISTIE, 2005, p. 45).

Recolocadas, contextualizadas, por assim dizer – as ideias científicas nem por isso perderam sua autonomia em relação ao

---

17 "cresciente obscurantismo del language de la historia de la ciência".

conjunto da sociedade. Esse paradoxo fomentou o debate cujas posições aparentemente opostas foram chamadas de: "externalista" – para aqueles que defendiam a determinação do contexto histórico e social sobre a teoria científica – e "internalista", cujos requisitos lógicos e a coerência interna davam conta de explicar o apogeu e o declínio das teorias.

Não obstante, segundo Suárez, o debate entre externalismo e internalismo não foi feito com posturas abertamente defendidas. Ao contrário, "muitas vozes autorizadas recorriam a um ecletismo dos fatores internos e externos e ainda assim, a influência externa se encontrava subordinada a dinâmica 'própria' do conhecimento científico" (SUÁREZ, 2005, p. 34-35).

Portanto, é mister não radicalizar demasiado nessas tessituras complexas entre os fatores sociopolíticos e teóricos, sob o risco de esvaziar o significado da ciência e vê-la escapar entre os dedos. Este não foi o cuidado de Edward Said ao discutir a imagem cultural, política e científica que o Ocidente faz do Oriente (e nem o propósito!), mas que muito bem expressou a tensão que provocam essas construções:

> [...] há uma relutância em admitir que as coerções políticas, institucionais e ideológicas agem da mesma maneira sobre o autor individual. Um humanista acreditará ser um fato interessante para qualquer intérprete de Balzac que ele tenha sido influenciado, na *Comédia humana,* pelo conflito entre Geoffroy Saint-Hilaire e Cuvier, mas a mesma espécie de pressão sobre Balzac exercida por um monarquismo profundamente reacionário é sentida, de forma vaga, como algo que avilta o seu "gênio" literário, sendo assim menos digna de um estudo sério. Da mesma forma – como Harry Bracken tem mostrado incansavelmente –, os filósofos conduzirão suas discussões sobre Locke, Hume e o empirismo sem jamais levar em conta que há uma conexão explícita nesses escritores clássicos entre

> as suas doutrinas "filosóficas" e a teoria racial, as justificações da escravidão ou os argumentos para a exploração colonial. Essas são formas bastante comuns pelas quais a erudição contemporânea se mantém pura (SAID, 2007, p. 41-42).[18]

Não está em nossa perspectiva preservar as ideias sem máculas, se necessário for para compreendê-las. Também não deslizaremos das críticas às denúncias, cuja integridade da análise está em situar também essas no seu devido contexto, seja para deslindar, seja para proteger as teorias daqueles que pretendem dispensá-las rápido demais. Importa retomar o debate das perspectivas metodológicas.

A história social da ciência pode-se contentar em oferecer uma história dos desenvolvimentos institucionais e a formação de comunidades científicas. Também lhe é dada a possibilidade de discorrer sobre o efeito das características sociopolíticas ou culturais de uma nação sobre os cientistas ou as instituições. Assaz interessantes são os estudos sobre os compromissos ideológicos sobre os quais a teoria é gerada (CHRISTIE, 2005, p. 60). Literaturas originais têm explorado a determinação da técnica na construção do conhecimento (LATOUR, 2000).

Tais pesquisas, porém, nos parecem particularmente frutíferas quando empreendidas em doutrinas largamente conhecidas, ainda que de um público específico. Conhecer as ideias é necessário. Não relutar em admitir coerções políticas, institucionais e ideológicas, tampouco pode-se abrir mão.

Não tardemos mais: por que uma história das ideias de Vidal de la Blache? Porque, creiam-nos, elas nos parecem pouco conhecidas! Há na França importantes verticalizações sobre o autor. Mas as ideias não se difundem homogeneamente pelo espaço. No Brasil, uma breve história editorial e das traduções ilustra nossa quimera:

---

18 Em outra obra, Said (2005) define a missão do intelectual como portador dos interesses universais, sem se desvencilhar das fronteiras e linguagem nacionais (entre outros atributos).

a edição dos *Princípios de Geografia Humana* traduzida é de meados de 1950.[19] Artigos são raros, quando não, muito recentes; e as teses, excelentes, não menos exíguas. Uma geógrafa de renome afirmou que o livro de Lucien Febvre desembarcou no porto de Santos antes do próprio Vidal. Uma história da circulação dessas obras francesas está por se fazer.

Para tanto, observamos grandes vias metodológicas comumente aplicadas nos estudos de História e de Geografia: a história das ideias e a epistemologia (CLAVAL, 2007a; ROBIC, 1993, 2000, 2002), a sociologia (e o círculo de afinidades) (BERDOULAY, 1981a) e as estratégias das comunidades científicas (CAPEL, 1981), a geografia da ciência (LIVINGSTONE, 2004) e o método contextual (BERDOULAY, 1981b). Ocorre que, seja pela fortuna, seja pela retidão dos métodos, esses arrimos jogaram luz sobre os aspectos mais importantes que apareceram no Mediterrâneo de Vidal, quais sejam, a concepção de história e a circulação.[20]

Importa sublinhar que os programas nos quais nos apoiamos foram todos aplicados na história da nossa disciplina. Um passo adiante nos lançaria em labirintos tortuosos de tantos compromissos aplicados sobre tantos campos (e em períodos longuíssimos)! Enraizados em terrenos seguros, pudemos nos movimentar com mais fluidez, arriscar voos menos rasantes. E mesmo o uso de quatro abordagens diversas já nos apontava o risco de superficialidade. Se necessário fosse, justificaríamos essa opção pelo encantamento que o espírito sinóptico, tão revalorizado no século XIX (VIDAL DE LA BLACHE, 1914, p. 557), exerceu sobre nós. Numa versão contemporânea, Latour também sugere uma abordagem interdisciplinar (LATOUR, 2000, p. 20).

---

19 Certamente, homens de erudição, como Delgado de Carvalho, conheciam a obra de Vidal em francês.

20 Igualmente importante é o debate da adaptação (que está na base da formulação do gênero de vida). Muito já se escreveu sobre este aspecto da teoria da relação homem-meio.

O MEDITERRÂNEO DE VIDAL DE LA BLACHE   45

Efetivamente, se nosso escopo é compreender sua metodologia,[21] não queiramos perceber os atributos epistemológicos que legitimam a obra de La Blache enquanto instância separada e especial do conjunto da sociedade, ou os elementos justificadores de sua veracidade. Fugimos então, de uma concepção que promove a legitimação através da canonização ou do obscurantismo. Ao invés disso, somos inspirados pelos trabalhos cujas teorias se relacionam com o contexto e com as exigências práticas da pesquisa, e cuja metodologia é explicitada num sentido muito mais didático e empírico. Esta perspectiva visa não só a contribuir na explicação das relações básicas do pensamento de La Blache para um público geral, como a agir no sentido de avançar na organização de seu pensamento, ajudar a estruturá-lo, e, em última medida, combater no interior do debate da "impossível" generalização lablachiana.

Para isto, não existem obras clássicas onde se encontrem explicadas as vias pelas quais pode ser compreendida a dinâmica do pensamento científico, afirma Paul Claval. Todas, ainda assim, concentram-se em destrinçar sua genealogia (CLAVAL, 1993a, p. 9). Os métodos escolhidos não fazem outra coisa senão traçar tais genealogias, enfocar as transições, diluir as rupturas, porque esta é – explicaremos adiante – nossa segunda e mais profunda opção metodológica: uma história das permanências. Uma história desse tipo implica em saber quais os matizes do pensamento e, ao mesmo tempo, focalizar as rupturas.

Nosso enfoque será a transição do Vidal historiador para o Vidal geógrafo, para a qual o tema do Mediterrâneo resplandece. Nesse período transitório, quando os limites da Geografia e da História não estão bem delineados, ou entre a Geologia e a Geografia (estariam algum dia?), o cenário, como diria Latour, é de uma ciência

---

21 Berdoulay (1988) defende a ideia de que o possibilismo contém um conjunto de princípios inovadores para se pensar a relação do homem com o meio. A linguagem possibilista, contudo, não está ainda bem estabelecida. Ele sugere incursões em teorias de princípios semelhantes, como o estruturalismo de Strauss e o construtivismo de Piaget.

em construção. "Incertezas, trabalho, concorrência, controvérsias", resume (LATOUR, 2000, p. 16). Dito de outra maneira: estratégias, *de toda ordem*. Estratégias epistemológicas (JAPIASSU, 1979, p. 11-12; BERDOULAY, 1981a), intelectuais e políticas (BERDOULAY, 1981a; CAPEL, 1981), culturais.

A realidade social e institucional na qual estava inserido Vidal de la Blache é um "campo de forças", nas palavras do célebre sociólogo (BOURDIEU, 1996, p. 24). Servem também como *contraintes* (expressão conhecida pelas humanidades francesas). Pressões de toda ordem pesam sobre o homem, obrigam-lhe a fazer diálogos, associações, intermédios, quando o que está em causa é a própria emergência da Geografia. Mas se as mediações sociopolíticas podem servir como filtros às possibilidades intelectuais, as novas injunções teóricas podem ser profundamente ricas... a ciência é um barco que se (re)constrói em alto-mar, disse um epistemólogo.

Esperamos ter esclarecido a importância de se fazer uma história das ideias de Vidal de la Blache para o público brasileiro. Que a opção das múltiplas abordagens está subordinada à explicação de uma teoria em constituição. Tais teorias, a despeito de sua pretensa coerência, não seguem linhas evolutivas e lógicas perfeitas e que são frequentemente tocadas pelos aspectos do contexto. Que as ideias são pressionadas pelas heranças, grupos de pressão e acordos existentes são aspectos apenas introduzidos e que abordaremos adiante.

Uma história interna da nossa disciplina é insubsistente. De modo geral, as ciências sociais, desde o seu nascimento, foram marcadas pela intenção de administrar, transformar o mundo tanto quanto compreendê-lo (PORTER, 2003, p. 13). Lembremo-nos de uma anedota: em 1770, após ter sido introduzido na França o termo *sciences morales*, o *Institut de France* concedeu a este ensino uma cadeira de segunda classe que ladeava a *Académie des Sciences*. Considerada um nicho de críticos, a seção foi abolida por Napoleão em 1803! Seria restaurada em 1832 (PORTER, 2003, p. I).

Uma história das permanências: o movimento lento da constituição das ideias científicas

Lucien Febvre, para enaltecer a história e a liberdade humana em posição de superioridade às condições físicas do meio geográfico, escreveu sobre a existência de rotas intelectuais. Essas "vias quase imateriais" fazem viajar os mercadores, as mercadorias, as línguas e as ideias. Nada fica irremediavelmente preso ao lugar (FEBVRE, 1954, p. 693). Mas em outro livro, ao seguir o rio Reno, quantos obstáculos não lhes são colocados para que a cultura "franco-germânica" seguisse as margens, saindo dos Alpes para desaguar no mar do Norte! Bordas estas ainda selvagens na altura de Colônia no alvorecer do século XXI. Essa descida lenta (e turbulenta) fez do Reno um traço de união, mais do que uma fronteira (FEBVRE, 2000).

Analogamente, esta metáfora foi utilizada por Bruno Latour, caracterizando a teoria como um "cruzamento rodoviário" (LATOUR, 2000, p. 393). Esse deslizamento semântico em prol da circulação, ao tempo que diz respeito à mobilidade, coloca dialeticamente foco sob o vinco dos caminhos, os sulcos imóveis, a busca por ultrapassar os obstáculos por traçados conhecidos.

Semelhante imagem nos parece adequada na medida em que Vidal de la Blache deve escolher um trilho que o guie na transição da História para a Geografia. O empreendimento é arriscado e exige astúcia, muitas vezes moderação, dado que as peças em jogo têm posições constituídas. Logo, são vias antigas, vincadas, e por vezes seguras. A exigência da coerência é, segundo Claval, um retorno ao passado:

> [...] o movimento da ciência é construído sob o signo da coerência. Os cientistas são motivados por uma exigência de rigor: exprimem-no

> citando os autores nos quais se baseiam, indicando o que eles propõem de novo, sejam fatos ou interpretações. Sua necessidade de clareza os conduz a levantar questionamentos, a uma vontade de *aggiornamiento* [em italiano: atualização e refundação] e de reformulação periódica dos saberes já constituídos (CLAVAL, 1993a, p. 9).[22]

Destarte, não são apenas rotas que estão pregadas. Cada uma delas possui uma história. Pierre Bourdieu definiu a principal estratégia que se empregam nessas artilharias intelectuais: "nesse jogo que é o campo do poder, a aposta é evidentemente o domínio, que é preciso conquistar ou conservar, e aqueles que nele entram podem diferir sob dois aspectos: em primeiro lugar, do ponto de vista da herança [...]", em segundo lugar, na disposição a herdá-la (BOURDIEU, 1996, p. 24).

Que Vidal de la Blache tenha mobilizado sua herança de historiador literário para erigir uma epistemologia geográfica e, no mesmo processo, galgar postos universitários, parece evidente afirmar. A proposta central de nosso trabalho é captar este movimento, nas suas continuidades e transições.

Mas para aquele cujo título é de mentor da Geografia moderna, uma historiografia dominante fez questão de enaltecer sua pretensa independência da história (ver tópico do próximo capítulo). O espesso papel de continuidade da *démarche historique* pode soar como uma saída desafortunada. Até onde vão os limites da História e da Geografia? O que se deve ressaltar dessa transição: o aspecto radical ou o permanente? Discutiremos rapidamente essa ordem dos problemas.

---

22 "[...] le mouvement de la science se bâtit sous le signe de la cohérence. Les savants sont animés par une exigence de rigueur: ils l'expriment en citant les auteurs sur lesquels ils s'appuient, en précisant ce qu'ils apportent de neufs comme faits ou comme interprétation. Leur besoin de clarté les conduit à des remises en cause, et à une volonté d'*aggiornamiento* [em italiano: atualização e refundação] et de refonde périodique des savoirs déjà constitués".

Um especialista no assunto não chega a uma ilação definitiva sobre essa contextura de fatos. A questão da ruptura ou da continuidade na ciência é um problema do qual se esquiva? Bacon, o primeiro historiador da Renascença e do apogeu da obra de Newton, caracterizou seu caráter revolucionário pela capacidade regular e progressista (AGASSI, 1973, p. 611).

Por consequência, se os grandes cientistas se fizeram reluzir em momentos revolucionários, o caráter acumulativo e de continuidade é evidente:[23]

> Há, de modo geral, três elementos inelutáveis da continuidade [...], até na filosofia mais radicalista da ciência e sua história: primeiro, o acúmulo regular de dados; segundo, o desenvolvimento de teorias passo-a-passo; terceiro (e este é um retardatário para a filosofia radicalista), a ideia de espalhar o método científico pelo mundo (AGASSI, 1973, p. 610).[24]

Outro hábil estudioso escreveu um belo e controverso livro sobre como se processam as revoluções científicas (KHUN, 1996). Pela consideração dos jogos de aliança, das pressões da comunidade científica, ele foi reputado como um pioneiro no processo de união entre a visão internalista e externalista: Thomas Khun (GRANÖ, 1981, p. 18).

As mudanças radicais agem nas brechas das teorias constituídas e nas pequenas crises dos paradigmas anteriores; são seguidas de negociações e controvérsias (KHUN, 1996). Para nós,

---

23 As traduções dos textos em língua inglesa foram realizadas por Daniela Seabra.

24 "There are, by and large, three such ineluctable elements of continuity [...], even in the most radicalist philosophy of science and its history: first, the steady accumulation of data; second, the development of stage-by-stage theories; third (and this is a latecomer to the radicalist philosophy), the idea of the spread of scientific method throughout the world". Estas afirmações são muito próximas a de outro historiador da ciência, George Basalla, que acreditava no desenvolvimento da ciência em estágios (1967).

merece especial atenção a alternância entre os períodos revolucionários (e críticos) e os momentos de apego às tradições.

Ambas as perspectivas, se necessário fosse escolher, possuem seus elos sólidos com a realidade da pesquisa, bem como foram utilizadas para outros fins. A ideia de continuidade possui amplo respaldo nas narrações, hoje abandonadas, em que "o passado da ciência se faria desembocar inevitavelmente no estado atual do conhecimento [...]"[25] (SUÁREZ, 2005, p. 31-32). Berdoulay chama atenção para o fato de que a perspectiva da continuidade pode ser enganosa: lidar com os fatos como se fossem simples acúmulos de conhecimento de antanho desliza facilmente para uma concepção positivista da evolução da ciência (BERDOULAY, 1981b, p. 8).

A noção de revolução tampouco é isenta de contradições. Segundo Livingstone, essa elaboração se mostrou elemento vital da imagem que o Ocidente tem de si. A súbita revolução esconde o lento processo de construção do conhecimento que se deu durante a Idade Média, além dos empréstimos feitos da ciência chinesa no âmbito da alquimia para a medicina, ou da astronomia do Islã para a navegação europeia. A Revolução foi uma estratégia da exclusão (LIVINGSTONE, 2004, p. 90-91). No âmbito da Geografia, o conceito de paradigma serviu para animar batalhas sobre modelos advogados ou rejeitados (STODDART, 1981, p. 72).

Desse modo, não se trata de escolher, tampouco de definir períodos de mudanças e períodos de permanências (ainda que eles existam), mas de fundir os elementos de transformação (que se operam claramente no período ao qual nos dedicamos) com os elementos de continuidade. Segundo Paul Claval, a precocidade e perenidade das ideias de Vidal de la Blache sobre o Mediterrâneo permite construir um conjunto coerente sobre

---

25 "el pasado de la ciencia se hacía desembocar inevitablemente en el estado actual del conocimento [...]".

seus escritos e perceber a evolução de seu pensamento[26] (CLAVAL, 2007b). Acrescentamos que esses escritos consentem em se dispor de um conjunto transitório, já que as fontes postas em foco vão desde o doutorado, defendido em 1872 (*cuja identidade de historiador era insuspeita*), passando pelas aulas proferidas em Nancy entre 1873 e 1877 (*onde a cadeira era de História e Geografia*), a Escola Normal, *onde o curso de Geografia se dava no interior do curso de História* (1877-1898) (GALLOIS, 1918, p. 165), até os artigos publicados na *Sorbonne, quando a condição de geógrafo é plena* (1898-1918).

Como se pode perceber, também para nós, as noções de permanência e longa duração estão inseridas no rol dos métodos aqui utilizados. Mesmo em se tratando de uma história das ideias, estamos guiados pela orientação de buscar as rupturas através das permanências, critério mais seguro para manter a abordagem histórica sem prescindir de um "modelo" (BRAUDEL, 1972).

Sabemos que a "longa duração" não é um método comum para um estudo que tem poucas condições de investigar extensos períodos em si. Nossa análise sistemática, nossas fontes e nossa bibliografia estão situadas na conjuntura. Estamos cientes, além disso, que o método é pouco utilizado para a história das ciências e das ideias. Fernand Braudel, seu formulador, nunca esteve próximo de um debate dessa ordem. Lucien Febvre se aproxima do tema, mas não propriamente da ferramenta, resumindo suas principais contribuições metodológicas ao estudo do anacronismo (FEBVRE, 1970). Marc Bloch observava atento as estruturas agrárias, ainda

---

26 Rogério Haesbaert distingue três fases da obra vidaliana. Os escritos sobre o Mediterrâneo são representativos de todas elas: "Podemos considerar, grosso modo, a obra de Vidal dividida em três fases distintas, a primeira, no final do século XIX, ainda bastante ligada à Geografia Física (às vezes com interpretações que poderiam ser vistas como "deterministas"); a segunda, do início deste século, mais representativa de um tratamento centrado nas chamadas relações "homem-meio" (como no *Tableau*), e a terceira e última, reveladora de um Vidal preocupado com a vida urbana e com o espaço econômico e político (este, bem revelado em *La France de l'Est*)". Não adotamos, contudo, essa periodização (HAESBAERT, 1999).

que o livro *Os Reis Taumaturgos* seja uma elevada demonstração da duração e força do mito (BLOCH, 2006). Nada obstante a ausência de trabalhos, existe o consenso de que as ideias resistem no tempo e no espaço e se transformam com eles.

Os diversos métodos que podem ser empregados no estudo da história da ciência permitem iluminar os aspectos das transformações, tanto quanto das continuidades. Desacelerar o ritmo das transformações históricas até que ponto? Até verem-se diluídas as fronteiras entre a Geografia e a História.

A história das ideias: o retorno ao passado e os esforços de coerência

Já afirmamos como a opção metodológica dos cientistas é, outrossim, um retorno ao passado, uma atividade de crítica. A exigência de se retomar teorias há muito questionadas é inerente ao trabalho dos sábios – este procedimento, para nós, reforça a necessidade de se fazer uma história da ciência com o olhar nas permanências e rupturas. Anna Buttimer, nos deu a conhecer o vasto caminho percorrido desde Bodin até a Geografia vidaliana. Foi aquele o primeiro a levantar a questão acerca da influência do meio em promover as dissemelhanças entre as sociedades[27] (BUTTIMER, 1971). Já Montesquieu, baseado em suas viagens, colocava interrogações como esta: por que alguns povos progridem enquanto outros estagnam? (BUTTIMER, 1971, p. 11-12).

Quando, no anoitecer de século XVIII, a percepção das desigualdades sociais aflora sob todos os olhos, os filósofos da Revolução preocupam-se em refletir sobre a origem de tais distinções. Conquanto Bodin e Montesquieu especulassem sobre as relações homem-natureza, Rousseau lançava luz sobre um plano horizontal, onde as

---

27 Hipócrates também refletiu sobre a questão, mas não na escala da sociedade. Ele procurou observar as influências do clima na constituição do caráter e do corpo humano.

O MEDITERRÂNEO DE VIDAL DE LA BLACHE   53

leis naturais podiam transformar a ordem social. Dessas ponderações surge uma tradição de afrontamento ao Antigo Regime. Cada governante deveria compreender as leis soberanas de que eram dotadas as sociedades (BUTTIMER, 1971, p. 14-15).

Na França, a relação do camponês com o meio significou o germe da nacionalidade. Michelet e Demolins colocaram relevo em como tais comunidades sobreviveram às tendências de padronização da Revolução Francesa. Vidal de la Blache inspirou-se nessa assertiva para afirmar que a íntima relação dos camponeses e o solo era a base da "personalidade francesa" (BUTTIMER, 1971, p. 15-16).

Longe do Sena, em terras germânicas, um filósofo luterano Johann-Gottfried Herder (1744-1803) ressentia-se que sua terra natal era invadida por cultura estrangeira. Frederico II chegara a criar um teatro no qual as peças eram encenadas em francês. Dando vazão à insatisfação das classes médias, Herder formulou que o meio podia condicionar o caráter do povo, da arte, da literatura e da língua. Michelet descobre Herder em 1827 e faz de seus anais uma história nacional da França. O marco inicial era o tratado de Verdun, que separara os destinos dos povos germânicos daqueles que se mativeram fiéis ao latim. Na Alemanha, Ritter também apropria-se das ideias de Herder (CLAVAL, 2007a, p. 85-87).

Esta efêmera passagem pelos "antecessores" de Vidal (a muitos dos quais o geógrafo se declara tributário) ilustra aquilo a que queremos dar vulto: a necessidade de retorno e crítica a esses autores é colocada em causa com o auxílio da história das ideias. Ritter e Michelet são nomes que reconhecidamente influenciaram a obra do geógrafo. Uma segunda exigência é a da coerência e justificação na utilização das fontes:

> Ainda que o contexto, indiscutivelmente, condicione a obra, ele não confere a ela todo o seu significado. Enquanto entidade discursiva autônoma, a obra tem suas próprias características, que lhe dão coesão e especificidade. Estas características, embora possam ecoar o

> contexto, dependem diretamente da estrutura
> da obra [...] das restrições da coesão interna ló-
> gica [...] (MERCIER, 1995, p. 214).[28]

A passagem de Mercier é exata pois coloca luz *paralelamente* às influências do contexto às pressões de coesão que se exercem na obra. É como se os pressupostos do método desempenhassem uma força centrífuga, ao passo que outros condicionantes da realidade pressionassem para o afrouxamento da lógica interna.

O próprio Vidal desvela o caráter das contribuições que toma da história. Após ressaltar a riqueza das ideias de Ratzel para o estudo da Geografia política e da formação dos Estados, ele censura as fórmulas demasiado sistemáticas cujo "espírito pode mostrar alguma hesitação diante de proposições que parecem afetar uma forma dogmática pouco ligada à relatividade dos fenômenos." (VIDAL DE LA BLACHE, 1898, p. 99).[29]

Esta "relatividade dos fenômenos" faz parte do espírito de contingência.[30] Segundo Berdoulay, essa filosofia preconizava que cada fenômeno humano e natural era resultado de uma combinação de causas muito diversas, não podendo, pois, se reproduzir no tempo e no espaço. *Esse conjunto de princípios foi notavelmente incorporado pelos historiadores* (BERDOULAY, 2008, p. 208-209). À medida que o homem emancipa-se do meio, as causas de várias determinações se tornam mais complexas, inclusive as geográficas. Sem abandonar a lição de seus mestres (e, lembremos, sem

---

28 "Si le contexte, indéniablement, conditionne l'ouvre, il n'en explique pas toute la signification. En tant qu'entité discursive autonome, l'ouvre possède des caractères propres qui lui donnent cohésion et spécificité. Ces caractères, bien qu'ils puissent faire écho au contexte, relèvent directement de la structure même de l'ouvre [...] aux contraintes de la cohésion logique interne [...]."

29 "esprit peut éprouver quelques hésitations en présence de propositions qui paraissent affecter une forme dogmatique peu en rapport avec la relativité des phénomènes".

30 Henri Bauling define a ideia de contingência como um conjunto de fatores que definem um fato histórico, substituindo a ideia de causa pela de "condição" (BAULING, 1959).

cair nas fórmulas demasiado rígidas de naturalistas como Ratzel), La Blache modera ambas as posições:

> os historiadores [que] se preocuparam em enfatizar as influências geográficas obedeceram sobretudo à ideia de que essas influências, fortes ou mesmo predominantes no início, em seguida se enfraquecem, ao ponto de se tornarem, para muitos deles, insignificantes. Esse não é o ponto de vista do geógrafo. Seguramente, a emancipação por meio da qual o homem se libera, pouco a pouco, do jugo das condições locais, é uma das lições mais instrutivas que nos oferece a história. Mas, civilizado ou selvagem, ativo ou passivo, ou melhor, sempre ao mesmo tempo um e outro, o homem não deixa de ser, em seus diversos estados, parte integrante da fisionomia geográfica do globo (VIDAL DE LA BLACHE, 1898, p. 99).[31]

Esse jogo de moderações revela a tarefa hercúlea com qual era preciso prosseguir. No século XIX, a Geografia histórica de "antigo estilo" emergiu como um dos braços da história, como auxiliar da disciplina. Era a ciência que descrevia o palco sobre o qual eventos antigos se desenrolaram. Lugarejos esquecidos, relatos de costas e de regiões localizadas por medidas duvidosas: esclarecer essas questiúnculas era o tipo de pesquisa pelo qual se interessavam os historiadores-geógrafos (CLAVAL, 1984b, p. 230). Este mesmo

---

31 "les historiens se sont préoccupés de mettre en relief les influences géographiques, ont surtout obéi à cette pensée que ces influences, très fortes ou même prépondérantes au début, s'affaiblissaient ensuite, au point de devenir, pour beaucoup d'entre eux, négligeables. Ce point de vue ne saurait éter celui du géographe. Assurément l'émancipation par laquelle l'homme s'affranchit peu à peu du joug des conditions locales, est une des leçons plus instrutives que nous donne l'histoire. Mais, civilisé ou sauvage, actif ou passif, ou plutôt toujours en même temps l'un et l'autre, l'homme ne cesse pas, dans ses différents états, de faire partie intégrante de la physionomie géographique du globe."

esforço de mediação aparece na definição do método, no prefácio do livro *États et Nations d'Europe*:

> Seria então necessário combinar, com as lições que pedimos à Geografia, certos dados extraídos da história [...]. Em nosso entender, a História não deve se intrometer na Geografia, não mais do que esta na História, como um corpo estranho; mas há um proveito recíproco em que essas duas ciências se interpenetrem. Procuramos fundir o elemento histórico na análise geográfica de algumas dessas velhas regiões da Europa (VIDAL DE LA BLACHE, 1889, p. VI)[32]

É forçoso Vidal se destacar entre todos os grupos, como historiador que era e como geógrafo que poderia ser. Estava em seu alcance uma ruptura "ideal" entre a nova Geografia e antiga Geografia histórica? Tanto do ponto de vista da coerência interna como das tarefas políticas, as vicissitudes de ruptura e permanência parecem mais tênues no despertar da institucionalização da Geografia.

---

32 "Il donc fallu combiner avec les leçons que nous demandions à la géographie certaines données tirées de l'histoire. [...]. A notre avis l'histoire ne doit pas s'introduire dans la géographie, pas plus que celle-ci dans l'histoire, à la façon d'un corps étranger; mais il y a profit réciproque à ce que deux sciences se pénètrent. Nous avons cherché à fondre l'élément historique dans l'analyse géographique de quelques-unes de ces vieilles contrés de l'Europe".

Foto 3: MARTINS, Yuri. Istambul. 2011.

Foto 4: MARTINS, Yuri. Atenas. 2011.

CAPÍTULO 2

Vidal de la Blache à luz dos recursos da história social da Geografia

Neste capítulo chamaremos atenção ao modo como os métodos em história social aplicados à história da Geografia podem lançar luz sobre outros dois conceitos do método vidaliano, para além da ampla e conhecida teoria da adaptação do homem ao meio: a *démarche historique* e a circulação. Faremos através de métodos bastante empregados na história da nossa disciplina (mas não os únicos) somados à nossa concepção de uma história onde as permanências se fundem aos elementos de transformação.

Após uma rápida explicação sobre o que consistem esses alicerces, esclareceremos como eles podem ser úteis aos nossos propósitos para, então, ressaltar passagens evocadoras do próprio Vidal de la Blache, nas quais se fazem aparecer os elementos ora de rupturas, ora de permanência, utilizando as concepções de história e circulação.

Tomamos a precocidade e permanência do Mediterrâneo no pensamento do autor como um argumento favorável em dois pontos de vista: primeiro, ele reforça o papel da genealogia na construção dos argumentos fundantes de seu pensamento; segundo, o tema proporciona uma espécie de recuo aos marcos temporais comumente evocados, permitindo perceber os aspectos transitórios da carreira do geógrafo, mesmo que isso implique um afastamento de historiografias dominantes. Há um terceiro: o Mediterrâneo é uma zona de interesse da sociedade francesa.

Sociologia da ciência e círculo de afinidades: a relação com os historiadores como uma das estratégias de institucionalização da Geografia vidaliana[1]

Com o aprofundamento dos estudos em história da ciência, percebeu-se que, não obstante a hegemonia que determinadas escolas de pensamento exerceram sobre sua época, a evolução da pesquisa científica era frequentemente encorajada por contendas e controvérsias. Em certas estações, intensificava-se a polarização entre duas ou mais propostas para a mesma disciplina.[2]

Para o caso da Geografia francesa, Vincent Berdoulay identificou oito potenciais grupos candidatos a exercer a posse das cadeiras universitárias que vinham à tona no final do século XIX (vista a reforma educacional do Segundo Império): os autores do inventário terrestre (patrocinados pelas Sociedades de Geografia); o círculo de Deprayron (que incitava uma Geografia prática ligada aos interesses coloniais); a morfologia social (de Durkheim e seus discípulos, que pleiteavam estudar o substrato dos grupos e sociedades); o grupo da Reforma Social (discípulos de Le Play que se dedicavam à relação das famílias e dos grupos com o meio); os geógrafos em posição marginal, como Elisée Reclus; a Geografia econômica e estatística de Emile Levasseur; a Geografia histórica de antigo estilo, impulsionada por Himly; e, por fim, Vidal de la Blache e os vidalianos (BERDOULAY, 2008, p. 153-181).

Daí resulta que o historiador, condicionado a uma concepção evolucionista, descartasse rapidamente os grupos "perdedores"

---

1   Este tópico será retomado no Capítulo 3. Na ocasião discutiremos menos o método e mais os "fatos" que reforçam nosso argumento das relações de Vidal de la Blache com os historiadores.

2   O tema das controversas é muito caro a Latour e sua ideia de ciência em contrução (LATOUR, 2000).

através de argumentos epistemológicos, expressando, por vezes, julgamentos de valores e apoiando-se demasiado nas forças do presente. Semelhantes raciocínios eram deveras imponderáveis quando restringidos à lógica interna das teorias. Uma vez comparados dois sistemas, o grau de confiabilidade dessas teorias, relativo aos critérios de veracidade, constituíam provas frágeis.

Sociólogos como Barnes e Bloor avistaram de longe tanto essas parcialidades quanto a fragilidade do argumento epistemológico tomado isoladamente. O geógrafo Vincent Berdoulay aplicou tais propostas ao estudo da formação da escola francesa de Geografia entre 1870 e 1914, demonstrando a existência do que ele chamou de "círculo de afinidades".

O princípio do "círculo de afinidades" é que a legitimação das ideias não está ligada apenas à sua força intelectual. Nucleado em torno de um conjunto de conhecimentos, um grupo de cientistas só se torna vencedor (logrando continuidade) ao comportar-se organizadamente – formar hierarquias e eleger nomes fortes que comandem o processo de institucionalização – e fazendo alianças com outros setores da sociedade. Retomamos a ideia das estratégias tanto epistemológicas quanto sociais (BERDOULAY, 2008).

Dessa formulação original, só o censuraríamos de não ter dado *mais* relevo ao fato de que é muito provável que as boas relações com o círculo dos historiadores de antigo estilo (cujo líder era Himly) tenham sido elemento talvez terminante na ascensão da Geografia nos postos universitários (adentraremos nesse ponto adiante).[3]

Na outra vertente dos Pirineus, a proposta de Horacio Capel espanta pelas analogias. O autor discorre sobre a existência de estratégias de diversas ordens que contribuíram para a ascensão da Geografia ao Ensino Superior. Consoante Capel, o surgimento da comunidade dependia do apoio dos governos, sociedades

---

3 O número de fundação dos *Annales de Géographie* (1892) faz uma crítica muito mais severa para as Sociedades de Geografia do que ao grupo de Geografia de antigo estilo (Avis au Lecteur, 1882).

geográficas, entre outros. A definição da identidade de um ramo das ciências provocava afeição nos partidários da mesma forma que agruras nos adversários (CAPEL, 1981, p. 38).

No bojo desses compromissos estava a questão da colocação profissional (que na França se dava por indicação ao Ministro da Instrução Pública). Para ele, o estudo das motivações que influenciaram as "conversões" à Geografia *parece* demonstrar que a oportunidade profissional *pode* ter sido muitas vezes o elemento decisivo (CAPEL, 1981, p. 62).

Com efeito, de acordo com Andrews, antes de se candidatar à cadeira de Geografia e História de Nancy (após ter defendido seu doutorado), Vidal ficou a par de uma possível transferência do professor suplente Petit Juleville da cadeira de História. Então, "Vidal escreveu para o Ministério no dia 01 de junho de 1872, ressaltando que, na eventualidade de a nova cadeira ser atribuída a Petit de Juleville, ele gostaria de ser considerado como candidato a esta cadeira de História." (ANDREWS, 1986, p. 344).[4]

De feito, quando Vidal de la Blache se candidata à cadeira de Geografia e História de Nancy (e não é evidente que o tenha feito mais pela Geografia do que pela História), a partida da Geografia não estava ganha.

Em concordância com o documento revelado pelo mesmo autor, sua segunda solicitação *parece* ter também um "plano b", qual seja: ocupar a cadeira de literatura estrangeira (não está claro na carta de candidatura). Uma vez aceito o pedido para a cadeira de Geografia e História, não é difícil imaginar, conclui Andrews, que a opção pela Geografia tenha se dado *gradativamente* segundo os jogos do contexto, à medida que se aprofundava a reforma educacional do segundo império levada a cabo pelos políticos. Veja-se a carta de Vidal:

---

4 "Vidal écrivit au Ministère le 1er juin 1872 soulignant que dans l'éventualité où la nouvelle chaire irait à Petit de Juleville, il désirait être considéré comme candidat à cette chaire d'histoire".

Angers, 21 de janeiro de 1872.
Excelentíssimo Senhor Ministro,
Tenho a honra de apresentar minha candidatura à cadeira de Geografia, que está prestes a ser criada na Faculdade de Letras de Nancy. Após conquistar, em 1866, o primeiro lugar no concurso da Agregação de história, passei três anos em Atenas como membro da Escola Francesa e fui promovido, recentemente, ao grau de doutor de Letras pela Faculdade de Paris. Este título de membro da Escola de Atenas constituirá certamente, a vosso ver, Senhor Ministro, um ponto importante a meu favor, junto à Faculdade de Nancy onde ele é particularmente apreciado. Ademais, sei que esta Faculdade e o Conselho Acadêmico, para testemunhar-me sua benevolência, apresentaram-me por unanimidade, em segunda opção, à cadeira de professor de literatura estrangeira. [...]
Paul Vidal-Lablache, Doutor de Letras, professor de história no colégio de Angers (ANDREWS, 1986, p. 353-354)[5]

Diga-se a este propósito que também Horacio Capel, ainda que se dedicando ao contexto europeu, crê que o ajuste com a disciplina vizinha tenha sido essencial para a expansão da geografia no

---

5 "Angers, 21 janvier 1872. Monsieur le Ministre, J'ai l'honneur de proposer ma candidature pour la chaire de géographie, qui doit être prochainement créée à la Faculté des Lettres de Nancy. Reçu le premier au concours d'agrégation pour les classes d'histoire en 1866, j'ai passé trois ans à Athènes comme membre de l'École française, et j'ai été récemment promu au grade de docteur-dès-lettres par la Faculté de Paris. Ce titre de membre de l'École d'Athènes paraîtra sans doute à vos yeux, Monsieur le Ministre, créer une recommandation importante en ma faveur, auprès de la Faculté de Nancy, où il est tout spécialement apprécié. Je sais d'ailleurs que déjà cette Faculté et le Conseil Académique, pour me donner un témoignage de leur bienveillance, ont bien voulu me présenter à l'unanimité, en seconde ligne, pour la chaire de littérature étrangère [...] Paul Vidal-Lablache docteur-des-lettres, professeur d'histoire au lycée d'Angers".

Ensino Superior. O movimento, contudo, surgiu da demanda do ensino secundário:

> O fator fundamental que leva à institucionalização da Geografia e do aparecimento da comunidade científica dos geógrafos é a presença dessa ciência no ensino primário e secundário até meados do século XIX. A tradição de ensinar às crianças noções elementares sobre o nosso planeta através da "Geografia", e a antiga relação entre a Geografia e a História, provavelmente contribuiu para a inclusão da "Geografia" no curso dos programas de ensino primário e secundário, de forma residual e, geralmente, unidos com História, no início do processo de difusão do ensino fundamental em toda a Europa (CAPEL, 1981, p. 48).[6]

Os movimentos políticos de outro dos círculos, esclarecidos por Numa Broc, animaram concorrências e mostraram, por comparação, como a associação com os historiadores era apreciada para amalhar a nova disciplina. Sucessor de Levasseur, Drapeyron esmera-se por incutir conhecimentos geográficos no seio da nação. Na iminência da guerra de 1870, tem assento no *Lycée Charlemagne*, onde permanecerá até 1899. Em 1875, no Congresso Internacional de Geografia de Paris, surge a primeira oportunidade para disseminar suas ideias (BROC, 1974).

---

6 Além disso, a Geografia também servia à conformação de uma identidade espacial da nação. Trecho de Capel: "The essencial factor that leads to the institutionalization of geography and the appearence of the scientific community of geographers is the presence of this science in primary and secondary education by the middle of the ninteenth century. The tradition of teaching children elementary notions about our planet through 'geography', and the old relationship between geography and history, probably contributed to the inclusion of the course 'geography' in primary and secondary education programmes, in residual fashion and generally united with history, at the beginning of the process of diffusion of elementary education all over Europe."

O MEDITERRÂNEO DE VIDAL DE LA BLACHE   65

Deprayron almeja a criação de uma Escola Nacional de Geografia e também a *Agrégation* em Geografia, separada da História. Instala-se o embate no âmbito das instituições superiores. Os adversários não faltam: não se poderiam criar faculdades de Geografia em instituições já existentes? Os partidários da criação da nova escola discordam, eis que têm como objetivo não só as questões pedagógicas, mas também a formação de professores para esse campo do conhecimento. Pode-se vislumbrar, como pano de fundo desse embate, a separação do ensino superior da Geografia do ensino da História (BROC, 1974, p. 558-561).

Portanto, Deprayron tem um poderoso adversário: Himly, que estima que o ensino da história seja bem mais importante que o da Geografia (apesar de ocupar uma cadeira dessa disciplina na *Sorbonne*). À medida que as sociedades de Geografia propagandeiam a difusão de suas cadeiras, o grupo dos universitários se mostra bem mais reticente. Em 1885, R. Goblet, novo ministro da Instrução Pública, rejeita a ideia da criação da Escola Nacional da Geografia em favor da difusão da Geografia nas Universidades (BROC, 1974, p. 562).[7]

A batalha para separar a *Agrégation* da Geografia à da História ainda não estava ganha, havia etapas a cumprir. Algumas reformas, no entanto, se dão progressivamente: em 1885, Vidal torna-se instrutor de teses na *École Normale Supérieur*, o que abre perspectivas para a ocupação, por seus alunos, de novas cadeiras que venham a ser abertas em Geografia. Essa nova condição vem ao encontro da argumentação de Deprayron, de que o problema da disciplina é a ocupação de seus postos por historiadores, distantes das Sociedades de Geografia e dos Congressos. A partir de 1886, o ministério se orienta por solução defendida por Himly: adota a Geografia física, mas ainda como uma introdução aos estudos históricos (BROC, 1974, p. 562).

---

7   As sociedades de Geografia também constituíram "grupos de pressão" para a institucionalização da Geografia (LEJEUNE, 1993), ainda que seus interesses fossem bastante voltados para a exploração dos territórios de além--mar (PEREIRA, 2005).

Logo, apesar de todo o esforço de difusão do ensino superior dispendido por Deprayron e pelas Sociedades de Geografia, é a Himly que Vidal de la Blache rende homenagem, 1906, quando da morte daquele. Mais do que isso: ele atribui um espírito de "inovação" no que toca à concepção de Geografia se comparado ao contexto geral da Europa (ao mesmo tempo em que está nas entrelinhas que este cotejo não vale para o período em que Geografia está sob o seu próprio comando):

> Quando Karl Ritter viera a Paris em 1845, ele assistira a diversas aulas de Guiniaut, com quem mantinha excelentes relações: compartilhando suas impressões em uma carta íntima, declara ter escutado o suficiente para convencer-se de que [Guiniaut] era um homem bastante culto, mas que não entendia muito de Geografia. Com o Sr. Himly, a Geografia retomaria seus direitos. A melhor maneira de avaliar as especificidades de seu ensino é lendo a introdução geográfica que precede sua magistral *História da Formação dos Estados da Europa Central*. Os métodos e pontos de vista são os que prevaleciam então na Alemanha, dentre os discípulos que continuavam os ensinamentos de Ritter. Se hoje eles nos parecem datados, na época estavam muito mais à frente do que o que se ensinava geralmente na França (VIDAL DE LA BLACHE, 1906, p. 479).[8]

---

8 "Lorsque Karl Ritter etait venu à Paris en 1845, il avait assisté à plusieurs leçons de Guiniaut, avec lequel il entretenait d'excellentes relations: en faisant part de son impression dans une lettre intime, il déclare qu'il en avait assez entendu pour se convaincre que c'était un homme très savant, mais qu'il n'entendait pas grand chose de géographie. Avec Mr. Himly, la géographie rentra dans ses droits. Le meilleur moyen de rendre compte du caractère de son enseignement est de lire l'introduction géographique qui précède sa magistrale Histoire de la formation des États de l'Europe centrale. Les vues, les méthodes sont celles qui prévalaient alors en Allemagne chez les disciples qui continuaient l'enseignement de Ritter. Si elles paraissent aujourd'hui surnnées, elles étaient à cette époque fort en avance sur ce

Não é o acaso que fez com que as cadeiras de Geografia que eram ocupadas por historiadores fossem gradativamente passadas para Vidal de la Blache e seus discípulos. Mas esta divisão disciplinar era tão tênue que mesmo Ritter hesitou em assumir a posição de geógrafo. Na ocasião em que a Universidade de Berlim, fundada em 1810, o convidou para ser professor de Geografia – após ter sido professor de História em Frankfurt – ele ainda não conseguia distinguir entre o objeto das duas disciplinas (CAPEL, 1981, p. 39).

Além da *démarche historique*, desvelada pela história das ideias e o círculo de afinidades, passemos a outro elemento fundante do pensamento lablachiano, a circulação, enfocada pelo método contextual e pela Geografia da ciência.

A força da circulação na teoria lablachiana a partir do contexto[9]

É indubitável que o contexto histórico influencia a produção da obra científica. Mas a partir dessa premissa, quantas questões não podem ser colocadas: quais são os elementos dessa contextura que são discerníveis? Como relacioná-los seguramente à obra científica? Dos pressupostos que Vincent Berdoulay define como fundantes de seu método contextual, um nos interessa particularmente: a identificação dos principais interesses sociais que envolvem a sociedade, mesmo que estes não pareçam ter influenciado a Geografia (BERDOULAY, 1981b, p. 13). A questão colonial será abordada no tópico seguinte.

Berdoulay e Soubeyran foram exitosos em traçar a relação entre o espírito conversador da III República (1870-1940), nascida após as guerras da Comuna de Paris, e a filosofia neo-kantiana,

---

qui s'enseignait communément chez nous".

9   Este tópico será aprofundado no Capítulo 4, sem as discussões metodológicas.

adotada por muitos intelectuais. Na era dos impérios, ali, onde a França perde a Alsácia e a Lorena, logo depois da partilha da África, em 1884, a República nascente apela ao esforço dos cidadãos, ao dever e à iniciativa própria. Por outro lado, o evolucionismo neolamarckiano atribuído a Vidal de la Blache coloca acento sobre o papel do hábito como uma iniciativa progressista (BERDOULAY, SOUBEYRAN, 1991). Pelas pressões do meio, o ajustamento se realizava pelo esforço e pelo hábito. Ao atribuir a esta noção um papel essencial na sua teoria da adaptação, semelhantes princípios encontraram-se com o papel exercido pelo neokantismo na ideologia da III República: "O hábito surge como uma noção importante, situada no cruzamento das preocupações quanto à mudança e a permanência das soluções adotadas." (BERDOULAY, SOUBEYRAN, 1991, p. 620-621).[10]

Mas em vez de buscar apenas no contexto, nessa trama indissociável de durações e fatos sociais, acreditamos que a própria obra do autor dá-nos a conhecer os traços que lhe são marcantes. O que lhe aparece como vetor da modernidade?[11] Daí, elaborações mais ou menos consistentes tentarão construir a trama entre a obra e o os fatos. Bem ou mal sucedidas, a relação inevitável continua latente. Nosso convidado de honra declarou em 1911:

> Mas eis a era das ferrovias. No início, e durante muito tempo, não se teve consciência da *grande revolução que elas representavam*. Para citar apenas um indício, pensemos às estações apertadas que datam de apenas 50 anos. Aos poucos, as redes viárias se formam,

---

10 "L'habitude apparaît comme une notion importante située à la croisée des préoccupations pour le changement et pour la permanence des solutions retenues".

11 Em outros dois artigos, Vidal descreve com emoção notável a sociedade americana. O triunfo dos meios de transporte, marcaram, segundo as observações feitas a partir da janela dos trens, a modernidade do país de grandes planícies (VIDAL DE LA BLACHE, 1902, p. 20; VIDAL DE LA BLACHE, 1905).

combinam-se, ampliam-se. Da Europa e dos Estados Unidos, elas ganham a Ásia, a América do Sul, a Austrália, a África. O movimento de construção avança em progressão geométrica; [...] Elas penetram, na Europa, todo o corpo social e – único aspecto que gostaríamos de examinar – abrem um novo ciclo de fenômenos geográficos. [grifos nossos] (VIDAL DE LA BLACHE, 1911b, p. 5)[12]

Segundo Robic, os anos de 1830 e 1840 se notabilizaram, no domínio intelectual, pela consciência de uma revolução geográfica que se processara no mundo a partir do progresso da navegação e das linhas férreas. Para a mesma autora, criaram-se dois modelos espaciais interpretativos. Para a maioria dos intelectuais, o mundo tornara-se um ponto, compactado e uniformizado em todas as direções. Para outros, porém, como Carl Ritter, Jean Reynaud e Balzac, as transformações foram complexas e os lugares não se uniformizaram, de modo que espaços vizinhos se tornaram repentinamente distantes e os antigos arquipélagos, ligados por eixos transoceânicos de alta velocidade, tornaram-se próximos (ROBIC, 2009, p. 306). O essencial, pois, é que os lugares isolados fossem conectados por meio das técnicas.

Este princípio de relatividade espacial do qual Ritter é partidário é explicitamente abraçado por Vidal de la Blache. Esta mobilidade está na base da noção da "posição relativa" das regiões. É notável que este princípio da mobilidade tenha sido ressaltado no artigo mais "ecológico" de Vidal de la Blache, *La Géographie Humaine,*

---

12 "Mais voici l'ère des chemins de fer. Au début et pendant longtemps on ne mesura pas la grandeur de la révolution qu'ils apportaient. Je n'en veux pour indice que l'exigüité des gares et des installations qui datent d'il y a ne cinquantaine d'années. Peu à peu les réseaux se forment, se combinent, s'étendent. De l'Europe et des Etats-Unis ils gagnent l'Asie, l'Amérique du Sud, l'Australie, l'Afrique. Le mouvement de construction se précipite en progression géometrique [...]. Elles pénètrent, en Europe, les corps social tout entier; et – seul côté que nous voulions envisager– elles ont ouvert un nouveau cycle de phénomènes géographiques."

ses Rapports avec la Géographie de la Vie (1903), e no que toca ao aspecto "instintivo" da raça humana. Essa condição de mobilidade, portanto, está situada numa concepção de fundo do pensamento lablachiano. Tal como as plantas descritas por Alexandre de Humboldt, o princípio de mobilidade está na base da liberdade do homem frente ao meio (BUTTIMER, 1971, p. 48). Veremos no Capítulo 3 que ele se aplica tanto à formação das sociedades (BUTTIMER, 1971, p. 48) quanto aos fluxos terrestres.

> Tanto para ele [Ritter] quanto para Alexander von Humboldt, a ideia de Geografia humana estava associada àquela de Cosmos, incluída no plano dos fenômenos terrestres, unidos por uma estreita cadeia de causas. Abraçando o problema geográfico em toda sua extensão, Ritter considerava que cada parte da terra era digna da mesma atenção. Cada parte lhe parecia, de fato, necessária para a compreensão do conjunto e, como ele mesmo disse, devia tender para o todo (*Streben nach der Universalität*). [...] Coube também ao velho mestre o mérito de ter trazido à tona a ideia de posição; no termo *Wertstellung*, que ele prontamente utiliza, está implícita a noção de uma humanidade em movimento. A posição é considerada em relação às migrações dos povos, e esta inquietude constante aparece-lhe como uma espécie de instinto, este *Trieb* que coloca em movimento, em direções determinadas pela geografia, as massas humanas (VIDAL DE LA BLACHE In SANGUIN, 1993 [1903], p. 233).[13]

---

13 "Chez lui [Ritter] comme chez Alexandre de Humboldt, l'idée de géographie humaine s'associe à celle de Cosmos, elle entre dans le plan des phénomènes terrestres, qu'unit une étroite chaîne de causes. Embrassant le problème géographique dans toute son ampleur, Ritter considérait chaque partie de la terre comme digne de la même attention. Chaque partie lui parressait, en effet, nécessaire à l'intelligence de l'ensemble; et c'est à l'ensemble, comme il dit lui-même, qu'il faut tendre (streben nach der Universalität). [...]. C'est aussi au vieux maître que remonte le mérite d'avoir mis en pleine lumière l'idée de position; sous le mot de Wertstellung, qu'il emploie

Em outubro de 1869, Paul Vidal de la Blache se encontra no Egito. No início de novembro, ele percorre o Cairo. No dia 9, descreve Sanguin, ele se apressa a partir de Alexandria a fim de assistir à inauguração do Canal de Suez.[14] É com emoção juvenil que ele descreve à sua noiva este grande acontecimento, cujas impressões íntimas são agora conhecidas por todos:

> Eu me felicito por ter sido tão favorecido pelas circunstâncias que pude assistir à inauguração do Canal de Suez. Foi um espetáculo de verdadeira grandeza, não pela presença dos soberanos que lá se encontravam, de férias, nem pelas festividades ruidosas em sua homenagem, mas pela visão da obra em si. Eu estava em um dos quarenta navios (na fragata Themis, comandada pelo almirante Moulac) que atravessaram o canal no primeiro dia. Havia, naquele dia, algo solene nessa precessão de navios se sucedendo entre as margens do canal, rodeados por um deserto de areia, e cercados pelas enormes máquinas, agora em repouso, que foram utilizadas em sua construção (VIDAL DE LA BLACHE in SANGUIN, 1993, p. 70-71).[15]

---

volontiers, reste sous-étendue la notion d'une humanité em marche. La position est envisagée par rapport aux migrations de peulpes, et c'est comme une sorte d'instinct que lui apparaît cette perpétuelle inquiétude, ce Trieb qui met en mouvement, dans des directions déterminées par la géographie, les masses humaines."

14 Tudo isso era celebrado nas exposições universais. A propaganda do progresso e "o sonho de um mundo sem fronteiras encontrava alento na realidade europeia de um mundo cortado por vias férreas [...]" (PESAVENTO, 1997, p. 48).

15 "Je m'applaudis d'avoir été assez favorisé des circonstances pour pouvoir assister à l'inauguration de l'isthme de Suez. C'était un spéctacle d'une véritable grandeur, non point par la présence des souverains en vacances qui s'y trouvaient et par les fêtes bruyantes dont ils étaient l'objet, mais par la vue de l'ouvre elle-même. Je me trouvais sur l'un des quarante navires (la frégate Thémis commandé par l'amiral Moulac) qui se sont engagés le premier jour dans le canal. Il y avait ce jour-là quelque chose de solennel dans

O Canal de Suez marca uma nova era da história da circulação. Os intelectuais desse tempo são tocados pela mobilidade que se produzira no mundo naqueles últimos anos. Em outro artigo, datado de 1902, sem negar o papel dos transportes na vida moderna, ele afirma não se poder negligenciar o papel que a mobilidade desempenhou na história de comunidades antigas: "os meios de transporte dos quais nos dotou a vida moderna nos fazem depreciar demais aqueles que outrora permitiram a circulação" (VIDAL DE LA BLACHE, 2006 [1902], p. 123). Ontem, como hoje, a circulação dos homens é mais do que nunca observada no século XIX.

Geografia da ciência: as geopolíticas do conhecimento na regionalização do Mediterrâneo[16]

De início, é preciso preceituar que, estando a circulação lablachiana na base das variações entre as posições relativas e absolutas, ela define as características das regiões e, portanto, a própria regionalização. Tal como um organismo, as regiões se completam tanto pelo esforço adaptativo de seus habitantes (quando a qualidade e a cobertura do solo são essenciais) como pelos fluxos que se dão no seu interior: de águas, de correntes climáticas, e de homens.

Segundo Buttimer, "a circulação, para Vidal, era um indicador do domínio da sociedade sobre condições físicas (geográficas); era também um processo pelo qual o caráter complementar de diferentes lugares podia ser descoberto" (BUTTIMER, 1971, p. 48).[17] O

---

cette précession de navires se succédant entre ces berges du canal, entourées par le désert de sable, et bordées par les énormes machines, alors au repos, qui ont servi à leur construction."

16 Este tópico será aprofundado no Capítulo 5, sem as discussões metodológicas.

17 "circulation for Vidal was an index to a society's mastery over physical (geographical) conditions; it was also a process whereby the complementary

próprio Vidal explica como essa combinação entre a adaptação e a circulação é essencial:

> Estaríamos certamente expostos a desnaturalizar a verdade se, na ideia que fazemos da antiga França, não levássemos em conta a força do ambiente local. Mas não seria menos errôneo imaginar essas populações como que paralisadas em seus ambientes. Há no solo francês uma *multidão de impulsos naturais estimulando as relações entre os homens.* [...]. É assim que vemos, em um rio, os redemoinhos, os turbilhões e os movimentos se entrecruzarem em diversos sentidos e se combinarem com a corrente que põe em movimento a massa [grifos nossos] (VIDAL DE LA BLACHE, 2006 [1902], p. 123).

Passemos então para a compreensão de como essas características regionais se enleiam nessas geografias do conhecimento. Se a relação das teorias científicas com o contexto histórico *tende à legitimidade*, as relações daquelas com o meio geográfico continuam a ser um empreendimento duvidoso. Livingstone denuncia esta postura para se posicionar a favor das marcas do local na construção da ciência: "conhecimento verossímil, assim assumimos, não carrega marcas de provinciano, então, a ciência que é [somente] local tem algo de errado" (grifo da tradutora) (LIVINGSTONE, 2004, p. 1).[18] A construção da ciência, na verdade, reflete o local e o universal: apesar de se produzir nos lugares, a ciência se legitimou como um empreendimento universal.

A depender do ponto de vista que se toma da Geografia, seja a Geografia física, seja a Geografia cultural e política, os riscos são certamente maiores ou menores para relacionar a produção científica

---

character of different places could be discovered".

18 "credible knowledge, we assume, does not bear the marks of the provincial, and science that is local has something wrong with it".

à sua geografia. À medida que nos afastamos do meio físico e nos aproximamos do meio geográfico (da construção, portanto, do meio pela mão do homem), as relações ganham força argumentativa sem, todavia, como já vimos, deixar de encontrar adversários.[19]

Contudo, não descartaríamos que as ligações são todas possíveis. Em partes da Grécia, Dalmácia e Ásia Menor, existem extensas áreas de calcário, cujo processo de dissolução produziu um sistema subterrâneo de cavernas e cursos d'água. Isso não só deu sustentação à história em que o rio Alpheus, no Pelopenoso, passava embaixo do mar Iônico, como também à teoria de que todo o globo era cravado de cursos d'água que alimentavam os reservatórios e o mar (WRIGHT, 1996, p.34).

Outrossim, Vidal de la Blache acusa encadeamentos que se podem estabelecer entre o meio físico e as ideias. A ciência grega, a primeira a divisar o sentido da unicidade da Terra, estava demasiada presa aos domínios do Mediterrâneo. Este, por sua vez, possui as mesmas variações de climas nas mesmas latitudes, o que levou os antigos a uma concepção geográfica demasiado matemática da Terra (VIDAL DE LA BLACHE, 1895, p. 130-131).

Mas, para nós, apesar de dotadas de legitimidade, tais relações são demasiado abrangentes e envolvem não só argúcia argumentativa como enorme erudição de muitos dos processos e ideias que se desenrolam no globo.

Por ora, será o bastante traçar relações sobre dois aspectos da Geografia: primeiro, nossa vertente argumentativa será uma geopolítica do conhecimento, isto é, de que maneira as ideias geográficas contribuem para fortalecer e exaltar a hegemonia do país da qual são originárias. Quanto a isso, é o geógrafo Livingstone que virá em nosso auxílio (LIVINGSTONE, 2004). Em outras palavras, em que a definição do Mediterrâneo contribui com a definição da França? Segundo este mesmo geógrafo:

---

19 Também Milton Santos exprime a ideia de que as revoluções científicas fazem reordenamentos todas as vezes que as condições gerais da vida sobre a Terra se modificam (SANTOS, 2002, p. 18).

> Todos esses esforços [a representação do Oriente na ciência ocidental] revelam, em maior ou menor grau, o poder do local. Em escala mundial, a capacidade de representar a região global – e, assim, construí-la na consciência humana – tem sido fundamental para as práticas de supremacia política (LIVINGSTONE, 2004, p. 10).[20]

A regionalização lablachiana do Mediterrâneo é essencialmente greco-latina, com poucas inserções pelo Mediterrâneo africano. Ademais, está fortemente associada à circulação entre montanha e planície, ou seja, pastores e agricultores, bem como às trocas entre o burgo (vilas com jardins agrícolas) e a marina (portos e pescadores) (CLAVAL, 1988). Por que Vidal de la Blache não se lançou sobre o Mediterrâneo africano? Mesmo quando o projeto colonial de seu país dedicava-se em conquistar terras norte africanas? A primeira resposta (dentre muitas) é dada pelo próprio Vidal. Para ele, era necessário diferenciar espaços hegemônicos dos espaços de conquistas nessas discussões que permeavam a *identidade* das regiões:

> No entanto, o Mediterrâneo é, antes de mais nada, europeu. De fato, a Europa não tem somente esta superioridade que lhe confere um desenho mais variado e o desenvolvimento mais rico de suas costas, além disso, sua parte mediterrânica está ligada ao resto do continente; as comunicações são mais livres. A Itália, por ser ao mesmo tempo peninsular e continental, por sua posição central, foi admiravelmente feita para assegurar o controle da bacia (VIDAL DE LA BLACHE, 1875, p. 753-754).[21]

---

20 "All these endeavors [a representação da ciência ocidental do Oriente] reveal, to one degree or another, the power of place. At the world scale, the capacity to represent global region – and thereby to construct them in human consciousness – has been fundamental to the practices of political supremacy".

21 "Avant tout, cependant, la Méditerrannée est européenne. L'Europe n'a pas seulement pour elle, en effet, la supériorité que lui donne dessin plus varié, le

Uma segunda hipótese é que, na África, os contatos entre pastores e agricultores eram demasiadamente conflituosos. Vidal sobressai este aspecto em uma resenha de 1897, na qual discute a má delimitação das fronteiras no projeto colonial, inserido num espaço de conflito, não conseguem extirpar as guerras que marcam as comunidades e lhes imprimem um aspecto de insegurança (VIDAL DE LA BLACHE, 1897, p. 359). Preocupado em ressaltar "relações harmoniosas" entre os habitantes de uma mesma região, o Mediterrâneo africano é um mundo à parte da construção historiográfica da brilhante civilização que floresceu nas margens latinas. A França e sua harmonia entre as partes, é o próprio espelho do Mediterrâneo antigo.[22]

Por extensão, a segunda perspectiva da Geografia da ciência que queremos colocar em relevo é baseada na noção de unicidade da terra, formulada pelo próprio Vidal de la Blache. Isto é, parte-se do princípio que em uma geografia das ideias, a definição de determinada região implica a significação das demais. Para este liame de relações, virão em nosso auxílio as noções de centro de cálculo, de Bruno Latour (LATOUR, 2000), e de ciência-mundo, de Xavier Polanco (POLANCO, 1990).

Por mais interessante que seja, não trataremos desse assunto global em termos de circulação das ideias.[23] Nordman buscou

---

développement plus riche de ses côtes, mais encore sa partie méditerranéenne est mieux rattachée au reste du continent; les communications sont plus libres. L'Italie, par son caractère à la fois péninsulaire et continental, par sa position centrale, était admirablement faite pour lui assurer la domination du basin."

22 Segundo Spary, o conjunto de expedições científicas empreendidas por Bonaparte no Egito, Mesopotâmia e Argélia, notavelmente quanto ao primeiro, tinha como objetivo representar um ideal da grande civilização clássica, à qual a liberdade francesa poderia lhe retomar a glória. Ainda, uma conquista dessa estirpe faria apelo à memória dos grandes conquistadores militares da Antiguidade Clássica. E assim, Bonaparte "inventa" a concepção francesa de mundo Mediterrâneo (SPARY, 1998, p. 126).

23 Segundo Livingstone, a recepção da obra de Humboldt não foi homogênea segundo os países. Há aqueles que valorizaram o *Kosmos*, enquanto outros preferiram colocar acento, visto pela história editorial, na obra sobre o México e a nova Espanha no contexto da colonização (LIVINSGTONE, 2004, p. 24).

demonstrar, por exemplo, como as categorias se modificam em seus usos e conteúdos à medida que se deslocam no espaço e no tempo. A Geografia francesa inserida no Magreb derivou gradativamente a noção de região para a noção de *hinterland,* de caráter menos nacional e territorial e mais fronteiriço, no contexto da colonização (NORDMAN, 1995, p. 972). Neste ponto, nosso estudo será um tanto especulativo, procurando manifestar como a regionalização do Mediterrâneo, tal como foi feita por Vidal de la Blache, implicava uma visão total do mundo, conformando uma ciência-mundo (POLANCO, 1990).

Sobre este assunto, Bruno Latour, através do desenvolvimento da noção de "centro de cálculo", evidencia como "a história da ciência é, em grande parte, a história da mobilização de qualquer coisa que possa ser levada a mover-se e embarcar numa viagem para casa, entrando no censo universal" (LATOUR, 2000, p. 365). Este "censo universal" não é construído em toda parte, mas somente nos centros de cálculo.

As expressões da centralidade que tomam certas regiões pululam por toda parte. No século XIX, esforços eram realizados através de exibições enciclopédicas e congressos, visando a diminuir a crescente fragmentação do conhecimento (LIVINGSTONE, 2004, p. 89-90), Ademais, viagens eram realizadas em busca de reunir observações de todo o mundo, as quais eram agrupadas de acordo com as classificações engendradas nos centros europeus.

Não se podia dizer que a ciência não era um empreendimento global. Mas que esta globalidade era produzida em partes específicas da terra: "[...] internacionalismo em ciência, na medida em que realmente exista, deve ser considerado uma realização social, não a inevitável consequência de alguma essência científica inerente (LIVINGSTONE, 2004, p. 89).[24]

---

24 "[...] internationalism in science, insofar as it really does exist, must be considered a social achievement, not the inevitable consequence of some inherent scientific essence".

Ainda sobre esse assunto, alguns autores, como George Basalla, procuraram atenuar essas desigualdades de partida, preconizando que a ciência difundia-se, ainda que em diversas etapas, sobre todo o globo (BASALLA, 1967). Algumas críticas se produziram. Autores como Chambers (CHAMBERS, 1993), Figuerôa (FIGUERÔA, 1998), Lafluente (LAFLUENTE, 1986) e Polanco (POLANCO, 1990) preocuparam-se tanto em demonstrar que o processo de mundialização da ciência não é homogêneo, produzindo diferentes respostas locais, quanto que o processo de produção científica se dá através de centros e periferias.

Quanto a isso, Xavier Polanco, emprestando a noção de economia-mundo de Fernand Braudel – para quem é condição que as trocas não sejam mundializadas e se deem em processos seletivos de valorização dos espaços (organizando-se entre centros e periferias) (BRAUDEL, 1998) –, é contundente ao revelar que as divisões científicas procuram manter lógicas de dependência entre os lugares.

Se o princípio da unidade da Terra é o pressuposto lablachiano, como já apresentamos anteriormente, podemos imaginar que o pensamento de Vidal de la Blache pode ser entendido como um grande mapa onde as partes estão em movimento. Em todo mapa, segundo Harley, há o princípio da centralidade (HARLEY, 2005, p. 194). Robic introduz a ideia de um "espaço de referência" nas teorias geográficas de Vidal de la Blache, principalmente na dissecação de seu Atlas Vidal-Lablache (ROBIC, 2002).

Não é difícil meditar, ainda que seja arriscado afirmar, que o Mediterrâneo de Vidal de la Blache seja um espaço de referência, pela precocidade da formulação em seu pensamento e pela proximidade que o modelo vai ganhar na definição da própria França (aprofundaremos este aspecto no Capítulo 5). Esse raciocínio ajudaria a retirar dos ombros de Vidal o rótulo de uma Geografia *excessivamente* descritiva, uma vez que certas generalizações e visões sintéticas das regiões parecem ser apenas fundamentadas pela observação da paisagem. Na verdade, elas podem estar relacionadas com um espaço de referência, notavelmente: o Mediterrâneo.[25]

No entanto, esses dois aspectos do pensamento lablachiano, a história e a circulação, que nos parecem fundantes desde o período de formação do pensamento do autor, não encontraram terreno fértil na historiografia da Geografia clássica.

Lugares e ideias vidalianas negligenciadas pela historiografia da Geografia clássica: a história, a circulação e o Mediterrâneo

Diz-se que a chamada Geografia clássica se desenvolveu entre 1920 e 1960. Trata-se de uma escola que vive da memória de Vidal de la Blache. Os tempos de crise causam aguçados infortúnios à França (esta perde 1,3 milhão de habitantes na guerra e se nutre de uma economia estagnada). Sem embargo, a Geografia clássica goza de uma época de máximo prestígio (CLAVAL, SANGUIN, 1996, p. 8).

Com um já elevado grau de institucionalização, a Geografia conta, em 1920, com uma pequena comunidade científica, que agrega 40 geógrafos universitários franceses. Em 1931 ocorre a célebre Exposição Colonial de Paris. Nesse mesmo ano, é ali realizado também o III Congresso Internacional de Geografia. Nos discursos dos seus participantes fica evidente a proeminência da escola fundada por Vidal de la Blache, em torno da qual se reúnem geógrafos de todo o mundo, que a consideram como um modelo. Na ocasião, Emmanuel De Martonne, discípulo e genro de Vidal, era o secretário geral da UGI (União Geográfica Internacional) (CLAVAL, SANGUIN, 1996, p. 8).

---

25 Admitimos a possibilidade de que este espaço de referência possa variar ao longo da carreira do autor, o que não saberíamos afirmar com toda segurança.

Assim sendo, como não imaginar que tais personagens não tenham adotado novas estratégias? De início, era preciso se embater com a herança vidaliana. Olavi Granö nos esclarece como toda historiografia possui um deslocamento em relação às suas bases. Fruto de sua época, ela conta sua história à sua maneira, lançando munição a novas perspectivas (GRANÖ, 1981, p. 20-21).[26]

Segundo Vincent Berdoulay, é possível distinguir entre duas gerações de vidalianos. Na primeira, destacam-se os antigos discípulos de Vidal de la Blache: Dubois (1856-1916), Gallois (1857-1941), Camena d'Almeida (1865-1943) e Raveneau (1865-1937). Uma segunda geração é marcada por aqueles que fizeram teses sob a direção do mestre, ou seja, Brunhes (1869-1930), Vallaux (1870-1945), Demangeon (1872-1940), de Martonne (1873-1955), Vacher (1873-1921), Blanchard (1877-1965), Sion (1979-1940) e Sorre (1880-1962) (BERDOULAY, 1981a, p. 178).

O fato é que, já no período de formação da escola francesa de Geografia, delineiam-se algumas diferenças entre a primeira geração de discípulos de Vidal de la Blache e a segunda geração, tanto do ponto de vista epistemológico como do contexto econômico e político em que estão inseridos.

A primeira guerra mundial e a crise de 1929 vão afetar o cotidiano dos europeus. Porém, Alain Leménorel considera que, apesar de as guerras serem um período de morte, elas aceleram o modo de produção, não sendo, portanto, períodos de morte econômica (LEMÉNOREL, 1998, p. 3). Na França, a primeira guerra inaugura um período de produção em massa ao estilo norte-americano e modifica a geografia industrial do país através da criação de novas periferias. De outro lado, com o retorno da Alsácia e Lorena beneficiadas pelo dinamismo alemão, coloca-se novamente para

---

26 Segundo Horacio Capel, as histórias da Geografia têm função de dignificação e legitimação. No campo das ciências, mesmo das humanas, faz-se necessário reescrever continuamente sua história, para justificar e mesmo defendê-las de incursões indevidas, bem como legitimar os pontos de vista atuais com referências do passado (CAPEL, 1989).

a França a possibilidade de hegemonia sobre todo o continente (LEMÉNOREL, 1998, p. 19).

Economicamente, a real ruptura se deu em 1938. A despeito da desaceleração do PIB desde 1896, Leménorel considera que até 1938 a economia francesa está inserida no *trend* de crescimento do século XIX. A Primeira Guerra Mundial não abala o liberalismo nem o empreendimento colonial. Apenas após meados da década de 30, segundo o mesmo autor, a economia ingressa nos *années maldites*: reorganizadas as instituições, o período do entre guerras é também um momento de transição para a Geografia.

Na visão de Broc, para disciplinas de campo, a primeira guerra mundial ainda permitiu um enorme salto qualitativo na renovação dos métodos e das problemáticas (BROC, 1993, p. 230). Marie-Albane de Suremain ressalta a mudança de fontes dos geógrafos após o conflito bélico, bem como a revolução de abordagens em torno da África do Norte. Se, num primeiro momento, suas fontes reduziam-se aos boletins militares e aos arquivos administrativos coloniais, a importância do trabalho em terreno ganha gradativa relevância a partir de meados da década de 30 (SUREMAIN, 1999, p. 152).

Mas entre tantas mudanças, alguma delas teria se operado na concepção de Geografia dos discípulos em relação à do mestre?

No tocante à Geografia, esta diferença situa-se principalmente na relação face às outras ciências humanas. Marcada por um "espírito geográfico", cujo papel da História e da Geografia histórica era essencial, estas posições sofreram importantes modificações no período posterior ao da institucionalização (BERDOULAY, 1981a, p. 187).

Enquanto mantinha fortes relações com a *démarche historique*, o círculo de afinidades de Paul Vidal de la Blache recusava-se a colocar a Geografia a serviço da História e, justamente nessa atitude, assentava-se a sua originalidade. Essa posição, contudo, gerou contradições que marcaram a origem e desenvolvimento da Geografia: a precedência do prestígio e institucionalização da História acabou por favorecer a situação paradoxal de certa hostilidade dos vidalianos por esse campo do conhecimento (BERDOULAY, 1981a, p. 187).

Para eles, segundo Berdoulay, o estudo do passado tornava-se apenas válido à medida que poderia explicar o presente. As considerações próprias da Geografia histórica foram reduzidas às introduções das monografias regionais, não se constituindo, portanto, como campo particular da disciplina: "a falta de interesse dos jovens vidalianos pela Geografia histórica como campo autônomo de pesquisa é impressionante" (BERDOULAY, 1981a, p. 187).[27]

Com efeito, segundo o depoimento de um especialista contemporâneo, o professor De Martonne observava o avanço da Geografia como uma libertação em relação à História: "o professor Emmanuel De Martonne da Sorbonne, hoje um dos maiores representantes da Escola Francesa de Geografia, aparentemente via o recente desenvolvimento da Geografia na França como um tipo de emancipação da dominância da história" (WRIGHT, 1996, p. 29).[28]

Na interpretação de Paul Claval e Nardy, os historiadores da Geografia teriam simplificado a evolução do pensamento geográfico no seu curso. Em muitas obras, a interpretação é que a Geografia na França começara bruscamente com o aparecimento de Vidal de la Blache. Os discípulos, como Vidal, trabalharam nessa direção. Devido ao sentimento de inovação, eles não notaram ou fizeram registro daquilo que lhes alimentava (CLAVAL, NARDY, 1968, p. 93).

---

27 "Le manque d'intérêt des jeunes vidaliens pour la géographie historique comme chanp autonome de recherche est d'autant plus frappant [...] «

28 "professor Emmanuel De Martonne of the Sorbonne, now one of the leading representatives of the modern French Geograhical School, would seem to regard the recent developement of geography in France as something of na emancipation from the dominance of history."

Ilustração 1: Vidal de la Blache.
Fonte: RIBEIRO, 1968.

De acordo com Marconis (1996), a relação institucional com os historiadores pode ajudar a explicar o fraco debate teórico no seio da Geografia. Sendo esta disciplina também definida, para um público geral, pelo menos até meados do século XX, como uma ciência auxiliar da história, mesmo que fosse premente a tarefa de definir esta nova filosofia, a anterior institucionalização da História, a pulverização de historiadores em número bem superior ao de geógrafos, não estimulava os geógrafos a enfrentarem uma polêmica com os colegas. Uma saída encontrada foi o afastamento da História (MARCONIS, 1996, p. 60-62). Porém, no interior dessa pequena comunidade, o debate em torno das fronteiras da Geografia com a História era acalorado. De Martonne dirige uma dura crítica à tese de doutorado de Sion: "Você já pagou sua dívida com a História e a Sociologia, esperamos agora que dedique toda a sua energia à

Geografia" (CLOUT, 2003b, p. 341).[29] Segundo Broc, a principal preocupação dos geógrafos dessa época era proteger a "pureza" da Geografia das invasões das ciências vizinhas, notadamente da história, da geologia e da estatística (BROC, 1993, p. 39).

Gallois e De Martonne gostavam de propagar que, quando Vidal ingressara na cadeira de Geografia e História de Nancy, ele enviara um pedido aos altos escalões da instituição para limitar seu ensino à Geografia. Ribeiro reproduz a informação: "Na Universidade de Nancy, onde começou como professor de História e Geografia, mas onde ensinou somente esta última [...]." (RIBEIRO, 1968, p. 642).[30] Andrews, todavia, após ter vasculhado os documentos de Nancy, duvida desse testemunho, visto que não há registro na documentação da Universidade (ANDREWS, 1986, p. 341-346).

À parte essas querelas, há historiografias constituídas, como a de Febvre (1922),[31] de Vallaux (1929) e de De Martonne (1953). Lucien Febvre, renomado historiador e considerado o "teórico" da Geografia vidaliana, tendo cunhado o termo "possibilismo" para se referir à teoria de adaptação de Vidal, não poderia ser mais enfático na demarcação de independência (epistemológica, inclusive) da Geografia em relação à História:[32]

> Factos históricos e factos geográficos são hoje, para nós, duas ordens distintas de factos. *É impossível, é absurdo querer intercalar uns na série dos outros,* como tantos elos de anéis

---

29 "You have paid your debt to history and to sociology, so let us hope that you will now devote all your energy to geography".

30 "A l'université de Nancy, où il débuta comme professeur d'Histoire et de Géographie, mais où il n'enseigna que cette dernière [...]".

31 A elogiosa resenha que Albert Demangeon dedica ao *La Terre* [...] se introduz com a declaração da precocidade deste livro de método entre os geógrafos que, até o momento, não ousaram a tal empreendimento (DEMANGEON, 1918).

32 Lia Osório Machado demonstra como Lucien Febvre era divulgado entre os primeiros geógrafos brasileiros (MACHADO, 1995).

intermutáveis. Há dois encadeamentos; que permanecem separados; porque, de contrário, que necessidade há de os distinguir? [grifos nossos] (FEBVRE, 1954, p. 461)[33]

Camille Vallaux enfoca a Geografia vidaliana estritamente do ponto de vista do princípio da unidade da terra, através da metáfora do organismo terrestre (VALLAUX, 1929, p. 28-57). Já De Martonne, não nega o papel da reconstrução histórica como um dos pilares do método geográfico, ainda que aconselhe o cuidado:

> O ponto de vista histórico é menos pronunciado na climatologia e na hidrografia; já é sensível na Geografia botânica e zoológica. A sua aplicação, que se impõe a todo o estudo de Geografia geral, nao deixa de ter perigos nos estudos de Geografia regional, porquanto, neste caso, a descrição deve manter o primeiro lugar. A tendência para encarar historicamente todos os factos é, apesar de tudo, nestes últimos anos, a característica mais saliente da evolução da Geografia (DE MARTONNE, 1953, p. 19).

Um eminente geógrafo brasileiro, conhecedor da Geografia francesa, vai exclamar, em 1977: "pode-se dizer que a Geografia se interessou mais pela forma das coisas do que pela sua formação" (SANTOS, 1977, p. 81). E, apesar de algumas bravatas, o gênio de Lacoste aparecará mais uma vez ao perceber que Vidal de la Blache introduziu a ideia de descrições regionais aprofundadas, mostrando as interações ao longo da história do homem e natureza na formação das paisagens (LACOSTE, 1981).

Quanto à circulação, os mesmos olvidamentos. Camille Vallaux trata o princípio da unidade da terra estritamente do ponto de vista da comparação causal de fenômenos distantes (VALLAUX,

---

33 A grafia se mantém no português antigo, como está escrito no original.

1929, p. 30) e De Martonne não a erege na condição de princípio da Geografia (DE MARTONNE, 1953). Lucien Febvre é sempre enfático:

> Nessas rotas [econômicas, políticas e religiosas] não é, portanto, a Geografia, mas sim a política e a história que se 'exprimem dierectamente'; está-se perante verdadeiras armaduras forjadas na matéria mais resistente possível, por homens preocupados em manter e conservar agrupados os elementos constitutivos de uma formação nacional (FEBVRE, 1954, p. 697).

A Geografia Francesa clássica gira em torno de cinco conceitos de herança vidaliana: densidade, região, meio, gênero de vida e paisagem. A circulação não é tratada como tema de importância (CLAVAL, 1996, p. 8). Só em 1947 Jean Gottman vai retomar alguns temas desenvolvidos por Vidal de la Blache e esquecidos pelos vidalianos: trata-se da noção de posição (*carrefour*) e circulação, bem como dinamismo e fluidez (ROBIC, 1996, p. 46).

Quanto aos temas de estudo e às fontes consultadas, Paul Claval afirma que os discípulos da primeira geração referem-se frequentemente aos artigos publicados entre 1890 e 1900 (CLAVAL, 1993b, p. 148), ou seja, a fase clássica não recebe atenção. Nós também consultamos as notas de rodapé das obras produzidas pelos geógrafos franceses entre 1934 e 1948 sobre o Mediterrâneo (ver a tabela 1) e o resultado é uma quase ausência dos escritos vidalianos sobre o Mar Interior.

Tabela 1: Autores mais citados e os cruzamentos bibliográficos entre os discípulos de Vidal em obras sobre o Mediterrâneo (1934-1948)

Max Sorre (1934)	Jules Sion (1934)	Jules Sion (1934)	Gautier (1937)	Le Lannou (1941)	Siegfried (1943)	Deffontaines (1948)
	Almagia					
	Anfossi					
	Angelis d'Ossat					
Altamira y Crevea	Baratto					
Amorim Girão	Bertolini					
	Bovy e Boissonnas					
Angot	Braun					
Bérard	Cacciamali					
Billiard	Cayeux					
Dantin	Colamonico			Alivia		
Cereceda	Dainelli	Arbos		Angius		Bérard
Del Villar	Deprat	Bénévent		Eredia		Bernard
Douvillé	Eredia	Blanchard	Bayan	Fará		Chevalier
Fallot	Fischer	Brenier	Beylé	Fermi		Fischer
Fischer	Gignoux	Dutil	Gautier	Gemelli		Hernández
Fleury	Günther	Flahault e Durant	Gsell	Mamora	Audiberti	Pacheco
Garcia-Sainz	Kténas	George	Ibn-Khaldoun	Martini	La Blache	Herubel
J. Brunhes	Landini	Guiraud	Maqueray	Pais	Monrad	Parain
Luccy	Lorenzo	Laurent	Marçais	Sassari	Paul Valéry	Philippson
M. Lezón	Marinelli	Lautier	Plínio	Sion		Semple
Mendes-Corrêa	Oestreich	Lenthéric	Polibio	Taramelli		Siegfried
Monbeig	Pardé	Masson	Qirtas	Tola		Sion
Obermaier e Carandell	Philippson	Sorre	Shaw	Tucci		Sorre
Paul Vila	Platania			Wagner		
Pereire	Pontocorvo e Zucchini			Zedda		
Philippson	Principi					
Reparaz fill.	Riccardi					
Scheu	Roletto					
Sorre	Roniolo					
	Roux					
	Rovereto					
	Sacco					
	Sestini					
	Sion					

LIRA, Larissa Alves de. 2012.[34]

---

34   Esta tabela foi organizada ao estilo da proposta de Leyla Perrone-Moisés

Nos livros sobre o Mediterrâneo dos geógrafos franceses produzidos entre 1934 e 1948, Vidal de la Blache é ausente das citações dos geógrafos – com exceção de Jules Sion e André Siegfried – o que nos dá a entender que o Mediterrâneo de Vidal é pouco consultado. Veremos que, nesta fase, o tema é um domínio em que Vidal desenvolve plenamente as bases dos primeiros princípios geográficos, onde as ciências naturais se encontram com a história através da noção de tempo (e temporalidade) e circulação. Deixemos a um leitor mais experiente que nós as conclusões da compreensão da obra de Vidal de la Blache que derivam dessas opções historiográficas, desenvolvidas nos prelúdios do século XX.

Foto 5: MARTINS, Yuri. Veneza. 2011.

(1998). Nesse trabalho, a autora demonstra como os padrões literários gerais dos críticos-autores mantiveram-se na passagem do modernismo para o pós-modernismo. Observou as sugestões de autores importantes em escritos ao longo do século XX. No caso de Vidal e seus discípulos, as referências bibliográficas se alteram significativamente. Contudo, isso nos parece muito mais um sintoma da divisão do trabalho científico do que uma ruptura dos discípulos com o mestre.

Foto 6: MARTINS, Yuri. Veneza. 2011.

Foto 7: LIRA, Larissa Alves de. Roma. 2011.

CAPÍTULO 3

Vidal historiador: a noção de tempo geográfico a partir do Mediterrâneo de Vidal de la Blache

O que é o Mediterrâneo? Anos de história concorreram para definir um mar, por mais que a trivialidade da observação das cartas nos assevere uma resposta simples nos dias hodiernos. Mas admite-se, não sem justeza, que o vocábulo tem uma história e sua significação passou por transformações que não ocorreram de uma só vez ao conhecido Mar Interior.

A definição que se enseja quanto ao Mediterrâneo de Vidal lida com as fronteiras que estavam colocadas como definição comum do Mediterrâneo no século XIX. A sua convergência, oposição ou justaposição é a primeira luta com vistas a uma definição original, seja para erigir uma tradição geográfica, seja para dialogar com os dilemas intelectuais da sociedade meio marítima, meio continental.

O Mediterrâneo nem sempre foi um nome próprio na língua francesa. No século XVI, ele é um adjetivo, cuja qualificação remete a tudo que está entre terras. Assim foi empregado por Rousseau na expressão *la Tartarie méditerranée* e por Buffon em sua *Histoire naturelle. Preuves sur la théorie de la terre*. Somente no século XIX nos será permitido falar do Mar Mediterrâneo, consubstanciado em um nome próprio e em um substantivo (RUEL, 1991, p. 7).

Segundo o levantamento de Navari, mapas com o panorama completo do Mediterrâneo – e tendo o mar como foco central – tornam-se correntes apenas no final do século XVIII. É sintomático o aparecimento da carta de G. Robert de Van Gondy, *Map of the countries bordering the Mediterranean, with inset of Greece* (Paris, 1737) e também de R. N. Seale, *Chart of the Meiterranean Sea* (Londres, 1747). Antes disso, as representações se focavam, sobretudo, na Grécia. Giacomo Costaldi expandiu esses limites em 1566, publicando o mapa *Greece and part of Europe* (Veneza, 1566). As cartas náuticas, como a de Jam Van Keulen, *Chart of the Mediterranean Sea* (Amsterdam, 1680) dividiam o Mediterrâneo em Oriental e Ocidental (NAVARI, 1999).[1]

Os olhos do século XIX deixam de ver o Mediterrâneo como uma reunião de mares e passam a vê-lo como um mar individual: mar da Sicília, mar Adriático, Tirreno – bacias que possuíam mais individualidade do que o todo – começam a se transmutar no seu conjunto. As cartas nos dizem, mas também os dicionários: uma consulta a edições de 1845 e 1863 denuncia como o mar passou por profundas transformações conceituais se comparado aos dias atuais.

Em 1845, o Mar Mediterrâneo é entendido como um conjunto de mares e, sobretudo, como um mar interior situado entre a Europa, Ásia, África e o Atlântico (VOSGIEN, 1845, p. 373). Nenhuma citação quanto à sua condição ocidental. Já no dicionário de 1863, o Mediterrâneo é entendido como um golfo do Atlântico e, novamente, como um conjunto de mares. É notavelmente a superfície líquida o que importa descrever, incluindo os rios que nele desaguam. Fazem-se exceção às ilhas, terras estreitas rodeadas por água (BOUILLET, 1863, p. 1157).

Anos mais tarde, em 1950, em uma enciclopédia geográfica, aparecem expressões como "climat méditerranéen" e "France méditerranéene" (OZOUF, R. , ROUABLE, M. 1950, p. 19). Não só o Mediterrâneo se elevou, como passou a qualificar climas e terras. Novamente um adjetivo, mas agora derivado do vigor da individualidade do Mediterrâneo. O que aconteceu entre os fins do século XIX e o despertar do século XX?

---

[1] Harley, ao definir o princípio de centralidade das cartas, oferece um rico instrumento de análise da importância que algumas regiões ganham na história da cartografia (HARLEY, 2005). Segundo Jeremy Black, os mapas históricos franceses da primeira metade do século XIX normalmente começavam com a representação do mundo grego e alguns chegavam a ignorar a Idade Média (BLACK, 2005).

Várias transições: de um adjetivo ao substantivo – ou, em outros termos: dos pequenos mares ao Mar com sua individualidade própria – do mar entre continentes para o mar de influência ocidental, e, por fim, de um recorte de bacias, cuja superfície líquida lhas definem, para uma região, englobando águas, bacias e terras. Assim sendo, é o nascimento do "mundo mediterrânico", descoberta cujos passos dizem muito sobre seus usos posteriores.

O Mediterrâneo antes de Vidal: a "invenção científica do Mediterrâneo"

As três expedições científicas francesas para o Egito (1798-1799), para a Moreia (1829-1831) e para a Argélia (1839-1842) são o prelúdio do nascimento da unidade do Mediterrâneo no discurso científico (BOURGET, 1998). Daqui retiramos a ideia de que seu surgimento está ligado à observação do Oriente. Outrossim, tais expedições estão associadas ao contexto político do império napoleônico, elas procuraram salientar a glória do império. Se, antes da Revolução, os jardins do rei enriqueciam suas coleções através da troca de favores entre as cortes (SPARY, 1998, p. 120-121), depois, a aquisição se dará por confiscação: acompanhando as armadas francesas para reunir espécies e objetos arrancados pela "força" (SPARY, 1998, 120):

> Em meados da década de 1790, o desenvolvimento das coleções do Museu passara a depender fortemente das vitórias militares. Com o avanço dos exércitos franceses e, sobretudo, com as vitórias cada vez mais brilhantes de Bonaparte no continente europeu, a guerra tornou-se para os professores do Museu a principal forma de aprovisionar-se das amostras provenientes do confisco de coleções e inventários realizados nos territórios recém-conquistados (SPARY, 1998 p. 124).[2]

---

2   "Au milieu de la décennie 1790, le développement des collections du

Pode-se dizer que a percepção do mundo mediterrânico é fruto da visão do Oriente e do impulso imperial? Nada espanta que esse olhar esteja contido em sua definição. Mas outros fatores afluíram para esta percepção. As expedições científicas ao Mediterrâneo oriental se dão juntamente com a transformação do olhar científico da Europa. A partir do século XVIII, busca-se mais a regularidade do que o exótico,[3] ainda que tal perspectiva não seja estranha aos viajantes:[4]

> [...] No Egito, durante a época do Diretório (1798-1801), na Moreia (atual Peloponeso), no final do reinado de Carlos X (1829-1831), e finalmente na Argélia, sob a Monarquia de Julho (1839-1842). No plano intelectual, o século XVIII marca o momento em que se afirma, triunfante, um modelo universalista da ciência, fundado na convicção de que a ordem da natureza – e mesmo, como espera Condorcet, a da sociedade – depende de leis gerais que a observação, a medida e o cálculo

---

Muséum avait fini par dépendre largement des victoires militaires. Avec l'avance des armées françaises et en particulier les victoires de plus en plus éclatantes de Bonaparte sur le continent européen, la guerre devint pour les professeurs du Muséum le moyen principal d'approvisionnement en spécimens provenant de la saisie des collections ou des inventaires effectués dans les territoires nouvellement conquis".

3   No começo do século XVIII, "L'abbé Bignon, secrétaire de l'Académie des sciences, explicite la mission dont est chargé Paul Lucas, envoyé en Orient en 1704: 'Il aura attention à toutes choses curieuses, rares et extraordinaires dont il pourra avoir connaissance pendant son voyage et il m'en enverra des relations exactes." "[...]: arrivant dans les Cyclades, explique Baudelot de Dairval dans une mémoire à l'usage des antiquaires, le voyageur devra vérifier la tradition, rapportée par Pline, selon laquelle il existait: dans l'île d'Androsune [...] une fontaine, dont les eaux prenaient le goût du vin le cinquième jour de février'" (BOURGET, 1998, p. 11).

4   No Brasil, Margarete Lopes demonstra que o movimento de constituição dos museus em fins do século XIX, como espaços difusores da pesquisa científica das ciências naturais na colônia, seguiam exatamente as mesmas tendências de padronização das espécies e organização de acervos universais dos museus metropolitanos, o que decepcionava os viajantes estrangeiros (LOPES, 2009).

> podem revelar: neste processo de racionali-
> zação do conhecimento sobre o mundo, a co-
> leta de "curiosidades", "maravilhas" e outras
> "singularidades" locais é abandonada em fa-
> vor da busca por dados homogêneos e cumu-
> lativos, da investigação das regularidades
> (BOURGET, 1998, p. 9).[5]

Em 1787, o viajante já possui tal postura, que visa a colocar à prova suas teorias, além de estabelecer métodos de observações, que, ao não variarem de acordo com o local, são passíveis de serem comparados em uma rede universal (BOURGET, 1998, p. 13-18). Esse mesmo viajante carregava consigo um manual para a observação do terreno: solo, regime dos ventos, fauna, flora, recursos locais, agricultura, indústria, são alguns dos pontos desses guias científicos. O retorno para a Europa era fundamental, dada a necessidade de construir um sistema de classificação geral (BOURGET, 1998, p. 13-18).[6]

Sob o impulso de dominação imperial, sob a possibilidade de comparação entre o Oriente e o Ocidente, em busca das regularidades fundamentais, nasce o "mundo mediterrânico". Ponto de encontro entre as civilizações, o Mediterrâneo é o laboratório ideal da escala do mundo. Essa primeira impressão de similaridade das costas mediterrânicas é sentida na forma de decepção pelos viajantes:

---

5   "[...] en Égypte à l'époque du Directoire (1798-1801), en Morée (l'actuel Péloponnèse) à la fin du règne de Charles X (1829-1831), en Algérie enfin sous la monarchie de juillet (1839-1842). Au plan intellectuel, la fin du XVIIIe siècle marque le moment où s'affirme, conquérant, un modèle universaliste de la science, fondé sur la conviction que l'ordre de la nature – même, espère Condorcet, celui de la société – relève de lois générales que l'observation, la mesure et le calcul peuvent mettre au jour: dans ce processus de rationalisation du savoir sur le monde, la collecte des 'curiosités', 'merveilles' et autres 'singularités' locales se trouve délaissée au profit de la quête de données homogènes et cumulatives, de la recherche de régularités".

6   A noção de "centro de cálculo", de Bruno Latour, descreve exatamente este movimento de coletas periféricas, retorno aos centros e elaboração de uma teoria geral (LATOUR, 2000).

> A nítida decepção dos botânicos é reveladora. Se ela indica que eles possuem consciência da similitude entre a flora egípcia e aquela das regiões vizinhas já conhecidas (Raffeneau-Delile recenseia as espécies de plantas que o Egito compartilha com outras regiões como a Berberia, a Síria, a Arábia, e até o sul da França), trata-se de uma constatação negativa, que marca a frustração de uma descoberta invalidada, mas não desperta a curiosidade para as conexões e afinidades assim manifestadas (BOURGET, 1998, p. 19).[7]

O botanista Bory de Saint-Vincent, integrante da sociedade de Geografia de Paris, tendo participado de duas das três expedições, demonstra similaridades entre as costas europeias e africanas. À vista disso, podemos concluir que é no domínio das ciências naturais que emergirá claramente a ideia de uma região mediterrânea, e os primeiros qualificativos que derivam dessa individualidade aparecem a partir desses domínios (BOURGET, 1998, p. 22).

Assim, Bory de Saint-Vincent, o primeiro cientista a falar da unidade do Mediterrâneo, ressaltava o aspecto natural de unidade entre a Espanha e a África em meados do século XVIII, ao tratar de fauna (répteis que testemunhavam a junção entre as costas) e flora, ele salientava, por outro lado, o aspecto fragmentário dessas costas no tocante à civilização (THOMSON, 1998).

Assim, para Saint-Vincent, o que predominava do ponto de vista étnico era a descontinuidade (o autor ainda analisava essas diferenças pelo tamanho craniano) (THOMSON, 1998). Importa

---

7 "La déception manifeste des botanistes est révélatrice. Si elle indique bien qu'est présente chez eux la conscience d'une similitude entre la flore égyptienne et celle de régions voisines déjà connues (Raffeneau-Delile recense les espèces de plantes que l'Égypte partage avec des contrées comme la Barbarie, la Syrie, l'Arabie, et même avec le Midi de la France), c'est là un constat négatif, qui marque chez eux la frustration d'une découverte manquée mais ne suscite point de curiosité pour les correspondances et les affinités ainsi apparues."

O MEDITERRÂNEO DE VIDAL DE LA BLACHE

perceber que há um paradoxo na literatura sobre a representação do Mediterrâneo: margens unidas pela natureza, separadas pelo desenvolvimento da civilização (NORDMAN, 1998, p. 18-20). Contudo, ficará a sua marca: o vocábulo vem ao mundo através do olhar do cientista natural europeu à África.

Consoante Florence Deprest, a evolução desse discurso científico pôde ser sentida através do exame das três Geografias Universais, escritas em momentos bem diferentes: a de Malte-Brun, a de Elisée Reclus e a de Vidal de la Blache e Gallois. Tais geografias não são indiferentes à própria história do Mediterrâneo (DEPREST, 2001).

A Geografia Universal de K. Malte-Brun (1810-1829) aparece no momento em que se sistematizam os trabalhos científicos da expedição no Egito (o trabalho é publicado em 1809); sua reedição, realizada pelo filho, V. A. Malte-Brun (1851-1854) é notadamente complementada e aumentada segundo os descobrimentos recentes, ou seja, quinze anos depois dos trabalhos na Moreia e poucos anos depois dos trabalhos realizados na Argélia (DEPREST, 2002, p. 74-75).

A Geografia Universal de Elisée Reclus é publicada entre 1876 e 1895, sete anos após a abertura do Canal de Suez. A de Vidal, finalmente, é lançada logo após a celebração do centenário da colonização da Argélia pela França, num período de intenso debate intelectual em torno da interpretação do significado e implicações do projeto colonial (DEPREST, 2002, p. 74-75).

Malte-Brun não vê qualquer unidade no Mediterrâneo, apesar da utilização precoce do qualificativo "méditerranéen". O termo, retirado do botanista Pyrame de Candolle, sustenta-se como um neologismo, já que o adjetivo corrente nos dicionários da época se refere àquilo que está no meio de terras e não está ligado à identidade do mundo mediterrâneo. Para o geógrafo, o mar cumpre a função de separar a África da Europa, se inscrevendo na tradição milenar que vem desde os antigos. Na época de Malte-Brun não existia mesmo a flora mediterrânica: elas eram europeias, africanas ou asiáticas. Fora isso, o rio da civilização separa a África da Europa, da cultura, da religião e do Estado Moderno (DEPREST, 2002, p. 76-79).

Para o anarquista Elisée Reclus, o Mediterrâneo, além de constituir uma unidade, é o lugar primordial, não só para a Europa, mas para o mundo, posto que marca o início da difusão da civilização europeia. Reclus não chega a ter como objeto de estudo as terras que o contornam, mas unicamente o mar. A pergunta que buscou responder, no entanto, é a mesma que se colocou a Vidal de la Blache: por que foi o Mediterrâneo o foco da civilização? (DEPREST, 2002, p. 80-82).

Reclus busca a resposta colocando ênfase nas características naturais do mar, que facilitam as condições de navegação. Enaltece a disposição das terras, facilitadora da navegação de cabotagem a curtas distâncias; a frequência de sítios abrigados; a regularidade dos ventos e do clima. Segundo o autor, esse conjunto de ocorrências possibilitou o desenvolvimento de técnicas de navegação em um contexto ainda relativamente rudimentar. Tudo convergiu para elevar o Mediterrâneo à condição de centro do comércio e espaço de troca de ideias, via de transporte primordial dos povos em movimento. Acentua a importância do Mediterrâneo em toda a sua magnitude, destacando também a forma alongada do mar como impulsionadora dos deslocamentos sucessivos de focos de civilização, de Cartagena à França, passando pela Grécia e Itália. (DEPREST, 2001, p. 80-82).

Vidal de la Blache está na ponta dessas concepções. Veremos como seu Mediterrâneo é uma região que engloba mares e terras, que as trocas ecológicas (que para ele são as bases das civilizações) uniram a Europa à África, que o Mediterrâneo é um modelo do globo e um espaço de referência. O significado semântico é referencial quando vislumbrarmos que Vidal adotou um recorte ocidental para regionalizar seu próprio tema.

Contudo, falar do Mediterrâneo neste período é referir-se ao cruzamento do Ocidente e do Oriente e esse valor se mantém como pano de fundo. Enfim, utilizando os aportes de uma região definida pelas ciências naturais, Vidal procurou dar um passo que amalgamasse os interesses geográficos recentes à sua formação de historiador – e, assim, fundir os elementos físicos à História. O resultado é uma nova concepção de tempo, saindo de um tempo cronológico para um tempo geográfico, com avanços e recuos.

Antes de ingressar nas concepções de tempo histórico do Mediterrâneo de Vidal, convém o reforço do argumento de que as relações institucionais de Vidal entram em conta para a manutenção e transformações da *démarche historique* no seio das ideias geográficas vidalianas.

Percursos da institucionalização da Geografia: a formação, o ingresso em Nancy e o contato com os historiadores

Em 1908 Vidal completava seus 63 anos, após ter sofrido perdas de guerra irrecuperáveis. Nessa data, ele se despede do historiador Rambaud, como relata Bourgeois, que se sensibiliza com o caráter autobiográfico dessa despedida. Rambaud e Vidal fazem parte da mesma geração e travaram a luta pela glória da França cujas marcas foram tão profundas que é impossível não fazer desse malogro os liames de uma forte solidariedade.

> Rambaud, dizia ele, foi um daqueles atingidos em plena consciência pelos desastres da pátria, e a quem coube, quando a fumaça dos campos de batalha se dissiparam, a tarefa de ajudar na sua reedificação. Sua memória é inseparavelmente ligada à de uma geração à qual uma crise sem precedentes impôs deveres sem par, e que trabalhou com coragem para cumpri-los (VIDAL *apud* BOURGEOIS, 1920, p. 3-4).[8]

---

8   "Rambaud, disait-il, fut ceux que les désastres de la patrie atteignirent en pleine conscience et à qui, lorsque fut dissipée la fumée des champs de bataille, échut la tâche de collaborer à son relèvement. Son souvenir est

Alfred Rambaud foi também um "normaliano", ingressante em 1868, professor de *Nancy* a partir de 1879 e da *Sorbonne* depois de 1881. Em 1884, ocupa a cadeira de história moderna e contemporânea na mesma Universidade. Especialista em história das civilizações, dedicou-se ao império bizantino (sua tese de doutorado intitulava--se *l'Empire grec au Xe siècle, Constantin Porphyrogénète*) e à Rússia numa época em que os estudos focavam a região clássica. Mais tarde produzirá sua *Histoire de la Révolution Française (1789-1799)*. Entrementes à dedicação acadêmica, foi chefe de gabinete do ministro Jules Ferry (ministro republicano) e, depois, ele próprio tornou-se ministro da Instrução Pública entre 1896 e 1898. Membro da A*cadémie des Sciences Morales et Politiques* (como Vidal também o será) a partir de 1897 foi, segundo Lavisse: "um dos primeiros franceses a se interessar pela expansão da França" (LAVISSE, 1906).

As semelhanças entre os passos de Rambaud e de Vidal mostram como as relações deste com os historiadores ultrapassavam as dimensões de fraternidade e marcaram toda a sua carreira universitária. Com a ajuda de alguns (certamente não apenas os colegas de *métier*), Vidal pode galgar postos universitários e atingir um prestígio extraordinário no campo da Geografia. Como não imaginar que essas alianças não marcaram aspectos de seu pensamento? – este é um argumento já desenvolvido nos primeiros capítulos deste livro. Para o instante, intentaremos reconstituir este quadro de relações.

A importância da reconstituição específica do círculo vidaliano de historiadores nos é fundamentada por Berdoulay. Referindo-se aos entusiastas da Geografia histórica clássica[9] ele salienta que Vidal

> [também] se entregou a este tipo de pesquisa. Mesmo se ele aí encontrou um interesse

---

inséparablement lié à celui d'une génération à laquelle une crise inouïe imposa des devoirs uniques et qui travailla courageusement à les remplir.".

9 Os representantes mais importantes do círculo eram Himly, Joseph Deniker, Gabriel Marcel, Charles Roncièr e Bouquet Grye, Cordier e Hamy, entre outros (BERDOULAY, 1981a).

certo, devemos considerar que isto certamente lhe valeu o respeito de seus pares.[10] Esta corrente, que dominou por muito tempo a Geografia acadêmica, foi eliminada quando os seus apoiadores foram gradualmente substituídos por vidalianos. Ou seja, a mudança foi tão completa que esta Geografia histórica quase desapareceu inteiramente dos cursos de Geografia da universidade e do *métier* dos geógrafos franceses para ser somente tratada por historiadores (BERDOULAY, 1981, p. 159).[11]

Berdoulay argumenta que esta substituição foi também fruto das mudanças da própria disciplina História. Para nós, é de especial interesse que o germe da institucionalização da Geografia tenha sido justamente as cadeiras dos geógrafos-historiadores do "antigo" estilo[12] e que parte dos esforços institucionais tenha sido consentida por tais colegas, desse campo específico, como de outros domínios da História. Com efeito, Andrews sustenta que a aliança da Geografia com a História, diferentemente da Sociologia, é um dos elementos que permitiu sua rápida expansão no ensino superior:

---

10   Ex: P. Vidal de la Blache, *Marco Polo*, son temps et ses voyages, Paris, Hachette, 1880, 191 p; "La Baya. Note sur un port d'autrefois", In: Revue de géographie, 8, 1885, p. 343-347; *"Les Voies de commerce dans la Géographie de Ptolomée"*, en Comptes Rendues. Académie des inscriptions et belles-lettres, 3ª série, 24, 1896, p. 456-483 (BERDOULAY, 1981a).

11   "Vidal lui-même se livra à ce genre de recherche. Même s'il y trouva un intérêt certain, il faut penser que cela lui valut sûrement la considération de ses pairs. Ce courant qui domina longtemps la géographie universitaire fut éliminé lorsque ses tenants durent progressivement remplacés par les vidaliens. Le changement fut si complet que cette géographie historique disparut presqu'entièrement des cours et des recherches des géographes français universitaires pour n'être plus traitée que par des historiens.".

12   A Geografia de antigo estilo, anterior à obra vidaliana, preocupava-se com dois aspectos da sistematização geográfica, para falar do Mediterrâneo: primeiro, a mudança de toponímia da época de Estrabão e Homero para a época moderna e contemporânea. Segundo, a exploração do território de forma precisa e a necessidade de cartografa-lo em escalas detalhadas (DESLONDES, 1996, p. 453).

> Por contraste, a Geografia *per se* ocupava uma posição no currículo escolar por quase todo o século XIX. Que era claramente subserviente à história e preocupada, tanto no que diz respeito ao conteúdo quanto à prática pedagógica, com assuntos que foram drasticamente revistos na evolução da Geografia moderna está, de certa maneira, fora de questão. A ordem de *agregátion* para futuros professores de História era em História e Geografia: uma contínua demanda por professores de Geografia existia, portanto, por toda a evolução da matéria como disciplina acadêmica no ensino superior e em nível de persquisa (ANDREWS, 1986, p. 178-179).[13]

Aliás, Catherin Rhein ressalta a lenta autonomização da Geografia em relação à História. Antes da inserção da Geografia nas Universidades, havia no ensino secundário uma Geografia histórica, anexa à História, e caracterizada como ciência de erudição. Outros ramos subdividiam-se em uma Geografia astronômica e uma Geografia matemática e descritiva. Ela é ensinada para poucos alunos e, sobretudo, por professores de história (RHEIN, 1982).

> Nas Universidades, apesar de La Blache ter se tornado mestre de conferência da *École Normale Supérieur* em 1877, só poderá dirigir teses a partir de 1898, quando ascende à cadeira professoral. Mas se o ano de 1898 marcaria a autonomização da Geografia, só o faz do estrito ponto de vista da pesquisa e do ensino superior, já que a *Agrégation*

---

13   "By contrast, geography *per se* had occupied a position in the school curriculum throughout most of the nineteenth century. That it was distinctly subservient to history and concerned very much in content and in pedagogical practice with matters that were drastically revised in the evolution of modem geography, is to some extent beside the point. The order of *agregaiion* for future history school teachers was in history *and* geography: a continuing demand for teachers of geography therefore existed throughout the evolution of the subject as an academic discipline at the post-secondary and research levels".

O MEDITERRÂNEO DE VIDAL DE LA BLACHE   103

> continua a ser uma *Agrégation* de História e Geografia até 1944. Ela sustenta, ademais, que a própria aceitação de la Blache no seio das Universidades pode estar ligada a sua formação de historiador (RHEIN, 1982).

A longa trajetória de contatos começa no colégio, o *Lycée de Charlemagne*. Lá, Vidal conhece Ernest Lavisse (SANGUIN, 1993, p. 48) e com ele manterá relações duradouras. Quando, em 1884 ("o geógrafo" aos 39 anos), Vidal é nomeado cavaleiro da *Légion d'Honneur*, Lavisse aparentemente integra esta comissão (SANGUIN, 1993, p. 122), junto com Alfred Rambaud, entre outros. Além de membro do conselho da *Ordre de la Légion d'Honneur*, Lavisse era também presidente do júri da Agregação e membro da Academia Francesa (SANGUIN, 1993, p. 138). Em 1894, (Vidal já com 49 anos), Lavisse lhe encomendará o notório *Tableau de la Géographie de la France* (PINCHEMEL, 1975, p. 11-12). Sabe-se bem como o *Tableau* inspirou-se nas palavras do historiador Michelet[14] (PETIER, 2000).

Fernand Braudel, historiador renomado, ao listar suas fontes em *O Mediterrâneo*, situa Vidal entre as obras essenciais. Ou, em 1950, vai mais longe:

> Há necessidade de expor longamente sua dívida em relação à Geografia, ou à Economia política, ou ainda à Sociologia? [refere-se à História]. Uma das obras mais fecundas para a história, talvez mesmo a mais fecunda de todas, terá sido a de Vidal de la Blache, historiador de origem, geógrafo de vocação. Diriam de bom grado que o *Tableau de la geographie de la France*, publicado em 1903, ao umbral da grande história da França de Ernest Lavisse, é uma das maiores obras não apenas da escola geográfica, mas também da escola histórica francesa (BRAUDEL, 1992a, p. 32).

---

14   A propósito deste último, ele morou na mesma casa que foi de Alfred Rambaud, na rue d'Assas, 76, em Paris (LAVISSE, 1906).

Seguindo a trajetória dos grandes nomes da época, Ernest Lavisse também ingressou na *École Normale* em 1862 seguindo os três anos de estudos. Após uma rápida passagem pelo *Lycée de Nancy* e após ter sido preceptor do filho do Imperador, ingressa no gabinete do ministro imperial Duruy (1867) e de lá, segue a carreira como mestre de conferência da *École Normale* (1876). Outro personagem, Foustel de Coulanges, cruzará tanto com Vidal como com Lavisse. Este será *suppléant* ao lado de Coulanges na *Sorbonne*, diretor de estudos da história, professor adjunto (1883) e, enfim, professor titular de história moderna em 1888. Termina a carreira como diretor da Escola Normal, a partir de 1904, até a sua aposentadoria, em 1919. Após a queda do regime imperial, em 1870, Lavisse orientou rapidamente suas ações políticas e passou a colaborar com a República na Reforma Geral da Educação Nacional. Segundo seu depoimento, foi ele quem estimulou a criação do título de cavaleiro da *Légion d'Honour,* adquirido por Vidal (CHARLÉTY, 1929).

Na *École Normale Supérieure* Vidal segue sua especialização na história. Haja vista que seu interesse imediatamente posterior tenha sido a história e a epigrafia clássica, sobressaem-se as aulas tidas com J. Zeller,[15] Geoffroy, Thiénot e Ernest Desjardins (ANDREWS, 1976, p. 176). Este último seguirá ensinando Geografia na *École Normale* de 1862 a 1877, quando Vidal lhe substituirá como mestre de conferências (ANDREWS, 1976, p. 176). O doutorado de Desjardins era sobre a topografia do Latium e, sustenta Andrews, foi com ele que Vidal aprendeu a pesquisa em textos antigos e análises epigráficas (ANDREWS, 1976, p. 176). Segundo uma nota da *École Pratiques des Hautes Études,* de 1880, na *Revue Politique et Littéraire*, nessa data Desjardins era "membre

---

15   Foustel de Coulanges comentará a respeito da obra de Jules Zeller, *Les Origines de l'Allemagne et l'empire germanique* (1872): "Foustel de Coulanges louait Jules Zeller d'avoir dit la vérité. L'histoire de la race allemande depuis les origines jusqu'à l'an 800 de notre ère, un mot a résume, l'invasion, la perpétuelle invasion, toujours malfaisante, qui n'a pour résultat que des ruines et qui n'apport au monde que désordre et sauvagerie" (BEAUNIER, 1919, p. 215).

de l'Institut" (aparentemente *Institut de France*), membro da *Académie des Inscriptions et Belles Lettres* e mestre de conferência na *École Normale* (École Pratique des Hautes Études, 1880).

Ao longo de seu segundo ano na *École d'Athènes*, Vidal completa sua tese principal de doutorado sobre a biografia do retórico grego Heródes Ático (início de 1869). Um dos avaliadores é Himly, professor de Geografia histórica "de antigo estilo" da *Sorbonne* desde 1862, que lhe escreve "a leitura do manuscrito proporcionou-me, aliás, certa distração aceitável nesses dias horríveis que temos enfrentando" (SANGUIN, 1993, p. 90-91).[16] A tese é dedicada a Waddington, membro do instituto e deputado. Ele virá a ser ministro da Instrução Pública. A tese complementar, *Commentatio de titulis funebribus graecis in Asia Minore* (Paris, Thorin Éditeur, 1872, 98 páginas), é dedicada em Latim para Egger e o presidente do júri era Wallon (SANGUIN, 1993, p. 101-102).

Para ingressar na recém-criada cadeira de Geografia e História de Nancy, anos mais tarde, Vidal não mede esforços na busca por apoios: aciona importantes personalidades da Direção do Ensino superior, notadamente, Dumesnil e Mourier. Seu sogro, inspetor de ensino superior, também vem em seu auxílio, assim como Émile Burnouf, diretor da *École Française d'Athénes* (SANGUIN, 1993, p.105). O grupo é reforçado pelo inspetor de ensino geral Bouiller, além do ministro dos *Affairres Étrangers*, conde Rémusat, que encaminha carta de apoio à candidatura de La Blache ao seu colega e ministro Jules Simon (SANGUIN, 1993, p.106).

A candidatura de Vidal, todavia, está inscrita na percepção dos contemporâneos como fazendo parte do domínio da história. Charles Benoit, *doyen* da *Faculté de Lettres* argumenta para o conselho:

> [...] É uma grande causa nacional que Nancy deve representar hoje, devido à sua posição geográfica. [...] O campo da História é demasiado

---

16 "la lecture de manuscrit m'a d'ailleurs causé quelque acceptable distraction pendant les horribles journées que nous traversons."

vasto para um único professor, a Geografia, frequentemente esquecida nas faculdades de província, e cujo ensino foi inaugurado há dois anos em Nancy, deve ser um dos principais tópicos de um segundo curso de História e Geografia (SANGUIN, 1993, p. 106-107).[17]

Em 1877, Vidal inicia as articulações para ocupar a cadeira da *École Normale Supérieur*. O diretor da escola era o historiador Foustel de Coulanges, que atestou o sucesso do novo ensino de Geografia (SANGUIN, 1993, p. 120). Foustel de Coulanges foi o renomado historiador da Antiguidade Clássica. A obra *Cité Antique*, em que analisa a decadência das cidades a partir dos cultos, conferiu status de método "positivo" à "ciência" histórica. Sua declaração, "o patriotismo é uma virtude, a história é uma ciência"[18] é reveladora do esforço de retirar as marcas nacionais do olhar do historiador que marcou a geração de Thierry e Michelet. Coulanges ministrou aulas em Estrasburgo de 1861 a 1870. Com o avanço da guerra, transferiu-se para a *École Normale* , onde permaneceu até 1877. Após ocupar uma cadeira na *Sorbonne*, retorna à *École* como diretor, a partir de 1880. Morre em 1889 (BOURGEOIS, 1930).

Depois de vinte anos na *École Normale Supérieur*, tendo sido diretor em 1893, Vidal se prepara para suceder Himly em sua cadeira na *Sorbonne* (BOURGEOIS, 1920, p. 20). A sucessão ocorre em 1º de dezembro de 1898, com firmes recomendações de Marcel Dubois, Ernest Lavisse e Alfred Rambaud, tendo Vidal, à época, 53 anos de idade (SANGUIN,1993, p. 193). Marcel Dubois ocupa a cadeira de Geografia colonial desde 1892 (data de sua criação) na *Sorbonne* (logo após a conferência de Berlim e em plena disputa

---

17 "[...] C'est une grande cause nationale que Nancy doit à sa position géographique de représenter aujourd'hui. [...]Le champ de l'histoire est trop vaste pour un seul professeur, la géographie trop oubliée dans les facultés de province et dont l'enseignement inauguré depuis deux ans à Nancy devrait faire un des principaux objets d'un second cours d'histoire et géographie".

18 "Le patriotisme est une vertu, l'histoire est une science".

dos territórios africanos). Ele é colonialista e ardente propagandista da grandeza do império. Graças a este, em 14 de dezembro de 1900, Vidal é nomeado oficial da *Légion d'Honneur* (SANGUIN, 1993, p. 196).

Teria Himly apoiado indiretamente a candidatura de Vidal? Sua morte data de 1906, oito anos após Vidal ter-lhe substituído na *Sorbonne*. Membro da *Académie des Sciences Morales et Politiques*, *doyen honoraire* da *Faculté des Lettres de Paris*, são esses os títulos com que encerra sua carreira. Formou-se em Estrasburgo, tendo sido discípulo de Ranke e, anos mais tarde, foi professor do futuro historiador Albert Sorel (CROISET, THOMAS, 1906), que Vidal substituirá na *Academie de Sciences Morales et Politiques*.

Marcel Dubois formou-se na *École Normale* e, como Vidal, fora aluno da *École Française d'Athènes* onde desenvolveu a tese *Ligues étolienne et achéenne*, bem como *l'Île de Cas*. Mestre de conferências *da Faculté des Lettres de Nancy*, é o primeiro titular da cadeira de Geografia Colonial na *Sorbonne*, criada em 1892. Foi também membro da *Académie des Inscriptions*, quando escreveu duas obras sobre a Antiguidade: *Examen de la Géographie de Strabon* e *Étude critique de la méthode et des sources* (GALLOIS, 1916).

O primeiro número dos *Annales de Géographie* foi editado em 1891 por Max Leclerc, diretor da livraria Armand Colin e contou com a parceria de Marcel Dubois (PINCHEMEL, 1975). Em 1894, Dubois deixa a direção do periódico, não se sabendo ao certo qual foi a motivação, se divergências em relação a concepções da Geografia ou políticas (enquanto Dubois era nacionalista, Vidal e seus alunos eram republicanos de tradição gambetista). O lugar de Dubois é ocupado por Lucien Gallois e Emmanuel de Margerie, geólogo que se tornou um os fundadores da geomorfologia (CHEVALIER, 1993, p. 133).

Pouco mais que uma década antes da morte, em 1906, Vidal é eleito à *Académie de Sciences Morales et Politiques*, sucedendo o historiador Albert Sorel (PINCHEMEL, 1975, p. 12). Ao final da vida, Lavisse rende homenagem ao filho de Vidal, quando da sua morte na primeira guerra mundial.[19] Ele era excelente oficial, geógrafo e historiador (BOURGEOIS, 1920, p. 38). Segundo Lavisse, Madame J. Vidal de la Blache recebera uma carta de um coronel alemão atestando que o marido havia tombado heroicamente! As dores de Vidal são expressas na lucidez do amigo:

> Nós nunca saberemos qual o preço que pagamos por nossa vitória. Nossa gratidão aos jovens que sacrificaram a esperança de suas vidas pela França nunca será tão grande quanto seus méritos. E que esforço precisaremos fazer, todos nós, velhos e jovens, para compensar, por um ganho de nós mesmos, a perda de tantas belas mentes, tantos corações heroicos! (LAVISSE, 1917, p. 52)[20]

Em 1917, também ao lado de Lavisse, Vidal de la Blache participa dos trabalhos do *Comité d'Étude*, constituído na Sorbonne por Charles Benoist para ajudar a preparar o dossiê das futuras negociações de paz (BOURGEOIS, 1920, p. 41).

---

19 Cf. LAVISSE, Ernest. Le Commandant Joseph Vidal de la Blache. In: La Revue de Paris. 1917. Janv.-févr.

20 "Nous ne saurons jamais de quel prix nous aurons payé notre victoire. Notre reconnaissance envers les jeunes hommes qui ont sacrifié à la France les espoirs de leur vie n'égalera jamais leurs mérites. Et quel effort il nous faudra faire, tous tant que nous sommes, vieux et jeunes, pour compenser par une plus value de nous-mêmes la perte de tant de belles intelligences, de tant de curs héroïques!"

Vidal como historiador erudito: o doutorado em Atenas

O doutorado de Vidal de la Blache na *École d'Athènes* é o primeiro e dos poucos documentos em que vemos o historiador erudito com a pena à mão. Numa história que alerta sobre os elementos de permanência no pensamento de um autor, viu-se neste documento uma boa oportunidade de observar os elementos de formação de Vidal que restaram na sua carreira como geógrafo.

Fica claro que pouco lhe resta das técnicas: a crítica dos documentos epigráficos é muito específica. Contudo, parece ter havido uma ampliação do campo da história a partir desses domínios conhecidos: primeiro, variando os personagens (que passam a ser mares, terras, bacias etc., e não mais os grandes homens). Depois, manteve-se o entendimento da importância da ordem cronológica para o discernimento dos fatos, mas, numa outra escala temporal:

> Estes encadeamentos históricos têm seu lugar na evolução dos fatos terrestres, mas como é limitado o período de tempo que abarcam! [...] O estudo da evolução de fenômenos terrestres envolve o uso de uma cronologia que difere essencialmente daquela da história (VIDAL DE LA BLACHE, 1993, [1913], p. 367).[21]

Por fim, Vidal percebeu a existência de um tempo que permanece e que se acumula no espaço, formando como que "camadas de história". Ainda que com transformações, não é possível falar sobre a manutenção da *démarche historique*? Veremos que se transformou

---

21 "Cette enchaînements historiques ont leur place dans l'évolution des faits terrestres; mais combien est limitée la période de temps qu'ils embrassent! [...] L'étude de l'évolution des phénomènes terrestres suppose l'emploi d'une chronologie qui diffère essentiellement de celle de l'histoire."

certa concepção de história, mas os benefícios do entendimento histórico permanecem.

No caso do doutorado, o grande personagem de quem importa recompor os percursos da vida é um retórico grego, Heródes Ático. Este grande homem, vivendo em tempos do império romano, conviveu de perto com o imperador. Na época, a importância dos retóricos e oradores era tal que uma anedota o ilustra perfeitamente: o retórico Scopélianus, a quem Heródes foi enviado na juventude, depois de uma tentativa frustrada de se apresentar ao imperador Hadrien, foi encarregado pela província da Ásia a reclamar junto ao governante sobre sua ordem de destruir as vinhas. Sua eloquência foi tamanha que ele não apenas obteve a permissão para as plantações como o imperador inclinou-se por multar aqueles que não a plantassem (VIDAL DE LA BLACHE, 1872, p. 21).

O grande esforço de La Blache é observar os monumentos epigráficos, principais tipos de documentos sobre a história antiga e atestar sua veracidade e autoria. Os grandes homens deixavam inscrições em frente aos monumentos que eles construíam em benefício das cidades de sua responsabilidade (Heródes foi incumbido pelo imperador das províncias da Ásia e Atenas). Nessas inscrições, homenageavam-se os governantes e as famílias. Por vezes, fazia-se alusão a um acontecimento. Cabe ao historiador distinguir a autoria bem como classificá-los segundo uma ordem cronológica precisa: "Tentarei, ao combinar meu estudo com trabalhos anteriores, submeter este conjunto de conhecimentos a uma classificação cronológica tão precisa quanto o tema comporta."[22] (VIDAL DE LA BLACHE, 1872, p. 8). Vidal critica uma outra biografia, escrita ainda em tempos antigos: "Infelizmente, um erro grave afeta todo o seu trabalho: Filóstrato, deixando sem dúvida tais precisões para os analistas, não observa nenhuma ordem cronológica." (VIDAL DE LA BLACHE, 1872, p. 4).

---

22 "J'essaierai en combinant mon travail avec les travaux antérieurs, de soumettre cet ensemble de connaissances à un classement chronologique aussi précis que le comporte le sujet."

Através dos monumentos epigráficos, Vidal parece ter conseguido discernir a imponência do império romano. Seguindo os rastros de ruínas, ambientou-se na mente do historiador uma época próspera onde as cidades gregas não eram mais ameaçadas por monarquias bárbaras e onde novas terras havia se conquistado em proveito de um império mediterrânico: "O viajante que percorre hoje estas regiões surpreende-se ao se dar conta do papel preponderante que deve ser atribuído, no inventário das riquezas epigráficas e monumentais que ali se encontram, ao período greco-romano." (VIDAL DE LA BLACHE, 1872, p. 24).[23] Este é o primeiro movimento em que fica claro que Vidal vai buscar na tradição helênica o modelo francês e nos testemunhos monumentais a ideia de um documento à prova do tempo.

Além disso, Vidal divisou a própria função de Atenas no império, centro intelectual e de cultura. Para Atenas afluíam jovens de diversas culturas que lhe impregnaram de uma fisionomia especial (VIDAL DE BLACHE, 1872. p. 152). A questão da definição precisa das datas é recorrente em todo o texto. Além disso, recorre-se sempre à observação das paisagens (em ruínas) para desenhar a magnificência do império. Não se vislumbra qualquer menção ao Mediterrâneo senão como um pano de fundo.

O recurso da imaginação do historiador e da narrativa envolvente é pouquíssimo utilizado. Vidal valeu-se dele uma vez para descrever a cena em que Heródes recorre ao imperador para desfazer maledicências ditas a seu respeito (VIDAL DE LA BLACHE, 1872, p. 125-129): "Não sobrara nada do brilhante orador de outrora neste velho amargurado e desesperado que se apresenta diante do tribunal de Marco Aurélio." (VIDAL DE LA BLACHE, 1872, p. 129).[24]

---

23 "Le voyageur qui parcourt aujourd'hui ces contrées, est frappé de voir quelle part prépondérante il faut attribuer, dans l'inventaire des richesses épigraphiques et monumentales qui s'y rencontrent, à la période greco-romain."

24 "Il ne restait rien du brillant rhéteur d'autrefois, dans le vieillard aigri et désespéré qui se présenta au prétoire de Marc-Auréle".

O mais importante não era perceber as emoções que podem ter vivido os personagens, mas reconstituir a cronologia de suas vidas.

A descrição das paisagens também não é um recurso comum, utilizado em um evento, quando Heródes vagueia com seus alunos ensinando-lhes aulas de retórica.[25] Vidal descreve uma charmosa cena:

> Heródes Ático, diz Aulo Gélio, retórico eloquente em grego e personalidade consular, fazia-nos ir frequentemente às cidades vizinhas, quando estudávamos em Atenas, Serviliano – jovem brilhantíssimo – e eu, assim como vários outros jovens da nossa idade que tinham viajado de Roma para Atenas para receber sua educação. Foi lá que, recebidos em sua *villa* em Kifissia, durante um verão e um outono de calor ardente, nós nos protegíamos à sombra de bosques fechados, ou que, nos longos e agradáveis vestíbulos desta casa, que se mantinha fresca, nós desfrutávamos das piscinas com água abundante e reluzente, do barulho das águas e do canto das aves que ressoava em toda a *villa* (VIDAL DE LA BLACHE, 1872, p. 146).[26]

O trabalho de Vidal se baseia em novas inscrições explicitamente citadas, cuja veracidade é tema de discussão. Dessa labuta

---

25 De acordo com Sivignon, os cadernos de viagem de Vidal durante sua estadia em Atenas não demonstram qualquer interesse geográfico (SIVIGNON, 1999, p. 232).

26 "Hérode Atticus, dit Aulu-Gelle, 'rhéteur éloquent en grec et personnage consulaire, nous faisait souvent venir, pendant que nous étudions à Athènes, dans ses villas voisines de la ville, moi et Servilianus, personnage clarissime, et plusieurs autres jeunes gens de notre âge qui avaient fait le voyage de Rome à Athènes pour leur instruction. C'est là qu'alors, installés chez lui dans sa villa appelée Kephissia, pendant les ardeurs brûlantes de l'été et de l'automne, nous nous garantissons de la chaleur à l'ombre de bois épais, ou que, dans les longs et agréables vestibules de cette maison dont le site entretenait la fraîcheur, nous jouissions des bassins abondants en eaux brillantes, du bruit des eaux et du chant des oiseaux qui faisaient retentir la villa tout entière."

O MEDITERRÂNEO DE VIDAL DE LA BLACHE 113

retiramos a insistência da veracidade das fontes e da importância da ordem cronológica como fator de discernimento das relações de causalidade. Esse aspecto, talvez o mais amplo que se poderia reter, manteve-se no seio das formulações lablachianas.

Porque não se pode exagerar, por outra via, a importância da concepção de história nos termos em que ele mesmo a produziu. Na verdade, utilizando os aportes de historiador, Vidal parece ter transformado o estreito domínio do historiador erudito de sua época num grande domínio da história dos espaços. A concepção de história que era corrente entre os historiadores de sua época é objeto de crítica no próprio doutorado. A história dos historiadores era aquela preocupada com os grandes homens:

> Se a história só tivesse que se preocupar com os homens que desempenharam um papel ativo nos assuntos de seu tempo, ou com aqueles que, pelo seu gênio, impuseram-se à memória da posteridade, a personagem da qual acabamos de retraçar a história não mereceria sua atenção (VIDAL DE LA BLACHE, 1872, p. 162).[27]

Heródes foi um homem rico, benfeitor de Atenas, que contribui quase exclusivamente no domínio da cultura. O próprio doutorado lida com os limites que são colocados aos historiadores de ofício. Portanto, para entender a concepção de tempo histórico de Vidal que se transformou num tempo geográfico, é preciso distinguir entre essa história erudita do século XIX, que lhe é objeto de crítica, da grande história do século XX que a escola dos *Annales* tornou uma disciplina sintética.[28]

---

27 "Si l'histoire n'avait à se préoccuper que des hommes qui ont joué un rôle actif dans les affaires de leur temps, ou de ceux qui par leur génie s'imposent à la mémoire de la postérité, le personnage dont nous venons de retracer la ne mériterait pas son attention."

28 Mesmo na história de ofício, o momento é, segundo Jacques Le Goff, de transição. Nesse período, observamos o que ele chamou de "vitória do

Na mesma época de Vidal, instala-se nas cadeiras de história da *Sorbonne* a chamada "escola metódica", liderada por autores como Charles Seignobos. Essa escola pretendia superar a narrativa que se instalou após a ruptura de 1789 e que teve seu ápice nas narrações nacionalistas de Augustin Thierry e Michelet que, mesmo numa ambição totalizadora declara "amor à França". Lavisse e suas narrativas e obras monumentais são o desembocar deste movimento (DOSSE, 2001). Seignobos empenha-se em destrinchar a crítica dos documentos (SEIGNOBOS, LANGLOIS, 1898) e a despeito de rigorosa metodologia, mantém a tradição da narrativa acontecimental de seus predecessores.

Até fins do século XIX, o grande domínio da história não era exclusividade dos historiadores.[29] Fernand Braudel caracteriza a limitação a que estavam sujeitos seus pares: história da diplomacia e da política, focada sob os acontecimentos (BRAUDEL, 1972). Dessa forma, era possível fazer a crítica e, ao mesmo tempo, manter-se no interior de sua abordagem histórica e dos recursos que ela oferecia.

---

documento sobre o monumento" (LE GOFF, 2003, p. 525-539) objeto de trabalho do Vidal erudito.

29 No âmbito das ciências naturais, a geologia, por exemplo, também aflorada no século XIX, define-se como uma disciplina histórica (RUDWICK, 1985, p. 3-4) e o evolucionismo de Darwin inova a teoria da evolução com o rompimento da visão mecânica da natureza e a demonstração de que esta possuía história (SODRÉ, 1992). As novas concepções geológicas surgidas no final do século XVIII e início do século XIX não são estranhas à noção de progresso que se alastra no século das Luzes e depois da Revolução Francesa. Este período é marcado pelo desenvolvimento do historicismo, sendo os geólogos também marcados pela tendência. Boblay é levado a falar da morfologia física da Grécia buscado relações com o desenvolvimento das civilizações. Ele se refere à Antiguidade sublinhando que as condições físicas desta região exerceram uma influência considerável sobre seus destinos, pois a posição geográfica fazia a ligação natural entre a Europa e a Àsia, a extensão das costas, as ilhas e a esterilidade do solo permitiram o desenvolvimento da navegação. Ao mesmo tempo, as divisões em numerosos Estados independentes, tanto quanto suas regiões naturais, são razões das dificuldades de comunicação, lentamente superadas (SINARELLIS, 1999, p. 132-133). Segundo Berdoulay, o historicismo se difunde por toda parte na Europa, com vista em romper com a visão mecânica da natureza (BERDOULAY, 1983).

O MEDITERRÂNEO DE VIDAL DE LA BLACHE   115

Assim, Vidal pode diferenciar-se da história de ofício ao mesmo tempo em que se ligava aos amplos benefícios da história no entendimento da realidade geográfica. Nada estranha que possa ter afirmado quando do congresso de Paris de 1889, presidindo a comissão do ensino:

> Das discussões e resoluções, surgem uma série de ideias gerais e, especialmente, a preocupação de que o ensino de Geografia seja mais centrado do que é e que adquira sua autonomia nos métodos, na organização material, deixando de ser um anexo da História (VIDAL DE LA BLACHE *apud* PINCHEMEL, 1975, p. 15).[30]

Vimos como a historiografia da Geografia clássica pretendeu classificar Vidal fora dos domínios da História. Na verdade, Vidal insere-se fora do domínio dos historiadores, mas dentro do domínio da História: "uma das razões pelas quais o espírito histórico tem um papel marcado na Geografia é que só ele é capaz de atribuir aos fatos seu sentido e alcance." (VIDAL DE LA BLACHE, [1899], 1993 p. 180).[31] Como ele mesmo declarou em sua aula inaugural: "o novo ensino, do qual o senhor ministro da instrução pública veio dotar a Faculdade de Letras de Nancy deve, conforme seu duplo título, consagrar-se à Geografia em suas relações com a História" (VIDAL DE LA BLACHE, 1873, p. 1).[32]

---

30   "Des discussions et des vux se dégagent un certain nombre d'idées générales et spécialement cette préoccupation que l'enseignement de la géographie soit de plus en plus concentré qu'il ne l'est et qu'il acquière son autonomie dans les méthodes, dans l'organisation matérielle et ne soit plus une annexe de l'histoire."

31   "Une des raisons pour lesquelles l'esprit historique a son rôle marqué en géographie, c'est qu'il est seul capable d'assigner aux faits toute leur signification et leur portée.".

32   "L'enseignement nouveau, dont M. le Ministre de l'instruction publique vient de doter La Faculté de Lettres de Nancy, doit, conformément à son double titre, être consacré à la géographie dans se rapports avec l'histoire".

A concepção de tempo geográfico do Mediterrâneo de Vidal de la Blache

A distinção de método entre a História e a Geografia foi uma preocupação de Vidal. No artigo *Sur l'esprit géographique* (1914) o geógrafo consagra-se às diferenciações e analogias entre as disciplinas. Isso, pois há uma preocupação pedagógica imbuída nessas considerações: a maioria dos professores de Geografia dos colégios franceses em fins do século XIX era ou historiador ou amante da natureza. Mas uma nova postura, longe de significar um distanciamento da abordagem histórica, prediz novas "perspectivas de tempo": "É preciso também tomar uma certa distância do passado, acostumar-se com outras perspectivas de tempo. O relógio do geógrafo não é exatamente o mesmo que o do historiador." (VIDAL DE LA BLACHE, 1914, p. 557).[33] Abre-se a via para uma nova concepção de tempo, para um "tempo geográfico".

Vidal pincelou uma concepção de tempo que podia ser vista na paisagem, preocupado com a expansão dos cultivos e o uso e difusão das técnicas. Mas ele mesmo também foi excelente arquivista, associando o olhar de campo do geógrafo à pesquisa de fontes.

---

33   "Il faut aussi prendre plus de recul dans le passé, s'habituer à d'autres perspectives de temps. L'horloge du géographe n'est pas précisément la même que celle de l'historien.".

Gráfico 1: Origem das fontes de Vidal de La Blache – Princípios de Geografia Humana (com repetições)

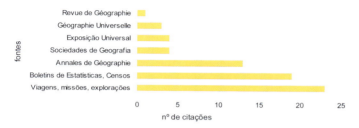

Gráfico 1: Origem das Fontes de Vidal de la Blache no "Princípios de Geografia Humana" (1918). O termo "com repetições" refere-se que as citações *"op. cit."*, citadas mais de uma vez, também foram consideradas (LIRA, Larissa Alves de. 2012).

Apoiado na literatura histórica, ele conseguiu ver na paisagem um tempo que se materializava no espaço segundo lógicas incompreensíveis ao olhar do historiador de gabinete. Círculos sucessivos, estendendo as periferias, avanços e recuos do espaço em uso, fluxos e difusão das técnicas, um jogo de balança entre os sistemas avançados e atrasados de acordo com períodos de crise – os homens e as técnicas em movimento são a expressão ineslutável da cronologia da obra humana em contato com a natureza.

Novos fatos e novos personagens

Diferenciando-se da disciplina vizinha, a primeira característica de uma história geográfica que vem à tona é a eleição de novos fatos e novos personagens. A famigerada frase, "a Geografia é a ciência dos lugares e não dos homens" (VIDAL DE LA BLACHE, 1985, p. 47) – que causou polêmica entre aqueles que se comprazíam com uma Geografia política (e.g. MORAES, 2007) – deve ser arrolada nesta nova concepção de história. Não mais exclusivamente os homens, mas os homens, os lugares e os aspectos do meio são os novos personagens e os novos fatos históricos. Em 1914, Vidal precisa a fórmula:

> O historiador é naturalmente assombrado pela preocupação com obras humanas às quais a Geografia não se interessa do mesmo modo. Seria, sem dúvida, absurdo ignorar o homem em Geografia mas, muitas vezes, uma frase que usei em outra ocasião, 'a Geografia é a ciência dos lugares e não dos homens', implica que se trate dos homens na sua relação com os lugares, ou influenciados por eles, ou modificando-lhes o aspecto. A matéria é, claro, extremamente ampla. O homem é um agente geográfico cuja força não data de ontem (VIDAL DE LA BLACHE, 1914, p. 558).[34]

À Geografia é oportuno explicar, por exemplo, a hegemonia da Europa, fato de longa duração, cujas causas geográficas entram em conta, sem, contudo, preencher ou satisfazer o conjunto da explicação. Referindo-se à longa preponderância europeia exercida na política mundial, Vidal pondera a influência das "circunstâncias físicas": "Existiria outra causa deste privilégio a não ser uma razão material retirada do solo e das circunstâncias físicas? Estamos longe de assim pensar. Contudo, quem não se surpreenderia com a parte que cabe às influências geográficas?" (VIDAL DE LA BLACHE, 1873, p. 3).[35]

---

34 "L'historien est naturellement hanté par la préoccupation d'ouvres humaines auxquelles la géographie ne s'intéresse pas au même titre. Il serait sans doute absurde de faire abstraction de l'homme en géographie; mais souvent une formule que j'ai employée ailleurs, 'la géographie est la science des lieux et non celle des hommes'. Cela implique qu'elle s'occupe des hommes en tant qu'ils sont en rapport avec les lieux, soit qu'ils en subissent l'influence, soit qu'ils en modifient l'aspect. La matière certes na manque pas d'ampleur. L'homme est un agent géographique dont la puissance ne date pas d'hier.".

35 "N'y a-t-il d'autre cause de ce privilège qu'une raison matérielle tirée du sol et de circonstances physiques? Nous sommes loin de le penser: qui se serait

Aliás, quais são as principais influências físicas no caso do conjunto europeu? A primeira delas é a facilidade de comunicação derivada da configuração dos mares. Se comparada à Ásia, a Europa, pelo afilamento progressivo, se configura como uma península:

> Na realidade, Senhores, a principal originalidade da Europa consiste na distribuição dos mares que a banham. O Oceano se multiplica, por assim dizer, ao redor daquele continente e o envolve quase que integralmente, tanto ao norte quanto ao sul, por um duplo sistema de mares secundários ou interiores. Graças a esse aspecto, nosso continente é acessível, em maior alcance que nenhum outro, às influências marítimas. Da mesma maneira, as partes mais distantes foram, desde cedo, postas facilmente em contato (VIDAL DE LA BLACHE, 1873, p. 5-6).[36]

A segunda circunstância física essencial do "privilégio europeu" é o fato de a massa ser atingida pela corrente quente vinda do Golfo México: o *Gulf Stream*. Na mesma latitude em que os Estados Unidos e o Canadá têm dificuldade em estender os cultivos, a Europa apresenta um clima bem mais cálido, propício ao cultivo e à adaptação das plantas.

A capacidade de circulação, de um lado, a produção dos alimentos, de outro, são os fatos mais importantes do progresso das civilizações:

> Atribuiu-se à influência da *Gulf-Stream* o grau avançado da civilização na Europa.

---

frappé cependant de la part qui revient aux influences géographique?".

36 "En realité, messieurs, la principale originalité de l'Europe consiste dans la distribution des mers qui la baignent. L'Océan se multiplie, pour ainsi dire, autour d'elle et l'enveloppe presque tout entière, au nord comme au sud par un double système de mers secondaires ou intérieures. Par là notre continent est accessible, jusqu'à une plus grande profondeur qu'aucun autre, aux influences maritimes. Pas là aussi les parties les plus éloignées ont été de bonne heure et facilement en contact.".

> Suponhamos, Senhores, com efeito, que uma mudança de direção a desvie das costas europeias; suponhamos, por exemplo, tal como um geólogo inglês nos convida, que o Vale do Mississipi volte a ser o que era antigamente: um grande braço de mar comunicando o Norte com a região dos lagos. Por ele transitaria a *Gulf-Stream* que, conforme a lei ordinária, muito provavelmente seria substituída em nossas costas por uma corrente de água fria. No mesmo momento, a Península Escandinava desapareceria sob o gelo, como a Groenlândia, Inglaterra e Alemanha, a partir de então submetidas ao mesmo clima que Labrador, teriam a mesma vegetação: musgos e líquens. Localizado na mesma latitude que o Baixo Canadá, o centro da França teria os rigorosos invernos das margens do Saint-Laurent. Assim, desapareceriam do mapa agrícola da Europa, isto é, da civilização, as próprias áreas onde sua atividade é maior (VIDAL DE LA BLACHE, 1873, p. 9).

Além dessas relações de causa e efeito entre os fatos físicos e os fatos históricos, Vidal utiliza-se não raras vezes do vocabulário do historiador para referir-se ao surgimento do Mediterrâneo: "Jamais houve, Senhores, *revolução* comparável em seus resultados do que aquela que, separando violentamente as duas colunas de Hércules, lançou o Mediterrâneo no fundo da bacia que contorna as montanhas da Europa e da África (grifos nossos)" (VIDAL DE LA BLACHE, 1873, p. 13). Nessa revolução, a Europa foi especialmente favorecida no que tange aos pontos de apoio para a navegação e exploração dos continentes:

> Nessa nova distribuição das margens, a Europa, particularmente favorecida, ficou com a maior parte das penínsulas e das ilhas, com os portos mais numerosos e mais seguros. A costa africana é quase totalmente

> desprovida de baías; exceção feita ao Nilo, ela só oferece finos cursos d'água encerrados pela proximidade das montanhas. Na Europa, ao contrário, abrem-se em direção ao mar numerosos vales fluviais (VIDAL DE LA BLACHE, 1873, p 13.).

No caso dos portos do Mediterrâneo, as causas físicas também preparam o sítio, posto que correntes marítimas modificam a estrutura das costas e carregam constantemente os depósitos continentais, as lagunas e os pântanos são frequentemente alimentados segundo a direção das correntes. Assim, "Marselha não poderia ter sido estabelecida por seus fundadores em outro lugar que não fosse a leste do Ródano; Alexandria, em nenhum lugar senão a oeste do Nilo." (VIDAL DE LA BLACHE, 1875, p. 752).[37]

Essa é a primeira característica do que podemos chamar de concepção de história e tempo geográfico de Vidal de la Blache: os fatores físicos atuando como fatores históricos. A segunda é a percepção de que o "progresso" toma seu rumo com avanços e recuos.

Avanços e recuos dos processos históricos

A noção de progresso das civilizações está ancorada, no pensamento de Vidal, à luta contra os obstáculos. Vimos que os fenômenos históricos aos quais a Geografia se dedica, não fazem parte do domínio do espírito e da vontade, segundo definiu o historiador Henri Berr (BERR, 1956). São fenômenos construídos no longuíssimo prazo, numa "outra cronologia", como a marcha da conquista dos espaços e a longa hegemonia europeia na economia e na política do globo.

O progresso, para Vidal, é impulsionado pela capacidade de trocas e de produzir os elementos de subsistência e excedentes a partir

---

37 "Marseille n'eût pu être impunément placée par ses fondateurs ailleurs qu'à l'est du Rhône; Alexandrie ailleurs qu'à l'ouest du Nil."

do meio. O meio cultivado, as técnicas construídas, desde que colocadas em movimento, geram um salto imenso no acúmulo das civilizações. As causas físicas coadjuvam a por tudo nos espaços de trocas:

> Esta precocidade singular depende de causas geográficas: não de causas simples, mas de um conjunto muito complexo cuja força se revela graças à continuidade de relações. Nem os grandes rios ricos de aluviões, nem o activo[38] Mediterrâneo, nem as férteis planícies do Danúbio e da Rússia meridional bastam para explicar por si mesmo a persistência, ainda que sob formas diversas, de civilizações progressivas. Mas a repartição das terras e dos mares, a intercalação de planícies e de montanhas, a vizinhança de regiões de estepes e de países florestais realizam nesta zona do globo um arranjo tal, que, melhor do que noutra parte, as condições geográficas puderam combinar os seus efeitos. Houve como que uma série de iniciações recíprocas. Este fenômeno histórico não se produziu senão lá; pois, as civilizações americanas ficaram confinadas e a civilização chinesa, tão notável sob tantos aspectos, permaneceu quase exclusivamente agarrada às planícies. A civilização, de que a Europa moderna é a herdeira final, alimentou-se no princípio de uma multidão de focos distintos, absorveu a substância de um grande número de meios locais. Destes antecedentes, desta longa elaboração secular, que relações mútuas mantiveram activa, foi que essa civilização tirou a sua riqueza e fecundidade. A convergência de formas de configuração e de relevo, a proximidade de regiões descobertas e de regiões arborizadas, prepararam um concurso de relações e de energias geográficas que nenhuma outra região do globo conheceu no mesmo grau

---

38 Mantivemos a grafia no português antigo, como consta no original.

(VIDAL DE LA BLACHE, 1922, segundo trad. Port. s/d, p. 275-276).

Os grandes impérios formam-se pela capacidade de dominarem ou articular pequenos focos distintos e menores de civilizações. As associações desses pequenos focos servem de alavanca para as "peregrinações mais vastas". Com o desenrolar dos acontecimentos, contatos vão sendo estabelecidos, de sorte que as aluviões fluviais do Nilo e do Eufrates, as articulações naturais, as vias de penetração, concorrem para que estas sociedades distintas e originais mantenham-se vivas, alimentando suas necessidades noutros lugares. As trocas são necessárias à manutenção da vida.

Em outro sentido, ele exprime como o salto do progresso é a luta em sanear, cultivar, cavar degraus, construir portos e estradas:

> Muitas causas favorecem o desenvolvimento das sociedades humanas na Europa. A principal delas foi estimular sua atividade, impor a si o exercício constante como se fora sua própria lei de existência; o signo do progresso consiste na ação cada vez mais sensível do homem sobre o mundo físico que o cerca. Logo, é mister que sua vigilância trabalhe sem interrupção e sem descanso, apropriando a natureza de acordo com seus fins. Se o homem se abstém ou abandona sua obra, a natureza, longe de servir ainda mais aos seus interesses, antes se torna rebelde e mesmo hostil. Então, o homem torna-se raro e miserável nos próprios lugares onde antes floresceram pujantes civilizações e, a cada dia, acumulam-se obstáculos ao seu redor, diminuindo suas chances de recuperar o terreno perdido. Sem dúvida, a vocação e as aptidões de uma população estão estreitamente ligadas ao solo que ela habita, mas as vantagens dele extraídas dependem apenas de si mesma (VIDAL DE LA BLACHE, 1873, p. 27).

Daí nasce a noção de que o progresso não se faz senão por avanços e recuos, pois, se a natureza auxilia em alguns casos, em outros, ela persiste em resistir à sujeição: "verifica-se com surpresa que muitas destas civilizações estancaram em plena marcha, que a série de progressos se interrompeu e que, em muitos sítios, a seiva de invenções parece ter-se esgotado." (VIDAL DE LA BLACHE, 1922, segundo trad. port., s/d, p. 264). Em outras palavras: a evolução da humanidade "não implica de maneira alguma que o progresso se faça em marcha regular e uniforme" (VIDAL DE LA BLACHE, 1922, segundo trad. port., s/d, p. 273). Na luta palmo a palmo que se trava contra as tempestades oceânicas para a construção dos portos, pode-se dizer que a "perseverança [do homem] triunfou: ele conquistou, ampliou sem cessar seu domínio, mas não sem, às vezes, sofrer os selvagens retornos de seu eterno inimigo" (VIDAL DE LA BLACHE, 1873).

No caso do Mediterrâneo, o abandono das terras causa poderosas consequências: é o aparecimento da malária sob os bancos de areia inundados. Ao contrário do Oceano, ali, é a terra que invade o mar. A invasão das terras, retiradas das embocaduras fluviais não cessam e são continuamente renovados seus despojos. Dessa invasão surge a incitação contínua ao saneamento cujas fases de crise ou de guerras podem ameaçar, cobrando um recuo das terras cultivadas e uma alta mortalidade (VIDAL DE L A BLACHE, 1873, 1886).

Cronologia dos espaços e das técnicas

Sem arriscar periodizações imprecisas, Vidal traça uma cronologia da ocupação dos espaços que se sucedem no tempo. É frequente que, malgrado certos espaços significarem uma evolução das técnicas e um melhor aproveitamento dos meios, eles convivam lado a lado. No Mediterrâneo, é o caso da montanha e da planície. Nesse sentido, a partir do ponto original, notam-se periferias que se sucedem, marcando diferentes momentos de ocupação dos espaços e graus de vida superiores. Os retornos às antigas áreas de cultivo são os sinais de crise, ambiental, econômica ou política (como as guerras). As crises ambientais são a saturação do ambiente, segundo um frágil equilíbrio com a densidade populacional:

> É natural que, quanto menos extenso for o espaço, mais rapidamente será atingido o ponto de saturação. Por isso, vemos ilhas, articulações litorais e estreitas zonas limitadas pelas montanhas, carregadas de uma população superabundante, desembaraçarem-se pela emigração deste excesso (VIDAL DE LA BLACHE, 1922, segundo trad. port., s/d, p. 142).

O ponto zero da ocupação dos espaços seriam os primeiros espaços de sedentarização se as considerações geográficas partissem primeiro do homem. No entanto, há que se constatar que, antes da sedentarização, é a natureza que prepara o terreno livremente, mostrando à sabedoria humana as plantas de melhor adaptação. A cultura arbórea pode se alastrar livremente nos terrenos de superfície seca e subsolo úmido, dadas suas longas raízes:

> [...] nota-se que as plantas deste gênero que, pela antiguidade da sua cultura, parecem ter desde muito cedo adquirido a preponderância – a vinha, a figueira, a oliveira, e também a amendoeira –, são daquelas que não necessitam de irrigação. Somos levados por todos os indícios a considerar as regiões de superfície seca e de subsolo húmido como o mais antigo tipo mediterrâneo de cultura e população densas (VIDAL DE LA BLACHE, 1922, segundo trad. port., s/d, p. 125-126).

Com efeito, são as culturas arbóreas as primeiras plantas adaptadas para a constituição do gênero de vida e a aglomeração da população: "Não é o campo, mas o pomar e a horta que representam aqui o fulcro da vida sedentária" (VIDAL DE LA BLACHE, 1922, segundo trad. port. , s/d, p. 121). Há uma evolução do tempo histórico: a oliveira e a figueira (culturas arbustivas) cultivadas nas vertentes, depois, a pastorícia (alternando entre montanhas e planícies), a agricultura (cevada e trigo), instalando-se nas colinas e planícies e, por fim, o campo e o latifúndio, invadindo as planícies (VIDAL DE LA BLACHE, 1918). A cada nova adaptação ao meio, corresponde um grau de aglomeração superior. Ao habitat disperso nas montanhas, sucedem-se as aldeias e pequenas cidades nas colinas até desembocar nas cidades e metrópoles nas planícies, associadas ao latifúndio.

À unidade entre a montanha e a planície, construída ao longo do tempo, segue-se a unidade entre as rivieras. Estas são montanhas e planícies escalonadas ao abrigo do mistral, favorecendo a cabotagem e o contato entre essas unidades. Com a cabotagem, viajando de litoral em litoral, é todo o conjunto de montanhas que se coloca em contato. Essa é a obra de construção da unidade do "mundo" Mediterrânico (VIDAL DE LA BLACHE, 1922, segundo trad. port. , s/d, p. 128).

Que direção seguiram essas emanações? Por que, saindo do Egito, após conquistar a Palestina e o Egeu, essas deslocações marítimas seguiram para Oeste? Haja vista a importância da adaptação dos cultivos como patrimônio das civilizações, o aspecto mais importante da adaptação dessas plantas foi certamente o clima (VIDAL DE LA BLACHE, 1886). É o clima, consequentemente, o direcionador dessas correntes civilizacionais:[39]

> [...] das montanhas de Cabul até as proximidades ocidentais do Mediterrâneo, uma corrente geral, que tem seu princípio nas próprias bases na natureza física das áreas, levou rumo ao

---

39 Ver o mapa 3. Nele está demonstrado que a regionalização mais próxima do Mediterrâneo de Vidal é aquela que considera o fluxo das plantas como elemento homogeneizador.

> oeste raças humanas e plantas, e fez desta parte da Ásia o Oriente do Mundo do ponto de vista da natureza humana e da história (VIDAL DE LA BLACHE, 2002 [1895], p. 143).
>
> A origem e o centro de propagação deste modo de vida podem procurar-se sem hesitação na zona do domínio mediterrâneo confinante com as grandes sociedades antigas do Eufrates e do Nilo. O veículo foi o tráfego marítimo, que as descobertas pré-históricas em Creta e no arquipélago Egeu nos mostram como um dos factos mais antigos e mais decisivos da geografia das civilizações. Como todos os progressos deste gênero, foi uma obra de colaboração que se transmitiu por via de contacto e de influências, conforme a analogia dos climas lho permitia (VIDAL DE LA BLACHE, 1922, segundo trad. port. , s/d, p. 12).

O retorno ao passado é um fato decisivo à percepção da adaptação simples do homem ao meio, cujas técnicas de cultivo vêm tornar complexa a relação. Contudo, as técnicas não mudam o fato de que as civilizações se propagam segundo os espaços de melhor adaptação da planta.[40] É por isso certo Vidal dizer que, entre a Geografia Física e a Geografia Política, o anel intermediário é a Geografia Botânica (VIDAL DE LA BLACHE, 1898, p. 102). O artigo de Vidal publicado em 1886, *Des rapports entre les populations et le climat sur les bords européens de la Méditerranée,* coloca relevo sob a adaptação da planta ao meio e também do homem ao clima e à planta. Na escala dos cultivos, é o clima que rege as adaptações e as deslocações (VIDAL DE LA BLACHE, 1886). É como se o clima, que tem um tempo longo e o tempo das estações, orientasse as atividades, a circulação e a fixação dos homens.

Pode-se dizer que os estados de cultivo evoluem no tempo, mas eles são também complementares uns aos outros. A pastorícia, por

---

40 O fenômeno técnico é central no conceito de gênero de vida (SILVEIRA, 2010).

exemplo, é estimulada na fase de crise da arboricultura, ou seja, nas épocas de extremo inverno, nas partes altas, ou calor intenso, nas partes mais baixas. O gado, que se desloca facilmente no Mediterrâneo, encontra, assim, momento propício às suas deslocações, como também serve de substituto na alimentação da população (VIDAL DE LA BLACHE, 1922, segundo trad. port. , s/d, p. 122-124). O regime de transumância, logo, age a brecha na arboricultura.

Que bela imagem, dos cultivos e da pastorícia se sucedendo segundo os pontos críticos de cada tipo de alimentação! Esse vai-e-vem de culturas é a própria imagem de um retorno contínuo ao passado, às produções seguras, ainda que, muitas vezes, representando um ponto ótimo do meio às vezes abaixo, às vezes acima das necessidades da densidade populacional. A citação é longa, mas vale a pena pela beleza das imagens e pela densidade do significado histórico:

> É um traço característico da Itália peninsular que uma multidão de pessoas passe, de acordo com as estações do ano, de uma região a outra, em busca de ocupações e de salários. Em um país que comporta grandes diferenças de altitude e clima em um espaço muito restrito, as datas das estações e das principais ocupações da vida rural variam de um ponto a outro. No mês de outubro, começa o frio nos Apeninos; os rebanhos que passaram o verão nos altos cumes são expulsos pelo tempo rigoroso; nas partes cultiváveis das montanhas, a semeadura de inverno a esta altura já foi feita, pois ocorre frequentemente quando a safra anterior ainda não foi colhida, nos últimos dias de agosto ou início de setembro. Assim, com os braços livres, tudo convida o homem a descer até as regiões mais baixas. Lá, de fato, as chuvas de outono vêm despertar a natureza e dar o sinal para o início do trabalho agrícola. A sementeira ocorre em outubro e novembro, às vezes, mesmo em dezembro, na Maremma toscana ou romana. É quando as planícies

> baixas, que ficam desoladas de junho a setembro em razão da malária, começam a ser povoadas; pastores e lenhadores retornam para os maquis costeiros, que são animados pela atividade de todo este mundo; acampamentos temporários estabelecem-se ali para os homens e os animais; semeia-se aveia e grãos apressadamente, em áreas carpidas. Assim será até que os meses de maio e junho tragam de volta o calor e a febre (VIDAL DE LA BLACHE, 1889, p. 494-495).[41]

Essas oposições são ao mesmo tempo de ordem geográfica e histórica. Oposição de ordem histórica, pois o regime "atrasado" representa um menor excedente.[42] Oposição geográfica porque é

---

41 "C'est un trait caractéristique de l'Italie péninsulaire que la multitude de gens qui passent, suivant les saisons, d'une contrée à l'autre, en quête d'occupations et de salaires. Dans un pays où se rassemblent en très peu d'espace de grandes différences d'altitude et de climat, les dates des saisons et des principales occupations de la vie rurale varient d'un point à un autre. Au moins d'octobre les froids vont commencer dans l'Apennin; les troupeaux qui avaient passé l'été sur les croupes élévées sont chassées par les rigueurs de la saison; dans les parties cultivables des montagnes les semailles d'hiver sont déjà faites, car elles ont lieu quand souvent la précédente récolte n'a pas encore été enlevée, dans les derniers jours d'août ou les premiers de septembre. Les bras deviennet donc disponibles, et tout invite l'homme à descendre dans les contrées basses. Là en effet les pluies d'automne viennent de réveiller la nature et donner le signal des travaux agricoles. Les semailles ont lieu en octobre et novembre, parfois même en décembre dans la Maremme toscane ou romaine. C'est alors que les plaines basses, que la malaria avait désolées de juin à septembre, recommencent à se peulpler; les maquis du littoral voient revenir les bergers et les bûcherons; ils s'animent par l'activité de tout ce monde; des campements temporaires s'y installent pour les hommes et les bêtes; on sème à la hâte un peu de grains et d'avoine dans les espaces défrichés. Il en sera ainsi jusqu'à ce que les mois de mai de juin ramènent les chaleurs et la fièvre".

42 Vidal claramente considera a pastorícia como um regime atrasado em relação à agricultura: "Mais le régime de pâturage forcé a fait de cette plaine une steppe. Il y a peu d'années encore, le Tavoliere était domaine du fisc; et l'État, pour se ménager le revenu considérable qu'il tirait des droits de péage sur les troupeaux transhumants, interdisait aux usufruitiers de consacrer plus du cinquième de leur propriété à la culture agraire. Le reste

frequente que esses regimes disputem espaços uma vez que se proliferem em fases de crise dos demais cultivos. Mas são ao mesmo tempo complementares, pois representam esquemas de substituição seja da própria alimentação, seja da força de trabalho.

Logo abaixo, nas planícies, o regime de agricultura que se desenvolveu sofre os efeitos das "invasões" pastoris. A montanha, lançando periodicamente seus rebanhos, prejudica o surgimento dos campos agrícolas. Mas também as planícies são fruto das "crises" nos demais cultivos. Seus trabalhadores são temporários, aparecendo em outubro, para as sementeiras e julho, para as colheitas (VIDAL DE LA BLACHE, 1922, segundo trad. port. , s/d, p. 124). Há, portanto, uma contradição entre as diferentes etapas de domínio da natureza que se acumulam lado a lado, formando como que círculos periféricos. Mas ao mesmo tempo, há complementariedade, uma vez que o surgimento de novos cultivos nasce na brecha do passado e são como que reservas em épocas de crise, alimentando uma população crescente:

> A planície e a montanha representam na natureza italiana dois termos opostos que são, no entanto, intimamente ligados. Os contrastes entre pobreza e abundância, rigor e suavidade, que correspondem à montanha e à planície, concentram-se em uma vizinhança

---

était réservé à la pâture. C'était la consécration d'un mal invétéré depuis des siècles: car pour en trouver l'origine il faut remonter jusqu'à la ruine économique qui suivit les longues guerres de la république romaine. Depuis les empereurs romains jusqu'aux derniers Bourbons de Naples tous les gouvernements qui s' ´étaient succédé, à une seule exception près, qui honore l'administration de Murat, avaient soigneusement maintenu, dans un intérêt fiscal, cet état des choses qui avait pour conséquences naturelles la dépopulation et le brigandage. Enfin une loi promulguée le 26 février 1865 a prononcé l'affranchissement du territoire asservi à la pâture. Celle-ci est devenu facultative. Le gouvernement essaye par un système de ventes et d'affermages conclus sous certaines conditions, de favoriser la reconstitution de la propriété privée. On peut espérer que peu à peu l'agriculture reprendra possession d'un domaine qu'elle avait perdu depuis deux mille ans" (VIDAL DE LA BLACHE, 1889, p. 523).

> tão imediata que existe entre elas uma con-
> tinuidade necessária de relações recíprocas
> (VIDAL DE LA BLACHE, 1889, p. 493).[43]

Uma etapa mais avançada dos cultivos é a instalação da irrigação, após a soberania árabe, bem como o aparecimento de novas plantas de cultivo: cana de açúcar, arroz e citráceas (VIDAL DE LA BLACHE, 1922, segundo trad. port., s/d, p. 137). Estas são plantas trabalhadas na cultura de jardins, belas composições do homem sob a paisagem mediterrânea.

Fecharíamos este item jogando luz sobre os aspectos essencialmente geográficos dessas evoluções do tempo. Vidal avista que a evolução dos regimes, ao se materializarem no espaço em seus domínios sucessivos, não se extinguem com a disposição de um regime superior. Assim, gêneros de vida "avançados" convivem com os gêneros de vida "atrasados". A observação da paisagem revela esta miscelânea de temporalidades.[44]

> Eu acrescentaria que, desse ponto de vista, toda a ordem de relações novas se abrem ao espírito. Pois a ação do tempo entra como coeficiente mais importante nas ações exercidas pelas causas naturais. Segundo as zonas sejam mais ou menos avançadas em sua evolução, elas atravessam uma série de mudanças que se ligam entre si por uma espécie de filiação. Umas ainda conservam traços que já foram abolidos em outras. Temos assim como

---

43 "La plaine et la montagne représentent dans la nature italienne deux termes opposés et qui cependant sont étroitement mêles l'un avec l'autre. Les contrastes de pauvreté et d'abondance, de rudesse et de mollesse, qui correspondent à la montagne et à la plaine, s'y concentrent dans un si étroit voisinage qu'il y a entre elles une continuité nécessaire de relations réciproques."

44 Robic (2000) traçou outra classificação das temporalidades vidalianas. Ateve-se, contudo, essencialmente aos fatos históricos, salvo que fora as escalas de tempo adotadas nos domínios da história: temporalidade da extensão do ecúmeno, da exploração dos recursos, da sucessão das gerações, do progresso das civilizações e da instalação da modernidade (ROBIC, 2000).

> se fossem exemplares vivos dos mesmos fe-
> nômenos tomados por diversos estágios
> (VIDAL DE LA BLACHE, 2002, p. 146).

Com efeito, o que se distingue é a noção não só de temporalidades como a de permanências. Noções estas que foram tão ca-
ras à historiografia do século XX (e.g. ARRUDA, 1984, BRAUDEL,
2002, 1992a, 1992b, 1972, 1983, 1996, BURKE, 1997, DOSSE, 2003,
2004, LACOSTE, 1989, LIRA, 2008, CLAVAL, 1984, CONTEL, 2010,
RIBEIRO, 2006, FOURQUET, 1989, ROJAS, 2003a, 2003b, 2004,
2000, REIS, 2008, SECCO, 2008, WALLERSTEIN, 1989), encontraram terreno fértil na Geografia do século XIX, institucionalizada
pela pena e obra de um historiador de formação.

Camadas de tempo

Talvez a noção mais interessante da concepção de tempo geográfico de Vidal seja a ideia de que os fenômenos geográficos narra-
dos historicamente se acumulem como que em camadas de tempo,
a exemplo das "camadas" do solo e das rochas. Dessa noção deriva a
ideia de permanência. A conquista dos espaços que o homem trava
palmo a palmo com os obstáculos físicos deixa marcas profundas. A
imagem dos fenômenos da natureza para descrever as permanências não é fortuita:

> Quando uma rajada de vento agita violenta-
> mente a superfície límpida da água, tudo oscila
> e se mistura, mas, depois de um tempo, a ima-
> gem do fundo desenha-se novamente. O estudo
> atento do que é fixo e permanente, nas condi-
> ções geográficas da França, deve ser ou tornar-
> -se mais do que nunca o nosso guia (VIDAL DE
> LA BLACHE *apud* OZOUF, 2000, p. 180).[45]

---

45 "Lorsqu'un coup de vent a violemment agité la surface d'une eau très claire,

O MEDITERRÂNEO DE VIDAL DE LA BLACHE   133

De fato, é da observação da natureza que se retira a analogia das permanências. No mesmo artigo em que Vidal discute as diferenças entre o "espírito geográfico" e o espírito histórico, *Sur L'Esprit Géographique* (ou seja, não se está propriamente discutindo os fenômenos físicos) e, após a reiterada afirmação de que "o relógio" do geógrafo é diferente do relógio do historiador, Vidal disserta sobre os fenômenos de erosão para concluir genericamente como a Geografia possui um horizonte permanente como pano de fundo:

> Na Bretanha e no Limousin, os olhos abarcam imensas superfícies gastas, que passaram por vários ciclos de erosão, e onde agora os cursos de água, renascidos por conta de alguma mudança do nível de base, começam a desgastar todo o contorno. Em torno dos Alpes, as fases são mais rápidas, o ritmo mais apressado; vemos os vales recentes se imbricando no ambiente quase intacto dos vales mais antigos. Em uma parte do norte da Europa e da América, o aspecto caótico da paisagem mostra que os agentes físicos não tiveram tempo de se desfazer dos destroços trazidos pelo derretimento das antigas geleiras. A topografia do Saara conserva, meio desgastados, vales cavados por rios que se tornaram fósseis. Assim, o ontem e o hoje, lado a lado, confundem-se, justapõem-se ou se sobrepõem. Em toda a parte, um horizonte distante serve de pano de fundo para a Geografia (VIDAL DE LA BLACHE, 1914, p. 557).[46]

---

tout vacille et se mêle; mais, au bout d'un moment, l'image du fond se dessine de nouveau. L'étude attentive de ce qui est fixe et permanent dans les conditions géographiques de la France, doit être ou devenir plus que jamais notre guide" (VIDAL DE LA BLACHE *apud* OZOUF, 2000, p. 180).

46 "En Bretagne, en Limousin l'oeil embrasse de larges surfaces émoussées, qui ont passé par plusieurs cycles d'érosion, et que maintenant les cours d'eau, ravivés par quelque changement de niveau de base, commencent à mordre sur e pourtour. Autour des Alpes, les phases sont plus pressées, l'allure se précipite; et l'on voit des vallées fraîches s'emboîter dans les

Não nos parece arriscado afirmar que a ideia de permanências foi retirada, logo, da Geologia. As rochas, preservando suas "camadas" profundas, sofrem menos alterações que as camadas superficiais. Ozouf nos deu a conhecer como esta camada superficial, para Vidal, era do domínio da política, inserindo na mesma crítica a história de ofício que nos referimos anteriormente: "A procura pelas características 'permanentes' do solo francês é uma forma de resposta à História factual, da qual a Geografia foi prisioneira até o último quarto do século XIX." (OZOUF, 2000, p. 180).[47]

O modo como Vidal coloca em exercício essa imagem das camadas de tempo é de uma perspicaz capacidade de observação da paisagem, mostrando que, além de excelente escrutinador de arquivos, era perito na observação do campo. Referindo-se à Andaluzia, região espanhola que passou por forte domínio dos árabes, ele afirma: "Coisa notável: enquanto que os rios, as montanhas, as fontes termais, as minas se apresentam em geral com um nome árabe, a maioria das cidades conservaram os nomes, provavelmente de origem ibérica, pelos quais eram conhecidos na época romana." (VIDAL DE LA BLACHE, 1889, p. 378).[48] E então: "Daí podermos inferir que o elemento urbano tenha se perpetuado melhor que o elemento rural através das revoluções que assolaram a região." (VIDAL DE LA BLACHE, 1889, p. 378). O domínio árabe instalou-se

---

cadres presque intacts de vallées plus anciennes. Dans une partie du Nord de l'Europe et de l'Amérique l'aspect chaotique du paysage montre que les agents physiques n'ont pas eu le temps de déblayer les débris entraînes par les anciens glaciers. La topographie saharienne garde, á moité atrophiées, les vallées qu'ont creusées des rivières devenues fossiles. Ainsi hier et aujourd'hui se confondent, se coudoient, se juxtaposent ou se surimposent. Un horizon lointain sert partout d'arrière-plan à la géographie."

47   "La recherche des caractéristiques 'permanentes' du sol français est une forme de réponse à l'histoire événementielle dont la géographie a été prisonnière jusqu'au dernier quart du XIX' siècle".

48   "Chose remarquable: tandis que les fleuves, les montagnes, les sources thermales, les mines se présentent en générale sous des noms arabes, la plupart des villes ont conserve les noms, probablement d'origine ibérique, sous lesquelles elles étaient connues à l'époque romane."

preferencialmente no campo, sendo as cidades espaços de resistência. Elas sobrevivem com seus nomes romanos, denunciando uma primeira ordem geográfica que se acomoda sob outra.

A mesma imagem, ainda mais criativa, surge a propósito da luta de colonização germânica na região italiana do Tirol, que se instala como uma camada sob a ordem romana. Esta, por sua vez, dá pistas nas suas sobrevivências do nível da técnica de exploração do meio e da mais íntima relação com os elementos do meio e seus graus de dependência:

> Pouco a pouco, nos vales abertos, uma camada germânica triunfou em se sobrepor ao fundo romano, por uma transformação análoga aquela que se realiza em nossos dias nos vales renanos do país dos Grisons. Os nomes romanos restam ainda ligados aos regatos, às florestas, às fazendas isoladas, mas pelas cidades e castelos, a língua e os costumes alemães se estenderam pelo cume meridional dos Alpes réticos (VIDAL DE LA BLACHE, 1889, p. 460-461).[49]

Ao mundo agrícola sucede o mundo urbano. Há uma sucessão no tempo, e uma acumulação no espaço. A que se presta o exercício dessas temporalidades? É última questão, quando clarearmos a importância da *démarche historique* para o conhecimento das relações de determinação do meio sobre o homem e vice-e-versa, no interior de uma filosofia possibilista (FEBVRE, 1954).

---

49 "Peu à peu, dans les vallées ouvertes, une couche de germanisme parvint à recouvrir le fond roman, par une transformation analogue à celle qui s'accomplit de nos jours dans la vallée rhénane du pays des Grisons. Les noms romans restèrent encore attachés aux ruisseaux, aux forêts, aux fermes isolées; mais par les villes et les châteaux, la langue et les moeurs allemandes s'étendirent sur le sommet méridional des Alpes rhétiques".

A importância da noção de tempo (geográfico) para o determinismo vidaliano[50]

Cabe finalizar com a discussão do porquê de a abordagem histórica ser essencial para desenredar as relações de dependência entre o homem e o meio, pedra angular da Geografia.[51] Os geógrafos possibilistas são impulsionados pela crença da libertação progressiva do homem das influências diretas do meio. Nisso consiste a liberdade do homem e a fuga a determinações estreitas:

> O homem não é uma planta, escrava do ambiente no qual criou raízes. Ele obedece a um instinto progressivo que é a própria vida das sociedades. Ele é um ser móvel, cuja engenhosidade é aguçada pelo contato com o mundo exterior, e que procura, nas associações que faz, o meio de suprir suas necessidades variadas, que crescem na mesma proporção que seus progressos (VIDAL DE LA BLACHE, 1911b, p. 2).[52]

Consoante Claval, "os geógrafos franceses deduzem que a parte da disciplina dedicada às humanidades primitivas, nas quais a

---

50 É certo, porém, que o determinismo vidaliano é de ordem diferente daquele do século XVIII (ver SODRÉ, 1992). Segundo Gomes (1996), "enquanto, para o determinismo, o homem era apenas um elemento entre os outros, com Vidal, ele se faz mestre dos outros, pois se adapta à natureza e a transforma em seu próprio benefício." (GOMES, 1996, p. 201).

51 Ary França localiza os escritos de Ratzel como o primeiro formulador da unidade entre o homem e o meio. A La Blache, cabe a inserção desta fórmula num espírito contingencialista, fugindo das rígidas interpretações ratzelianas. O debate com a dita escola determinista, não foi estimulado por Paul Vidal de la Blache (FRANÇA, 1950).

52 "L'homme n'est pas une plante esclave du milieu où elle a pris racine. Il obéit à l'instinct progressif qui est la vie même des sociétés. C'est un être mobile, dont l'ingéniosité s'aiguise au frottement du monde extérieur, et qui cherche dans les associations qu'il combine le moyen de subvenir à des besoins variés, dont la somme s'accroît en proportion de ses progrès mêmes".

dependência em relação ao meio é maior, é mais garantida do que aquela voltada para as sociedades desenvolvidas." (CLAVAL, 1993b, p. 150).[53] Certamente, todavia, não se descarta o determinismo como parte essencial da explicação geográfica:

> Ritter inspira-se também nestas ideias no seu Erdkund, mas fá-lo mais como geógrafo. Se, por uns restos de prevenção histórica, atribui uma acção especial a cada grande individualidade continental, a interpretação da natureza continua a ser para Ritter o tema primordial. Pelo contrário, à maioria dos historiadores e dos sociólogos a Geografia não interessa senão a título consultivo. Parte-se do homem para chegar ao homem; representa-se a Terra como a "cena em que se desenrola a actividade do homem", sem refletir que a própria cena tem vida. O problema consiste em dosar as influências sofridas pelo homem, em *aceitar que um certo gênero de determinismo actuou no decurso dos acontecimentos da História.* Assuntos sem dúvida sérios e interessantes, mas que para serem resolvidos exigem um conhecimento simultaneamente geral e profundo do mundo terrestre, conhecimento que não foi possível obter senão recentemente (grifos nossos) (VIDAL DE LA BLACHE, 1922, segundo trad. port. , s/d, p. 25).

A aproximação histórica, por conseguinte, está relacionada à aproximação das relações de dependência direta do homem em relação ao seu meio fora das aproximações deterministas estáticas.[54] No caso do Mediterrâneo, será seguindo as adaptações que se fez

---

53 "les géographes français en tirent l'idée que la partie de la discipline consacrée aux humanités primitives, où la dépendance à l'égard du milieu est plus fort, est mieux assurée que celle tournée vers les sociétés développées".

54 Sousa Neto ressalta como na construção da nacionalidade brasileira a tradição geográfica foi apropriada de forma finalística na definição dos destinos da 'ilha Brasil' (SOUSA NETO, 2000).

nas montanhas (no caso Ocidental) e nos deltas dos rios (o caso Oriental), focos originários dos gêneros de vida, que se alcançará uma formulação mais precisa da escolha da tríade alimentar como organização base da vida social.

Chamamos esta concepção de tempo geográfico, pois o leitor terá notado que as temporalidades vidalianas são todas passíveis de serem observadas na paisagem, num trabalho de campo. As "narrativas geográficas" e as temporalidades originárias são um roteiro de observação do geógrafo para que se veja a história através das paisagens.

No entanto, há que se dizer que relações de dependência diretas não se resumem a um passado caduco. Vimos como, para Vidal, sua noção de história está permeada da ideia de permanência. Com efeito, essas relações passadas subsistem na forma de adaptações encontradas para solucionar os imperativos do meio.

Vidal de la Blache deixa entrever que a determinação do espaço não é apenas de suas configurações físicas, mas também aquilo que se fixou pela ação do homem, uma determinação do homem pelo homem. A ação que o homem exerce na natureza só é efetiva através da longa acumulação do trabalho humano: é muito comum, ao ler os textos de Vidal de la Blache a expressão "trabalho humano secular" ou, "pelo trabalho acumulado de gerações" referindo-se à ação do homem sobre a natureza no sentido de dominá-la e passar tais técnicas a gerações sucessivas:

> É preciso lembrar que a força do hábito desempenha um grande papel na natureza social do homem. Se, no seu desejo de aperfeiçoamento, ele se mostra essencialmente progressista, é sobretudo nas vias que já traçou para si (isto é, no sentido das qualidades técnicas e especiais) que os hábitos, firmados pela hereditariedade, nele se desenvolveram (VIDAL DE LA BLACHE, 1993 [1902], p. 221).[55]

---

55 "Il faut se rappeler que la force d'habitude joue un grand rôle dans la nature sociale de l'homme. Si dans son désir de perfectionnement, il se montre

O ingrediente do tempo geográfico, um tempo que se observa na paisagem, é essencial nas relações de causa e efeito da dependência do homem em relação ao seu meio. É através dessa fórmula sutil que se entrelaçam as liberdades humanas e os imperativos do meio geográfico. As influências agem de forma direta (longínquas no tempo) e indireta (mais próxima das realidades atuais). As relações de determinação são vistas num tempo em que a escala humana não está habituada. Este método precocemente formulado por um historiador que se tornou geógrafo trouxe frutos: é essencial cultivá-lo.

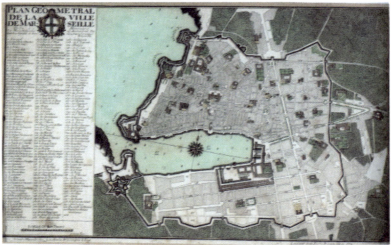

Ilustração 2: BRESSON, Jean-Pierre. Plan Géométral Gravé par Faure. 1772. Fonte: DELEDALLE (2005)

essentiellement progressiste, c'est surtout dans la voie qu'il s'est déjà tracée, c'est-à-dire dans le sens des qualités techniques et spéciales que les habitudes, cimentées par l'hérédité, ont développés en lui."

Foto 8: LIRA, Larissa Alves de. Barcelona. 2011.

CAPÍTULO 4

Vidal naturalista: a circulação no Mediterrâneo de Vidal de la Blache

E ça de Queiroz teve o privilégio de ser um dos poucos das terras portuguesas a participar da festa de abertura do Canal de Suez. Não expressou, ainda assim, o mesmo regozijo do jovem Vidal. Queiroz reparou nos poucos lugares ("estreitos como os bancos dos réus") das fragatas aos mais de trezentos convidados – e nos bocejos entediantes do maqui3nista que tomava desinteressado o seu café. Assim sendo, não passou despercebida a magnífica comemoração que ocorreu no dia 17 de novembro de 1869. Port Said, descreve ele, estava coberta de bandeiras que flamejavam como chamas ao som dos tiros ruidosos dos canhões: arcos, flores, música – as triunfantes esquadras francesas do Levante, italianas, suecas, egípcias e todas as amostras de realeza da Imperatriz e do Paxá.

Na primeira aula de Geografia e História da Faculdade de Nancy, proferida em 1870, das intensas emoções vividas por Vidal, emanaram reflexões não menos contundentes, fazendo jus à conferência inaugural da disciplina neófita. A abertura de Suez, introduziu, pôs em xeque a força dos Estados muçulmanos e, através das vias rasgadas, afastou das cotas do Mediterrâneo "um dos mais graves problemas acerca do equilíbrio europeu" (VIDAL DE LA BLACHE, 1873), isto é, a "eterna ameaça" nos caminhos do Oriente e do Levante. Estes trilhos de água reorganizaram toda a geografia da região mediterrânea e promoveram uma mudança sem precedentes: "Parece, senhores, que ficou reservado para nossa época assistir ao renascimento político e comercial dessas regiões históricas." (VIDAL DE LA BLACHE, 1873, p. 21). Se é com tais palavras que se "inaugura" um ramo do conhecimento, discutindo um dos mais importantes deslocamentos geopolíticos do Ocidente, não é ordinária a relação causal entre a dinâmica da circulação e as geopolíticas do equilíbrio global. Vale a pena retomar a força do argumento contextual desenvolvido no Capítulo 2 para explicar algumas prioridades da teoria geográfica de Vidal de la Blache.

No aparecimento do século XIX, havia na Europa apenas uma cidade de 1 (um) milhão de habitantes: Londres. Paris não ultrapassava meio milhão quando a Grã-Bretanha despontou sua produção industrial. Na França, as indústrias eram raras, ainda que os meios de circulação procurassem unir os quadros administrativos e sua produção regional (VIDAL DE LA BLACHE, 1911b, p. 4). Em 1850, enquanto a França possuía 52% da sua população empregada na Agricultura, diminuindo essas cifras para 42% em 1900, a Grã-Bretanha saía de 22% a 9%, nas mesmas datas (CIPOLLA, 1977, p. 29).

Na esteira da industrialização iniciada na Inglaterra, surgem as estradas de ferro. Graças à riqueza advinda da sua indústria, o país atua como patrocinador da expansão das vias férreas em nações como Estados Unidos e França. Poucas companhias privadas dedicavam-se, com a ajuda dos bancos, à construção desses trilhos. Em 1841, 2520 km de linhas são instaladas e a concorrência gradativa multiplicavam-nas em diversos territórios (CLOZIER, 1963, p. 108-109).

Enquanto na Inglaterra a construção se faz com capitais privados, no Hexágono, o Estado joga um papel do qual não se pode prescindir (sobretudo devido à penúria dos capitais e a preponderância das atividades agrícolas). Em 1841, as vias férreas francesas contavam com 1/5 da malha britânica (570 km). Linhas locais, sem plano de conjunto. Que comparação em relação aos caminhos em 1894! Nessa mesma época, acalorados debates se travam (CLOZIER, 1963, p. 109).

A partir dos anos de 1840, porém, um clima favorável em prol das vias férreas anima essas controvérsias. Economistas como Fréderic List lançam manifestos a favor do novo meio de locomoção.

Os tenentes da escola de Saint-Simon assinalam ao grande público quão interessantes são essas vias. Politécnicos e homens de negócios são seduzidos pelos benefícios que a ligação ferroviária podia trazer ao "sistema Mediterrânico" (entenda-se: Mediterrâneo colonial) (CLOZIER, 1963, p. 109).

Além dessa, há outra conjuntura que remete à força do contexto impulsionando a obra vidaliana (trata-se daquela específica à contrução da ciência): o impulso da Geografia física na Alemanha. A noção de meio, por exemplo, cara à ecologia, encontrou seu maior divulgador em Haeckel, professor de Ratzel. Haeckel era um sequaz divulgador da obra de Darwin (CLAVAL, 1974, p. 51-52), e sua maior contribuição à ecologia, a definição do conceito de meio, foi explicitamente citada por Vidal (VIDAL DE LA BLACHE, 1922, segundo trad. port. , s/d, p. 29). A viajem para Alemanha que Vidal empreendeu antes de ingressar em Nancy é um dos sintomas da admiração pela ciência alemã.

De fato, muitos dos intelectuais que povoavam as universidades germânicas em fins do século XIX e início do século XX são conhecidos de Vidal: Kiel e Otto Krümmel destacavam-se na oceanografia, George Gerland na Geofísica, Julius Hann na Climatologia, Theobald Fischer estudando o Mediterrâneo, Alfred Philippson lecionando em Berna, entre outros (SOBRÉ, 1992, p. 85). Uma análise bibliométrica aos artigos de Vidal sobre o Mediterrâneo pintam o quadro dessa genealogia e o cruzamento de influências, entre a literatura clássica, o humanismo francês e a Geografia física alemã.

Gráfico 2: Autores mais citados nos documentos sobre Mediterrâneo de Vidal de la Blache

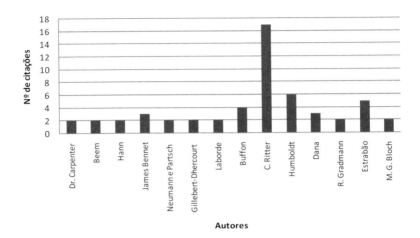

Gráfico 2: Autores mais citados nos documentos sobre o Mediterrâneo de Vidal de la Blache. Os documentos selecionados para a confecção da bibliometria foram dos anos 1873, 1886, s/d, 1918, 1994, 2002 (VIDAL DE LA BLACHE). É importante destacar que o gráfico 2 (Autores mais Citados – obras selecionadas) foi confeccionado de forma a contabilizar todas as obras citadas e repetidas. Em cada barra do gráfico podem estar contabilizadas mais de uma obra e mais de uma vez citada e, na maioria das vezes, é isso mesmo que ocorre. O caso de Ritter, por exemplo, segue esta tendência. Ele não só é muitas vezes utilizado por Vidal de la Blache como são variadas as obras às quais recorre. São ao todo oito obras listadas. Porém, gostaríamos de fazer uma ressalva relativa aos autores mais citados: Carl Ritter, Humbodlt e Buffon. Estes foram principalmente utilizados no artigo "Princípio de Geografia Geral", um dos únicos que não abordam especificamente o Mediterrâneo. Esses resultados são mais significativos ao conjunto da obra de La Blache, revelando-se um profundo conhecedor desses autores. O caso de Buffon é singular, demonstrando que Vidal de la Blache também tinha fortes influências na obra do filósofo e naturalista francês. Nesse sentido, no que toca ao Mediterrâneo, releva-se com bastante importância os autores secundariamente citados (citados duas vezes). Estes expressam algumas tendências importantes da obra de Vidal de la Blache: a mais importante trata-se do enorme contato com as outras ciências. O livro do Dr. Carpenter é um exemplar de Geografia submarina, Hann possui um manual de Climatologia, Neumann e Partsch descrevem a Geografia Física da Grécia, Bloch (pai de Marc Bloch) é historiador da França, Gillebert-Dhercourt versa sobre antropologia e Dana é geólogo. Não conhecemos a temática sobre a qual se deitam Beem, James Bennet e Laborde. LIRA, Larissa Alves de. 2012.

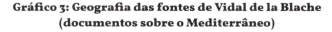

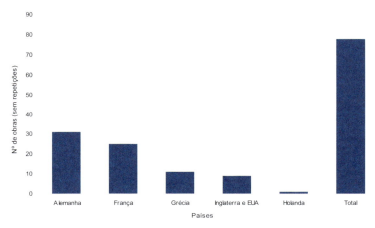

Gráfico 3: Geografia das fontes de Vidal de la Blache (documentos sobre o Mediterrâneo). Os documentos selecionados para a confecação da bibliometria foram dos anos 1873, 1886, s/d, 1918, 1994, 2002 (VIDAL DE LA BLACHE). O gráfico 3 revela mais duas tendências importantes do pensamento de Vidal de la Blache. A primeira delas é a impressionante absorção da literatura alemã, chegando a ser maior que a literatura francesa. Importante destacar que, no gráfico 3, computamos a bibliografia por obra e sem repetições. Assim, as 17 citações de Carl Ritter não pesaram, o que não se pode afirmar das oito obras por ele citadas. Assim, acreditamos que o número de obras conhecidas por Vidal de la Blache formam um mapa mais fidedigno de seus conhecimentos da literatura disponível. O universo desse gráfico é de 78 obras. As traduções também foram contabilizadas no original, o que é especialmente significativo para a Grécia. Uma segunda tendência importante é a ampla recorrência a autores da literatura clássica. Quase todos computados da literatura grega são considerados clássicos da filosofia. Entre eles estão Virgílio, Aristóteles, Tucídides, Estrabão, Heródoto, Ptomoleu e César (romano) representando 14 % da literatura citada por Vidal de la Blache nos artigos selecionados. LIRA, Larissa Alves de. 2012.

Poderíamos afirmar que Vidal de la Blache, na concepção mediterrânica de sua Geografia, promove uma fusão da Geografia física alemã, o pensamento humanista francês e os clássicos greco-romanos.

O empréstimo dos métodos das ciências naturais em prol da circulação

Ainda que comovido pela abertura do Canal de Suez, a mais curta e fascinante porta de entrada ao Oriente se limita, na Geografia de Vidal, a um ponto de apoio na epopeia da ocupação do ecúmeno. Se é que o verbo *limitar* pode expressar o brilhantismo dessas considerações. Na verdade, a Geografia humana de Vidal parte de um quesito fundante: "para apreciar as relações da Terra e do Homem, a primeira pergunta a se fazer é esta: como está distribuída a espécie humana na superfície terrestre?" (VIDAL DE LA BLACHE, 1922, segundo trad. port. , s/d, p. 45). O século XIX demonstrou ao mundo a imensa diversidade que coabita num mesmo planeta. Suez é um meio pelo qual se espraia o Ocidente.

Cabe à Geografia de La Blache – como já o fizeram Bodin e Montesquieu – aclarar o motor das dissemelhanças. Tanto de fusos históricos como de densidades.[1] A circulação tem muito a dizer sobre a questão: "[...] trata-se de um princípio de movimento por trás dessas transformações; elas ocorrem porque a conquista do espaço pelo homem é uma realidade em movimento." (VIDAL DE LA BLACHE, 1993, [1903], p. 232).[2] Esboçar as correntes colonizadoras, os pontos de origem e as "frentes pioneiras", compõe o estado de equilíbrio de um fenômeno "em marcha" – seja do ponto de vista da conquista da densidade (pensa-se nos fenômenos de migração) como do ponto de vista da precocidade histórica de alguns lugares. Nas palavras de uma especialista,

---

1   O professor Paul Claval declarou-nos em entrevista que esclarecer a formação da densidade como um aspecto central da obra de Vidal de la Blache foi salientado por Brookfield na década de 60.

2   "[...] c'est un principe de mouvement qui préside à ces transformations; elles se produisent parce que la conquête de l'espace par l'homme est un fait en marche".

> [...] A "géographie humaine" tinha uma estrutura tripla: (1) a distribuição, densidade e movimento da população, (2) a ferramentas usadas pelo homem para desenvolver o seu ambiente e suas diversas civilizações e (3) transportes e comunicação (BUTTIMER, 1971, p. 46).[3]

Em outros termos, a circulação ajuda a explicar a história ecológica da ocupação e adaptação do homem ao ecúmeno. A tal ponto que a circulação e mobilidade ganham ares de princípio geográfico e ferramenta metodológica. Robic propõe que o neologismo "Geografia humana" foi inventado entre as décadas de 1890 e 1900 e visava a substituir a "Geografia política", dando-lhe um caráter mais ecológico ao novo ramo da Geografia que abordava o homem (ROBIC, 1993, p. 138):

> Agora é fácil, após mais de um século de descobertas terrestres e de especulações científicas, perceber que esta concepção abriu caminho para uma série de novas questões. Como acompanhar a marcha, os passos desta ocupação progressiva? [...] Se nesses usos podiam ser reconhecidos os indícios da expansão de certos grupos humanos, tornava-se muito interessante determinar a sua repartição, seguir suas trilhas, os rastros que traçaram no globo. [...] *Estes são os indícios de afinidades, de comunicações recíprocas; e se o povoamento desigual do globo se deve a correntes que se enfraquecem ao se distanciarem de seus centros de origem, podemos tentar determinar, com a ajuda destes sinais, os rumos e as gradações aos quais o desenvolvimento obedeceu* (grifos nossos) (VIDAL DE LA BLACHE, 1993 [1903], p. 230).[4]

---

3 "*la geographie humaine* had a threefold structure: (1) the distribution, density, and movement of population; (2) the methods used by man to develop his environment and his diverse civilizations; and (3) transportation and communications."

4 "Il est aisé maintenant, après plus d'un siècle de découvertes terrestres et

Revela-se, além do mais, a importância dos instrumentos sabidamente salientados no estudo dos gêneros de vida (VIDAL DE LA BLACHE, 1922, segundo trad. porto. , s/d, p. 165): eles são móveis que se deslocam nas correntes civilizadoras, marcados pelos pontos de origem. Segundo Vidal, "a primeira questão que encontra o estudo geográfico dos gêneros de vida é, pois, a seguinte: onde e como nasceram, e de quais germens?" (VIDAL DE LA BLACHE, 2005 [1911], p. 11).[5]

Mas por que a *démarche* "circulacional" pertence ao rol dos métodos das ciências naturais e notadamente da Geografia botânica? De saída, é preciso demarcar que assim acreditou o geógrafo. Primeiro do ponto de vista da inspiração da questão primeva da Geografia humana:

> este método de comparação e de análise pode ser aplicado no estudo geográfico da espécie humana. O ponto de partida aqui, como nas Geografias botânica e zoológica, é o conhecimento, ao menos aproximativo, dos fatos gerais de repartição (VIDAL DE LA BLACHE, 1993 [1903], p. 225).[6]

---

de spéculations scientifiques, de voir que cette conception ouvrait la voie à une foule de questions nouvelles. Comment suivre la marche, les étapes de cette occupation progressive? [...] si l'on reconnaissait dans ces usages les indices de l'expansion de certains groupes humains, il devenait très intéressant de déterminer leur répartition, de suivre les traînées et les sillages qu'ils ont tracés sur le globe. [...] Ce sont des indices d'affinités, de communications réciproques; et si le peuplement inégale du globe est dû à des courants qui se sont affaiblis et s'éloignant de leurs centres d'origine, on peut essayer à l'aide de ces témoins de déterminer les directions et les gradations auxquelles a obéi ce développement."

5   Max Sorre também concorda que há a perspectiva da circulação no interior do conceito do *gênero de vida*: "A circulação não se limita a agir sobre os gêneros de vida já existentes para transformá-los, desenvolvê-los ou especializá-los. Ela faz surgir novos gêneros de vida, ligados diretamente à sua existência. Quando pensamos nos grupos humanos cuja atividade está voltada para os transportes, é que podemos falar no papel da circulação" (SORRE, 1984, p. 120).

6   "cette méthode de comparaison et d'analyse trouve son application dans l'étude géographique de l'espèce humaine. Le point de départ, ici comme

Doravante, o geógrafo declara que o método é também da mesma inspiração da Geografia botânica e zoológica. De sorte que, para ele, o "o criador da Geografia zoológica provou ser um precursor da Geografia humana" (VIDAL DE LA BLACHE, 1993 [1903]):[7] Buffon. Isso porque existe uma crença profunda quanto às similaridades entre as condições de adaptação da espécie humana em relação aos grupos de flora e fauna: "as condições que levaram à repartição da espécie humana, à formação dos principais grupos, à sua adaptação aos diferentes meios, são semelhantes às que se revelam na flora e na fauna."(VIDAL DE LA BLACHE, 1993 [1903], p. 225-226):[8]

> este ramo da Geografia [a Geografia humana] tem a mesma origem que a Geografia botânica e zoológica. Delas deriva a sua perspectiva. O método é análogo, porém muito mais delicado, como em toda ciência em que entram em jogo a inteligência e a vontade humanas (VIDAL DE LA BLACHE, 1993 [1903], p. 228).[9]

Como e por que a espécie humana se assemelha à vida da natureza? Conforme Vidal, a natureza possui um equilíbrio instável em que certas unidades biológicas fundamentais se expandem enquanto outras recuam. Há um conflito em que as espécies estão em jogo: cooperações, associações, rivalidades, são relações hoje conhecidas

---

dans les géographies botanique et zoologique, est la connaissance tout au moins approximative des faits généraux de répartition."

7   "le créateur de la géographique zoologique se montra un précurseur en géographie humaine".

8   "les conditions qui ont présidé à la répartition de l'espèce humaine, à la composition des principaux groupes, à leur adaptation aux différents milieux, sont analogues à celle que révèlent les flores et les faunes".

9   "[...] cette branche de la géographie [a geografia humana] procède de la même origine que la géographie botanique et zoologique. C'est d'elles qu'elle tire sa perspective. La méthode est analogue; bien plus délicate seulement à manier, comme dans toutes sciences où l'intelligence et la volonté humaine son en jeu".

do mundo animal e vegetal e que se expressam nas "invasões" ou na perda de espaço. Há sempre um movimento de avanço e recuo:

> Um estado de luta e concorrência reina, seja entre animais que se entre-destroem, seja entre plantas que disputam espaços e entre micróbios ou parasitas que vivem às suas custas. Ao lado de plantas que tiveram sucesso em ampliar sua área, há outras que, reprimidas, aguardam uma circunstância propícia para se lançar fora do asilo em que se refugiaram. De tudo isso resulta um equilíbrio instável, onde nenhum lugar está definitivamente garantido. No duelo que se trava entre formações vegetais como a árvore e a erva, a floresta e a pradaria, ou entre espécies como as árvores folhudas e as coníferas, o carvalho e a faia etc., a intervenção humana tem poder para modificar as oportunidades e desempenhar um papel decisivo na balança (VIDAL DE LA BLACHE, 2005 [1911], p. 115).

O homem toma partido nessa luta. Ele *transporta* as espécies segundo o seu proveito, destrói as que lhe colocam obstáculo, auxilia na adaptação e sobrevivência das que lhe interessam. Sem mais aquela, acelera e potencializa a expansão e recuo das espécies de acordo com o interesse de uma economia global: "O homem extrai certos produtos e os transporta [*travers*] a isto se limita o seu papel na economia global." (VIDAL DE LA BLACHE, 1993 [1903], p. 227).[10] *O papel do homem se limita a transportar as espécies, ele é um agente móvel.* O princípio dele, por conseguinte, como o das plantas, é o mesmo: o da mobilidade.

> Da mesma forma, guardadas as devidas proporções, exerce-se a ação geográfica do homem. Sua intervenção consiste em abrir caminho para novas combinações de natureza viva.

---

10 "L'homme en tire certains produits, *il les traverse: à cela se borne* leur rôle dans l'économie du globe".

> Ao desmatar a floresta deixando entrar a luz, ele cria condições para novas plantas. Ao criar pradarias, ele substitui por novas associações de plantas aquelas que teriam ocupado espontaneamente as margens dos rios." (VIDAL DE LA BLACHE, 1993, [1903], p. 227).[11]

Haja vista tudo estar em movimento, os pontos de densidade são pontos de apoio, partidos de locais de origem e possuidores de uma direção. Os gêneros de vida do Mediterrâneo (ribeirinhos associados em burgos que carregam consigo a enxada, o trigo, a vinha e a oliveira) partiram dos deltas férteis do Nilo, seguiram para a aridez do leste para desviarem-se, em seguida, para oeste seguindo a direção da luminosidade (ver mapa 3). O verão no Mediterrâneo nasce primeiro no leste. As plantas abrem as vias de acesso em direção a oeste. Da "inteligência" vegetal, segue-se a inteligência humana: "como todos os progressos deste género [o gênero de vida do Mediterrâneo], foi uma obra de colaboração que se transmitiu por via de contacto e de influências, conforme a analogia dos climas lho permitia" (VIDAL DE LA BLACHE, 1922, segundo trad. port. , s/d, p. 125).

Dada a condição de sobrevivência das plantas associadas na aridez relativa, encontraram-se nas colinas, zonas de convergência de águas (para as quais as montanhas, coletoras e as planícies, inundadas, não se prestam), suas zonas de densidades, seus pontos de apoio. Lá há recursos que potencializam a expansão das espécies: de colina em colina, de riviera em riviera (pois, na época moderna os barcos são fatores de mobilidade) os ribeirinhos e suas plantas ganharam todo o Mediterrâneo europeu. A adaptação ao meio e a eleição das rotas ajudam a explicar as diferenças

---

11 "C'est de la même manière, toutes proportions gardées, que s'exerce l'action géographique de l'homme. Son intervention consiste à ouvrir la porte à de nouvelles combinaisons de la nature vivante. S'il éclaircit la forêt, il fraie la voie à de nouvelles plantes. S'il crée des prairies, il substitue de nouvelles associations végétales à celles qui eussent spontanément occupé le bord des rivières."

na formação das densidades, onde terras desertas convivem com terras densas.

Assim, esta concepção instável do equilíbrio terrestre contribui no deslindamento dos diferentes fusos históricos. As zonas de predileção foram conquistadas ponto por ponto num tempo muito longo, pela semelhança dos recursos e pela repetição das estratégias. Enquanto certas zonas foram eleitas, outras se apresentavam ora desafiadoras para as peças em jogo ora distantes dos pontos de origem, de forma que, "[...] assim como as espécies orgânicas, partindo de um centro de expansão e conquistando [o ambiente] passo a passo [...] certas regiões da Terra estavam atrasadas em relação a outras." (VIDAL DE LA BLACHE, 1993 [1903], p. 230).[12]

Aquelas rotas de densidade histórica são a pista pela qual as relações do homem com o meio se tornam mais intensas: à medida que o estudo dos povos e das regiões é transportado retrospectivamente aos seus pontos de origem pelo pesquisador, a dependência em relação ao meio é mais clara e mais profunda, decifrando que as influências diretas (longínquas no tempo e no espaço) e as influências indiretas (recentes e complexas) (VIDAL DE LA BLACHE, 1911b, p. 2, 1993 [1903], p. 240) são características encontradas pelos geógrafos através das rotas: "é interessante determinar, se for possível, os pontos pelos quais começou essa conquista, aliás, inacabada, do globo: os primórdios podem explicar o que vem em seguida, as circunstâncias iniciais regeram, na maioria das vezes, o sentido da evolução ulterior" (VIDAL DE LA BLACHE, 2005 [1911], p. 119). Eis o essencial do método vidaliano: seguir as rotas franqueando fronteiras no espaço e no tempo e perceber então as gradações de dependência entre o homem e o meio.

Há, por suposto, um determinismo vidaliano, à medida que se busca esclarecer as influências do meio sobre a constituição das

---

12 "[...] à la manière des espèces organiques partant d'un centre d'expansion pour gagner de proche en proche [...] certaines régions de la terre étaient en retard par rapport aux autres."

sociedades. Mas é um determinismo relativizado pela complexidade das trocas (nem sempre se manifestando no sítio atual das sociedades, mas notadamente nos sítios de origem) e pela história recôndita dos povos (de forma que a influência do meio subsiste como uma forma de permanência). A intenção de seguir essas rotas para demonstrar como persistem as influências do meio é declarada por Vidal: "Não se cuida aqui de tratar da distribuição geográfica dos modos de alimentação em geral; a nossa intenção é mostrar como persistem, sob este aspecto, certas influências do meio" (VIDAL DE LA BLACHE, 1922, segundo trad. port. , s/d, p. 185).

Já vimos como a *démarche historique* marcou o pensamento de Vidal de la Blache. Essa relação entre a distância e o tempo, ou entre a rota e o progresso, ou mesmo, entre a circulação e a temporalidade, parece-nos a originalidade de suas reflexões. Associando os aportes do historiador, marcado pela herança epistemológica, aos aportes do naturalista, desenvolvidos por vocação, ele produziu uma concepção da relação espaço-tempo incomum para sua época. Há paralelos entre a complexidade da circulação humana e a circulação dos elementos do meio físico? – uma pergunta inquietante ainda no torpor do século XXI.

A circulação dos naturalistas

"A Inglaterra é um império, a Alemanha uma região, a França é uma pessoa". Ninguém melhor que Michelet para ilustrar como, no seio das humanidades, pululavam as metáforas organicistas. O naturalista Dugès prestou ao afamado historiador sua classificação dos animais: indivíduos inferiores tinham vida localizada e residiam isolados; já os organismos superiores eram difundidos e complexos, ficando a dever sua *individualidade* à coordenação e à centralização dos componentes (BERDOULAY, 1982, p. 583).

Já na definição de Dugès, irrompe a elaboração da circulação como elemento essencial dos organismos superiores. Do naturalista aos vidalianos, o cerne da comparação criativa resiste: "a importância atribuída à 'circulação' pelos vidalianos provinha, assim, da mesma metáfora organicista." (BERDOULAY, 1982, p. 583).[13]

Sem mitigar o mérito da criatividade no seio das formulações científicas originais, como nos esclareceu Berdoulay, gostaríamos de alvitrar que a noção de circulação transborda das aproximações inventivas e chega mesmo a possuir uma identidade de relações, formatando uma analogia. As metáforas, ao passo que se formam por analogias, possuem igualmente uma incompatibilidade semântica (BERDOULAY, 1982, p. 576). No caso da concepção de circulação de Vidal, a semelhança entre os homens, os animais e as plantas não possui nenhuma incompatibilidade. Nesta circunstância, o paralelo metafórico transmutou-se em identidade metodológica.

Vidal tomou emprestado de fato a *démarche circulacional* dos especialistas em história natural, como ele mesmo o interpretara. Basta tornar a ver os escritos de naturalistas importantes do século XIX para observar como a relação entre a história da terra e as correntes do meio físico é o pano de fundo de teorias muitas vezes revolucionárias. Este nosso argumento, contudo, não é aclamado em todos os confins. Ozouf-Marignier notou da mesma forma a importância da noção de circulação no sistema vidaliano, mas a atribuiu aos aportes humanistas:

> Pouco a pouco, as divisões naturais vão se relativizando completamente. Os elementos físicos que apareciam no *Tableau* e nos textos imediatamente posteriores introduziam referências paisagísticas ou um naturalismo explicativo; mais tarde, eles aparecem sob duas formas principais: como recursos econômicos ou por conta de sua incidência sobre

---

13 "l'importance attribuée à la 'circulation' par les vidaliens procédait donc de la même métaphore organiciste".

as condições de circulação. Notemos que esta evolução segue o percurso de legitimação da Geografia como ciência. Em 1903, a natureza está no fundamento da geograficidade, dez anos mais tarde, a Geografia tornou-se uma ciência humana (OZOUF-MARIGNIER, 2000, p. 178).[14]

Todavia, a hipótese de que as condições de mobilidade e repartição exprimem a história da terra remonta aos tempos de outrora. Através da compreensão da existência de plantas nativas e exógenas, de ocupação recente ou primitiva, podia-se perscrutar o motivo dessas deslocações: mudanças de temperatura? Separações de continente?

Humboldt não aceita a hipótese de um só golpe, mas pode formular a questão exatamente nos termos em que futuramente serão comprovadas suas relações essenciais: por que espécies como palmeiras e crocodilos puderam ser encontradas em zonas temperadas? Ele responde: a condição mais evidente seria os descolamentos, mas motivados pelo quê? Uma mudança climática? A relação entre a história geológica da terra e as condições de repartição é o pano de fundo de questões ainda erráticas para o seu tempo:

> Para resolver o grande problema da migração dos vegetais, a Geografia das plantas adentra o interior do globo [...]. Ela descobre frutos da Índia petrificados, palmeiras, árvores samambaias, plantas da ordem das *scitamineae* e bambu dos trópicos, enterrados nas terras geladas do Norte; ela avalia se estas produções equinociais,

---

14 "Les divisions naturelles sont peu à peu complètement relativisées. Les éléments physiques qui apparaissaient dans le Tableau et les textes immédiatement postérieurs entraient dans des références paysagères ou un naturalisme explicatif; plus tard ils figurent sous deux formes principales: en tant que ressources économiques ou pour leur incidence sur les conditions de circulation. Remarquons que cette évolution suit le parcours de légitimation de la géographie comme science. En 1903, la nature est au fondement de la géographicité; dix ans plus tard, la géographie est devenue une science humaine".

assim como os ossos de elefantes, antas, jacarés e didelfos, recentemente encontrados na Europa, puderam ter sido levados até esses climas temperados pelas fortes correntes de um mundo submerso, ou se estes mesmos climas nutriram, antigamente, as palmeiras e a anta, o crocodilo e o bambu. Mas pode-se admitir tamanhas alterações na temperatura da atmosfera sem o recurso de um deslocamento dos astros ou de uma mudança no eixo da Terra, que o estágio atual dos nossos conhecimentos astronômicos torna improvável? Se os fenômenos mais notáveis da geologia nos mostram que a crosta do nosso planeta esteve outrora em estado líquido, se a estratificação e a diferença das rochas indicam que a formação das montanhas e a cristalização das massas em torno de um núcleo comum não aconteceram ao mesmo tempo em todo o mundo, é concebível que sua transição do estado líquido para o estado sólido tenha liberado uma enorme quantidade de calórico e aumentado durante certo tempo a temperatura de uma região, independentemente do calor solar [...] (HUMBOLDT, 1955, p. 22-23).[15]

---

15 "Pour décider le grand problème de la migration des végétaux, la géographie des plantes descend dans l'intérieur du globe [...]. Elle découvre des fruits pétrifiés des Indes, des palmiers, des fougères en arbre, des scitaminées, et le bambou des tropiques, ensevelis dans les terres glacées du Nord; elle considère si ces productions équinoxiales, de même que les os d'éléphants, de tapirs, de crocodiles et de didelphes, récemment trouvés en Europe, ont pu être portés aux climats tempérés par la force des courants dans un monde submergé, ou si ces mêmes climats ont nourri jadis les palmiers et le tapis, le crocodile et le bambou. [...] Mais peut-on admettre de si grands changemens dans la température de l'atmosphère, sans avoir recours à un déplacement des astres, ou à un changement dans l'axe de la terre, que l'état actuel de nos connaissances astronomiques rend peu vraisemblables? Si les phénomènes les plus frappants de la géologie nous attestent que toute la croûte de notre planète fut jadis dans un état liquide; si la stratification et la différence des roches nous indiquent que la formation des montagnes et la cristallisation des grandes masses autour d'un noyau commun ne se sont point effectuées dans le même temps sur toute la surface du globe; on peut concevoir que leur passage de l'état liquide à l'état solide a dû rendre libre une immense quantité de calorique, et augmenter

O MEDITERRÂNEO DE VIDAL DE LA BLACHE   157

Já em Darwin[16] a relação entre a história climática da terra e as condições de circulação dos seres é cristalina. Nem mesmo se trata de provar essa relação, mesmo que o debate ainda anime os naturalistas: "somos assim levados a examinar uma questão que levantou tanta discussão entre os naturalistas. Trata-se de saber se as espécies foram criadas em um ou mais pontos da superfície da Terra (DARWIN, 1992, p. 409).[17] E completa "sem dúvida, há casos em que é extremamente difícil de entender como uma mesma espécie pôde se propagar de um ponto único até as diversas áreas remotas e isoladas onde a encontramos hoje." (DARWIN, 1992, p. 409).[18]

Ele explica como espécies nórdicas ocuparam zonas meridionais. Isso ocorreu devido a uma diminuição progressiva da temperatura da Terra. Partindo do hemisfério setentrional, espécies nórdicas avançaram em direção ao sul (DARWIN, 1992, p. 413). Quando o calor retornou, algumas formas árticas retornaram ao norte, seguindo a retração das regiões temperadas. Outras seguiram o recuo das neves em sentido vertical, subindo do sopé das montanhas aos seus cumes, de modo que "as mesmas espécies que antes viviam nas planícies da Europa e da América do Norte se encontrariam tanto nas regiões árticas do Velho e Novo Mundo, como no topo de montanhas muito distantes umas das outras." (DARWIN, 1992, p. 424-425).[19] Ora, esses deslocamentos são o pressuposto da teoria de Darwin, vejamos o porquê.

---

pour un certain temps la température d'une région indépendamment de la chaleur solaire [...]."

16 Ainda que as explicações dos geógrafos possibilistas escapem às fórmulas darwinistas, é inegável que Darwin rompeu com a visão linear das ciências e acrescentou dois ingredientes caros aos geógrafos: o meio e a evolução (BERDOULAY, 1983).

17 "nous voilà ainsi amenés à examiner une question qui a soulevé tant de discussions parmi les naturalistes. Il s'agit de savoir si les espèces ont été créées sur un ou plusieurs points de la surface terrestre".

18 "Il y a sans doute des cas où il est extrêmement difficile de comprendre comment la même espèce a pu se transmettre d'un point unique jusqu'aux diverses régions éloignées et isolées où nous la trouvons aujourd'hui".

19 "les mêmes espèces qui auront vécu précédemment dans les plaines de

A teoria da seleção natural, como é vulgarmente conhecida, ou, "teoria da descendência com modificações", como o próprio Darwin a denomina (DARWIN, 1992, p. 438), possui como proposição central a ideia de que os animais descendem de um só ancestral e que se modificam segundo a seleção natural e a resistência da hereditariedade. Mas ela só pode ser aventada quando se admite que os deslocamentos da natureza são intensos e que provocam transformações hereditárias:

> A discussão deste tópico nos permitirá, ainda, o estudo de um ponto muito importante para nós, a saber, se as diversas espécies de um mesmo gênero que, segundo a minha teoria, devem descender de um ancestral comum, podem ter emigrado da região habitada por este e ao mesmo tempo ter se modificado durante a emigração (DARWIN, 1992, p. 412).[20]

Isso porque semelhante teoria se enfrenta com dados aparentemente contraditórios: primeiro, que indivíduos muito semelhantes sejam encontrados em partes excessivamente distantes; dar-se o caso que só uma circulação em potencial pode garantir a existência de um único ancestral. Segundo, que indivíduos de espécies diferentes estejam disseminados pelo globo. Sendo assim, o próprio processo de migração produz as dessemelhanças, submetidos a condições ambientais diferentes:

> De acordo com minha teoria, esta ligação é simplesmente a herança, a causa que, por si só e até onde sabemos de forma positiva,

---

l'Europe et de l'Amérique du Nord se trouveront tant dans les régions arctiques de l'ancien et du nouveau monde, que sur les sommets de montagnes très éloignées les unes des autres".

20 "La discussion de ce sujet nous permettra en même temps d'étudier un point également très important pour nous, c'est-à-dire si les diverses espèces d'un même genre qui, d'après ma théorie, doivent toutes descendre d'un ancêtre commun, peuvent avoir émigré de la contrée habitée par celui-ci tout en se modifiant pendant leur émigration".

O MEDITERRÂNEO DE VIDAL DE LA BLACHE

tende a produzir organismos semelhantes entre si, ou, como vemos no caso de variedades, quase iguais. A dessemelhança entre os habitantes de várias regiões pode ser atribuída a alterações devidas à seleção natural e provavelmente também, mas em menor grau, à ação direta de condições físicas diferentes. Os graus de dissimilaridade dependem do fato de que as migrações de formas organizadas dominantes aconteceram de maneira mais ou menos eficaz, em períodos mais ou menos remotos; da natureza e do número dos primeiros imigrantes, da ação que os habitantes puderam exercer uns sobre os outros, em termos de preservação de diferentes modificações; a relação entre os diversos organismos na luta pela existência, sendo, como já indiquei muitas vezes, o mais importante (DARWIN, 1992, p. 407).[21]

Vê-se no eminente naturalista a relação causal entre os deslocamentos e a evolução das espécies. As modificações que sofrem os gêneros de vida ao longo das rotas são deveras semelhantes à proposição darwiniana. Mas Darwin não finda a sucessão de exemplos. Um naturalista lamarckista influente entre a escola vidaliana, tendo publicado mais de um manifesto sobre Geografia botânica nos

---

21 "Ce lien, selon ma théorie, est tout simplement l'hérédité, cette cause qui, seule, autant que nous le sachions d'une manière positive, tend à produire des organismes tout à fait semblables les uns aux autres, ou, comme on le voit dans le cas des variétés, presque semblables. La dissemblance des habitants de diverses régions peut être attribuée à des modifications dues à la sélection naturelle et probablement aussi, mais à un moindre degré, à l'action directe de conditions physiques différentes. Les degrés de dissemblance dépendent de ce que les migrations des formes organisées dominantes ont été plus ou moins efficacement effectuées à des époques plus ou moins reculées; de la nature et nombre des premiers immigrants, et de l'action que les habitants ont pu exercer les uns sur les autres, au point de vue de la conservation de différentes modifications; les rapports qu'ont entre eux les divers organismes dans la lutte pour l'existence, étant, comme je l'ai déjà souvent indiqué, les plus importants de tous".

160 LARISSA ALVES DE LIRA

Annales de Géographie, entre 1891 e a década de 30, Charles Flahault, define como os fatos desse ramo do conhecimento se ligam a duas principais categorias de causas: das circunstâncias anteriores das disposições de terras e mares; ao clima e ao conjunto de condições físicas, ao qual se deve acrescentar: "as várias circunstâncias que impedem, restringem ou promovem a expansão de formas vegetais, nos mares ou na superfície da terra, tais como elas existem hoje". (FLAHAUT, 1937, .p. 4-5).[22]

Ratzel segue a mesma linha de raciocínio,[23] da relação causal entre os deslocamentos e a evolução dos grupos, mas sua formulação é mais ousada. Ele ultrapassa o entendimento ecológico dos grupos humanos elaborando visões sobre os comportamentos políticos das regiões segundo a distância e a posição. O caso da Córsega é singular: dividida entre os impérios cristão e turco, a meia distância da Itália e da África, separada ao norte pelo Tirreno e o ao sul pelo Mediterrâneo, foi alvo de disputas e ataques: "esta muralha ao norte se apoia na Itália; ao sul se distancia da Itália, mas avança tanto mais para o molhe projetado pelo extremo norte da África" (RATZEL, 1990, p. 152):

> A Córsega sempre sofreu a ação do continente e das ilhas vizinhas, e não somente sob a forma de influência, mas, sobretudo, de ataques. Estas influências e ataques foram de encontro, como é natural, ao livre desenvolvimento da natureza insular. Donde as lutas contínuas na história da Córsega, nas quais a ilha se esforça por manter sua independência natural contra a usurpação por qualquer parte do continente (RATZEL,1990, p. 154).

---

22 "les diverses circonstances qui aerrêtent, restreignent ou favorisent, l'expansion des formes végétales dans les mers ou à la surface des terres telles qu'elles existent aujourd'hui."

23 Mercier resume os conceitos que impregnam toda a Geografia de Ratzel: circulação, difusão, contato, troca e comércio (MERCIER, 1995, p. 218).

O MEDITERRÂNEO DE VIDAL DE LA BLACHE   161

Darwin, Ratzel e o lamarckista Flahault são autores que sabidamente influenciaram as reflexões vidalianas (BERDOULAY, 1991). Passemos a palavra ao discípulo De Martonne cuja parte da obra e esforço pessoal foi de ressaltar o caráter físico da escola francesa de Geografia:

> Ao analisá-los, constatamos primeiramente que qualquer espécie vegetal ou animal, ao se multiplicar, tende a ocupar uma área cada vez mais vasta. Os meios de multiplicação e disseminação são os principais fatores de repartição geográfica (DE MARTONNE, 1955, p. 1062).[24]

Um historiador tributário do espírito geográfico, notadamente do mestre francês (CLAVAL, 1984, MAMIGONIAN, 1999, LIRA, 2008), ninguém menos que Fernand Braudel, adotou a aproximação biológica de Vidal para abordar as civilizações. No livro *Gramática das Civilizações*, ele nos oferece uma análise sobre as civilizações desde o passado ao presente. O livro foi escrito na década de 60 com vistas em reformar a pedagogia do ensino de história na França, um pouco antes do lançamento da segunda edição do Mediterrâneo e quase trinta anos depois do início da produção da primeira edição, em 1949. Na passagem que segue, ele explicita como as civilizações vivem das trocas:

> No singular, civilização não seria hoje, antes de mais nada, o bem comum partilhado, desigualmente aliás, por todas as civilizações, 'aquilo que o homem não esquece mais?' O fogo, a escrita, o cálculo [...]. O passado das civilizações nada mais é, aliás, que a história dos empréstimos que elas fizeram uma às

---

24 "En les analysant, on constate d'abord que toute espèce végétale ou animale en se multipliant, tend à occuper une aire de plus en plus étendue. Les moyens de multiplication et de dissémination sont les premiers facteurs de la répartition géographique."

outras, ao longo dos séculos, sem perder com isso seus particularismos ou suas originalidades (BRAUDEL, 2004, p. 29).

Se nossa hipótese é correta, os conceitos viajam pelas disciplinas pouco atentos às barreiras que elegemos para diferenciá-las... a Geografia ecológica de Vidal elege o conceito de circulação para explicar o estado instável da repartição dos seres, tal como aqueles que se dedicaram aos mistérios do ambiente terrestre nos seus estados mais móveis. Uma ecologia profunda nutrida pela crença da interação e dinamismo de todos os seres.

Diversas concepções que a circulação toma no Mediterrâneo e no pensamento de Vidal de la Blache

A circulação como visão de mundo: mobilidade da terra, mobilidade dos homens

Anne Buttimer afirmou, sem rodeios, que toda teoria possui uma visão implícita de mundo, daí a necessidade de desenredar o mistério desses confins teóricos para arriscar uma compreensão totalizante (BUTTIMER, 1982). Até certo ponto, pretendíamos somente tornar firme o juízo de que a Geografia de Vidal inspirou-se nas ciências naturais, nos seus métodos. A partir de então, projetou-se sob os nossos olhos que o conceito nos conduz para os substratos mais profundos da Geografia de Vidal, viajando dos domínios subjacentes, conformando uma visão sobre a natureza do mundo.[25]

---

25 Segundo Claval: "Si les interprétations vidaliennes échappent au déterminisme, c'est surtout à cause de la place qu'elles accordent aux déplacements, à la circulation et au jeu de complémentarités qu'ils autorisent. Les hommes savent qu'il est plus facile de tirer parti de ressources extérieures que d'inventer de nouveaux systèmes de mise en valeur. C'est l'analyse des

O MEDITERRÂNEO DE VIDAL DE LA BLACHE   163

A noção de meio de Vidal de la Blache está ancorada na ideia de cosmos, cara ao romantismo alemão. Daí derivam duas considerações: a primeira de que toda a física do globo está envolvida na mesma cadeia de causas, em vão, portanto, separar o aspecto hidrológico, do geomorfológico, climático...[26] A segunda, de que nenhuma parte está isolada, sob dois aspectos: primeiramente, que fenômenos viajam sobre a terra e a ideia de "posição relativa" remete à instabilidade das partes que compõem o todo. E, portanto, o segundo aspecto é que uma mudança no equilíbrio de uma parte provoca transformações no equilíbrio geral:

> Tanto para ele [Ritter] quanto para Alexander von Humboldt, a ideia de Geografia humana estava associada àquela de Cosmos, incluída no plano dos fenômenos terrestres, unidos por uma estreita cadeia de causas. Abraçando o problema geográfico em toda sua amplidão, Ritter considerava que cada parte da terra era digna da mesma atenção. Cada parte lhe parecia, de fato, necessária à compreensão do todo; e é ao todo, como ele mesmo disse, que se deve tender (*Streben nach der Universalität*). [...] Coube também ao velho mestre o mérito de ter trazido à tona a ideia de posição; no termo *Wertstellung*, que ele prontamente utiliza, está implícita a noção de uma humanidade em movimento. A posição é considerada em relação às migrações de povos, e esta inquietude constante aparece-lhe como uma

---

situations et des relations qu'elles permettent qui est au cur des stratégies d'adaptation" (CLAVAL, 2007, p. 112).

26 Há outro elemento que deriva da ideia de Cosmos: o método comparativo. Segundo Capel o método comparativo consiste em comparações universais, comparações entre algumas partes do planeta buscando causas genéticas comuns em áreas similares em outras partes do globo. A perspectiva histórica visava mostrar, entre outros, a história da habituação das plantas, da configuração geográfica, as perturbaçoes gerais etc. Humboldt considerava como insatisfatório as classificações estáticas do sistema científico do século XVIII (CAPEL, s/d, p. 8-10).

espécie de instinto, este *Trieb* que coloca em movimento as massas humanas, nas direções determinadas pela Geografia (VIDAL DE LA BLACHE, 1993 [1903], p. 233).[27]

Ressaltemos o uso da palavra "instintivo" para distinguir esses movimentos das migrações e dos deslocamentos das massas humanas. Decorre dessa mobilidade o termo posição, definido por Aurélio (2011) não só como algo em que as coisas estão, mas ainda, por onde as coisas passam. Cultiva-se, desse modo, a física da mobilidade como essência do cosmo, das correntes aos homens.[28]

Como muito bem notou Azevedo, a compreensão da espacialidade "circulacional" do globo advém primeiramente do entendimento da Geografia física. A primeira inserção de Paul Vidal de la Blache no tema se deu em seu livro primário, *Terre – Géographie Physique et Économique*, de caráter didático, publicado em 1883. Lá a circulação é compreendida através das correntes da atmosfera, do mar, clima, chuvas, lagos e geleiras (AZEVEDO, 1976). Vidal sustenta em 1913: "nos movimentos da atmosfera, escreve o meteorologista Dove, nenhuma parte pode ser isolada, cada uma age sobre a parte adjacente". (VIDAL DE LA BLACHE, 1993 [1913], p. 359).[29] Mas na citação anterior aparece a existência de "massas humanas" que, como as "massas de ar", estão em movimento.

---

27 Já citamos este trecho em outra parte deste livro. Repetimos a citação aqui para destacar as questões relativas à circulação.

28 Robert Perret deixa bem explícito o que se tornou a interpretação das ideias lablachianas fora do eixo da circulação. Segundo ele, seu principal princípio de método era enraizar a atividade humana ao solo, fazer coincidir as fronteiras físicas com a unidade humana. A circulação global é um ramo que não é mais fundamentalmente considerada e teoria perde sua nuança.: "Paul Vidal de la Blache ne se borna point, comme Lapparent, à chercher l'explication du monde physique dans l'analyse du sol, mais il voulut, dans une prèmière matière, enraciner l'homme à la terre, un peu à la façon d'une plante" (PERRET, Robert. 1952, p. 82).

29 "dans les mouvements de atmosphère, écrit le météorolgiste Dove, 'aucune partie ne peut s'isoler, chacune agit sur sa voisine."

A Geografia da "ilha Brasil", atenta à sua própria formação, produziu outra importante contribuição à leitura do dinamismo de Vidal. Gomes, geógrafo brasileiro, caracterizou as qualidades do conceito de meio vidaliano, cujo caráter seria "sintético e circular". Sintético graças às forças de origens diversas que agem simultaneamente; e circular, por sua vez, porque sua totalidade é reunião de elementos em conexão (GOMES, 1993, p. 91).

A física da mobilidade age de tal maneira que se pode ver na expansão dos seres verdadeiras associações entre o mundo orgânico e o inorgânico. No próprio Mediterrâneo, os ventos etésios que "sopram regularmente de Norte para o Sul, ligaram bem cedo o mundo helênico ao Egito, fizeram da bacia oriental uma unidade que foi conhecida já por Homero" (VIDAL DE LA BLACHE, 1922, segundo trad. port., s/d, p. 336). Uma vez que os primeiros cultivos da tríade alimentar (trigo, oliveira e vinha) foram colonizados no delta do Nilo, que salutar direção dos ventos que põem em movimento os homens e suas espécies associadas!

Outra edificante associação com as massas de ar abriu caminho para as explorações do Novo Mundo. O *Gulf Stream*, corrente de vapores tépidos que nasce no Golfo México, vela as costas europeias e, com suas brumas, ameniza a temperatura em uma latitude que nos Estados Unidos e no Canadá presencia os mais rigorosos invernos.

> Após ter auxiliado em sua marcha os navios provenientes da América, os ventos do sudoeste dominantes nas regiões ocidentais europeias nelas mantêm, graças à umidade que carregam, uma temperatura amena e uniforme. Através deles se estabelece a troca que transmite do Novo ao Velho Mundo os vapores exalados pelas florestas da América do Sul, as brumas esparsas e flutuantes sobre a extensão do Oceano. Dupla e salutar função dos ventos que, de uma extremidade a outra, une os continentes opostos pela correlação climática e pela diminuição das distâncias! (VIDAL DE LA BLACHE, 1873)

Desde as correntes climáticas, passando pelas correntes marítimas e as correntes comerciais, os ventos contribuíram em tempos profundos algo que não se faria suspeitar pelo vigoroso poder dos navios a vapor. No Mediterrâneo, mais uma associação: num regime de aridez, as brumas que trazem o *Gulf Stream* são respirações de vida indispensáveis ao cultivo desses pequenos excedentes (que sustentaram por longos tempos o crescimento populacional europeu). O relevo, a seu turno, contribui para coleta das águas: as montanhas agem como "castelos de águas", enquanto a planície dá vazão a um espraiamento malsão. Nas colinas, nos sopés das elevações acumulam-se não apenas os sedimentos arrancados das montanhas, fertilizando o solo, como a água, fonte da vida, converge em rios e regos. O resultado é que as colinas são no Mediterrâneo os ambientes que favorecem seja a densidade populacional, sejam as vias para o comércio.

> [...] o vapor d'água é fixado em uma destas geleiras que, ao longo das encostas por elas sulcadas, descem lentamente até o ponto onde, vencidas pelo calor do sol, deixam escapar os afluentes – que, inicialmente, são torrentes – para logo tornarem-se rios. Pois, antes de nutrir nossos vales com seus limos e de abrir vias passíveis de comércio, tais águas começam por devastar os abruptos flancos que a encerram; seus turbulentos cursos se agitam e revolvem os sedimentos arrancados da montanha. Todavia, logo que essas águas param nos lagos que, ao redor dos Alpes, formam um tão maravilhoso e útil cinturão – conservando a cor verde que é como sua marca de origem –, elas saem mais puras e mais ricas em seivas férteis (VIDAL DE LA BLACHE, 1886).

Orlando Ribeiro interpretou o "determinismo" vidaliano com maestria: as vias de comércio, diz ele a respeito da contribuição vidaliana, obedecem à disposição dos sulcos e dos regos [*sillons*]. Na

Europa, a predominante implantação da irrigação do Sul para Norte será o fermento cujos traços de estrutura (orientação de rios e relevo) não apenas facilitam a colonização como preparam a unidade (RIBEIRO, 1968, p. 465). A palavra determinismo, bem ou mal empregada, deve ser relativizada. Lucien Febvre não estava de todo enganado quando distinguiu que o espírito histórico contribuiu para diminuir o papel "finalístico" do meio (FEBVRE, 1954). É por isso que o método vidaliano é inseparável da ideia da densidade histórica da circulação. Ao se perscrutar os pontos de origem, regride-se, por conseguinte, no tempo, e as relações do homem e do meio se intensificam ao se aproximarem desses extremos longínquos, no tempo e no espaço.

A circulação como critério de regionalização

Se, para Vidal, o movimento rege a dinâmica do globo, toda a Terra está sob o impulso das correntes: ou agrega forças para a expansão, ou para o recuo. O cosmos é um estado corrente e fluido. Logo, as regiões que se desenham se diferenciam uma das outras pelo tipo de circulação que se dá no seu interior. Chamamos estes "tipos" de *espacialidades da circulação*. Essas espacialidades na obra de Vidal são: uma tendência ao isolamento ou à disseminação; um modo ou processo como se dão as comunicações (relações travadas por contiguidade ou por redes); um ritmo de vencimento das distâncias (e, portanto, um meio de transporte característico e uma associação com os elementos do meio que lhe imprimem dinamismo), uma escala (pequena região ou *pays*; grande região ou Estado; e enfim, o mundo).

As escalas são formadas por equilíbrios diferentes das espacialidades da circulação. Em outras palavras, toda região, para Vidal, possui uma tendência ao isolamento, os *pays* muito mais do que os Estados, uma vez que na escala do mundo não há isolamento em potencial. Ou mesmo, uma tendência à comunicação: o mundo sendo o tipo ideal. O *pays* e as pequenas regiões se disseminam através do modelo da mancha de óleo (ou seja, por contiguidade), usam meios de transportes arcaicos (no Mediterrâneo, o burro, cuja jornada vence distância de um dia, em associação com as montanhas para a agricultura e a captação de água). Já os Estados se sobrepõem ao estado contínuo das pequenas regiões através das redes, e utilizam como meio primordial de transporte as estradas e as linhas de ferro, fazendo associação com as áreas planas e os rios. Assim como o *pays*, o mundo é escala de tipo ideal, sobrepondo-se às demais regionalizações e funcionando sobremaneira por redes, cujo meio de transporte primordial, no século XIX, são os navios a vapor, associados aos ventos e às correntes marítimas.

O isolamento

O isolamento é a espacialidade da circulação que prevaleceu nos primeiros núcleos populacionais da história da civilização. Vidal refere-se frequentemente aos núcleos de civilização desenvolvidos nas margens do Mediterrâneo (VIDAL DE LA BLACHE, 1922, segundo trad. port. , s/d). Com razão, entre 3000 e 2000 a. C. medraram-se focos na Mesopotâmia, a Síria, os Byblos no Líbano e os egípcios na vale do Nilo (CARPENTIER; LEBRUN, 1998, p. 22-26). Esses pequenos núcleos são marcados pelos obstáculos que os contornam: o recorte das bacias, a montanha, a densa floresta ou as grandes distâncias a desbravar (VIDAL DE LA BLACHE, 1993 [1902], p. 214).

O isolamento é sinônimo de força e de fraqueza. Ao lado da virtude, ele contribui para a coesão e especialização dos grupos: "o isolamento e a especialização dos modos de vida, são por mais algum tempo, garantias de conservação" (VIDAL DE LA BLACHE, 1922, segundo trad. port. , s/d, p. 179). Isso acontece por que os grupos isolados estão mais sujeitos às pressões do meio (VIDAL DE LA BLACHE, 1922, segundo trad. port. , s/d, p. 261). Do outro lado, eles são óbices ao progresso: "o isolamento, a ausência de impressões

O MEDITERRÂNEO DE VIDAL DE LA BLACHE   169

vindas do exterior, parecem, pois, o primeiro obstáculo que se opõe a esta concepção de progresso" (VIDAL DE LA BLACHE, 1922, segundo trad. port. , s/d, p. 265). O isolamento também gera a sua própria condição de extinção: "quando o espaço assim delimitado é restrito, a densidade populacional atinge muitas vezes um certo grau de excesso, produzindo hábitos de emigração." (VIDAL DE LA BLACHE, 1898, p. 101).[30] Esta condição de circulação, predominante na era pré-helênica, nem por isso foi extinta com o desenrolar dos fatos históricos. No século XIX, esses tipos coexistem com civilizações pungentes, abertas ao exterior, onde a força do meio não se faz sentir senão por influências indiretas:

> De um lado, civilizações francamente autônomas; do outro, civilizações nas quais o meio não se distingue senão através das complicações de elementos heterogêneos. Parece que há um abismo entre esses rudimentos de cultura, expressão de meios locais, e esses resultados de progresso acumulados de que vivem as nossas civilizações superiores. Uns são tão exactamente[31] declarados sobre os lugares onde se encontram, que não podemos transportá-los nem imaginá-los noutra parte; os outros são dotados da faculdade de se transmitir e de se espalhar (VIDAL DE LA BLACHE, 1922, segundo trad. port. , s/d, p. 261).

Assim, o isolamento não é apenas uma condição pretérita. Além de ser um elemento de permanência, ele é uma condição das sociedades que se manifesta em diversos graus: "os fenômenos de geografia política se modificam segundo as *condições* de extensão e de *isolamento* de regiões que são seu palco." (VIDAL DE LA BLACHE,

---

30   "lorsque l'espace ainsi délimité est restreint, la densité de la population arrive souvent à un degré de pléthore, qui produit des habitudes d'émigration".

31   Mantivemos a grafia no português antigo, de acordo com original.

1898, p. 101).[32] Os equilíbrios entre as espacialidades da circulação se modificam segundo os períodos históricos, mas em nenhum desses períodos essas espacialidades lhes são alheias.

A disseminação

Diferentemente do isolamento, a disseminação, ou a comunicação, é condição para o progresso das civilizações. As inovações técnicas são difundidas graças à incessante circulação das massas humanas. "O principal fator para o progresso da civilização está na circulação", afirmou Robic a propósito de Vidal (ROBIC, 2000, p. 64).[33] Dessa vez, concordando com Ratzel, evidencia Mercier que, para Vidal, "as trocas e contatos entre os povos também são [...] poderosos vetores do progresso" (MERCIER, 1995, p. 218).[34] Não existe, aliás, patrimônio civilizacional sem as assíduas flutuações das massas: "A ideia de grandes movimentos de povos é inseparável das mudanças de civilização que a partir desse momento substituem a estagnação anterior." (VIDAL DE LA BLACHE, 1922, segundo trad. port., s/d, p. 290).

Adaptações, trocas e histórias agitadas acontecem nessas linhas de contato. Saindo do Mediterrâneo pelo vale do Ródano, dirigindo-se para *Champagne*, vemos "encaminharem-se os comerciantes, organizar-se a corporação dos barqueiros e dos serviços de transporte, cobrar-se o pedágio e, consequência natural, eclodirem disputas" (VIDAL DE LA BLACHE, 2006 [1902], p. 121). Essas famosas feiras animam as cidades ribeirinhas e estridentes encontros localizam-se nessas vias: "conhecemos, enfim, estes célebres encontros

---

32   "les phénomènes de la géographie politique se modifient suivant les *conditions* d'étendue et d'*isolement* de contrées qui en sont le théâtre."

33   "Le facteur majeur du progrès de la civilisation réside dans la circulation".

34   "les échanges et les contacts entre les peuples sont-ils eux aussi [...] de puissants vecteurs du progrès".

de Troyes, Arcis-sur-Aube, Provins, Lagny, onde se mantinham, nos séculos XII e XIII, os principais pilares do comércio da Europa" (VIDAL DE LA BLACHE, 2006 [1902], p. 121).

O "início" da disseminação também possui período histórico definido. Foi na Antiguidade Clássica que as primeiras trocas entre os diferentes focos que se dividiam entre o Eufrates e o Nilo formaram uma unidade acarretando, pelo contato e imitação, um nível de vida superior:

> Os observadores atraídos desde a antiguidade clássica pelos problemas da civilização notaram perfeitamente que esse tipo de cultura não era uma criação elementar e espontânea, mas a expressão de um progresso, de um nível superior de vida. Assim como todos os progressos desse gênero, era uma obra de colaboração, que se transmitia por contato e imitação, conforme o permitisse a analogia dos climas. Quanto às origens e os centros de propagação desse gênero de vida, pode-se apontar sem hesitação a parte da região mediterrânea confinante com as grandes sociedades antigas do Eufrates e do Nilo. O veículo para isso foi o intercurso marítimo que as descobertas pré-históricas em Creta e no arquipélago Egeu mostram como sendo um dos fatos mais antigos e mais decisivos da Geografia das civilizações (VIDAL DE LA BLACHE, 1918, p. 176).[35]

---

35 Parte deste trecho já foi citado em outro contexto. "Les observateurs qu'attiraient dès l'antiquité classique les problèmes de civilisation, ont parfaitement note que ce type de culture n'était pas une création élémentaire et spontanée, mais l'expression d'un progrès, d'un degré de vie supérieure. Comme tous les progrès de ce genre, c'était une ouvre de collaboration, se transmettant par voie de contact et d'imitation suivant que le permettait l'analogie des climats. Sur les origines et les centres de propagation de ce genre de vie, on peut designer sans hésitation la partie du domaine méditerranéen confinant aux grandes sociétés antiques de l'Euphrate et du Nil. Le véhicule en fut l'intercourse maritime que les découvertes préhistoriques em Crète et dans l'archipel égéen nous montrent comme des faits les

Em revanche, pelo mesmo raciocínio da permanência do isolamento, também a circulação marcou toda a história clássica, média e moderna, variando nos seus pontos de equilíbrio com o estado isolado. A vida contemporânea é, assim, marcada pela mobilidade sem precedentes:

> estas são as características, tomadas de forma deliberada ontem e hoje, através das quais se manifesta esta civilização recente, resultante de invenções que, atualmente, imprimiram extraordinária mobilidade ao fluxo de homens e coisas (VIDAL DE BLACHE, 1993 [1910], p. 30).[36]

Marie Claire Robic especifica como o movimento da civilização do século XIX, ancorado na extrema mobilidade, produziu em Vidal uma impressão de descontinuidade "revolucionária" (ROBIC, 2000, p. 66).

Na introdução de *Estados e Nações da Europa – Ao redor da França* é o conjunto europeu de que se trata, antes da análise dos países que contornam a França. É repetida a afirmação de que *o mundo físico contribui para o estabelecimento de ligações*: traço distintivo da Europa em relação aos demais continentes. A Europa possui baías, ilhas, as correntes mediterrânicas são dóceis, muitos istmos: ela mesma possui uma configuração em forma de península, situando os mares a pouca distância uns dos outros. São os contatos e as vias de comunicação fundamentais para o estágio avançado da civilização europeia. Ao cotejar a Europa com a Oceania ele afirma que as populações da última, "cedo foram privadas de relações frequentes com seus semelhantes; elas se viram isoladas em meio a mares imensos,

---

plus anciens et des plus décisifs de la géographie de civilisations."

36 "telles sont les caractéristiques, prises à dessein hier et aujourd'hui, par lesquelles se manifeste cette civilisation récente, issue des inventions qui, de nos jours, ont imprimé une mobilité extraordinaire aux courants d'"hommes et de choses."

e essa circunstância contribuiu para mantê-las em um estado inferior de civilização" (VIDAL DE LA BLACHE, 1889, p. 5).

Consoante Vidal, a especificidade do Mediterrâneo (seu *recorte* de bacias, e a *proximidade* dos grandes cumes) é a manutenção de grupos isolados muito próximos um dos outros. Quando colocados em contato, há um salto qualitativo imenso que conduz todo o patrimônio desses grupos na mesma corrente do progresso. Esse estado contraditório entre multiplicidade dos grupos isolados e facilidade das comunicações é o que distingue o Mediterrâneo:

> O Cristianismo romano inscreveu-se nos quadros do Império do Ocidente, como o Cristianismo grego nos do Império do Oriente. Foi à custa deste Império e dos Impérios persa e dos Sassânidas que o Islão constituiu o seu domínio. Mas estes diferentes impérios haviam-se formado eles próprios com elementos anteriores, tinham absorvido os do Egipto, da Caldeia e da Macedônia. Continuando a recuar na cronologia do passado, estas grandes formas de organizações políticas decompõem-se em pequeníssimas regiões, numa quantidade de focos distintos e dotados com vida própria. O poderio faraônico ergueu-se sobre a multidão de nomos que brotaram nas margens férteis do Nilo; pequenos reinos, dos quais só alguns nomes chegaram até nós. Entram na construção dos impérios do Tigre e do Eufrates. Um enxame de cidades análogas às que se formaram em Atenas, Corinto e Mileto espalha-se ao longo do Mediterrâneo em frente das colônias originárias de Sídon, Tiro e Cartago. O poderio da Etrúria funde-se no de Roma; e a conquista romana, por seu turno, absorve a civilização de tipo Hallstatt previamente formada ao Norte dos Alpes. [...] Assim, estes fenômenos, cuja amplidão nos assombra, não fazem mais do que o resumo de desenvolvimentos anteriores. O que se distingue na origem é a multiplicidade de focos distintos, a acção de sociedades de

> dimensões minúsculas, microcosmos, agindo cada um na sua esfera. Foram essas sociedades que serviram de núcleos às peregrinações mais vastas que herdara a sua obra. Formaram-se por si próprias, mercê das circunstâncias regionais, em condições particulares do meio. As aluviões fluviais do Nilo e do Eufrates, as articulações do litoral mediterrâneo, as vias de penetração das regiões interiores do continente, pelo Ródano, pela Danúbio e pelo Norte do Mar Negro ou pela Síria – tais foram, sumariamente resumidas, as vantagens que, neste canto do mundo, concorreram para manter a vida a estas sociedades de formação distinta e original (VIDAL DE LA BLACHE, 1922, segundo trad. port. , s/d, p. 274-275).

Realmente, o Mediterrâneo é colocado desde a abertura do curso de Geografia e História em Nancy como o *mar das comunicações*. *La Péninsule Européenne, L'Océan et la Méditerranée*, título da aula inaugural de Nancy (1873), ressalta o caráter peninsular da Europa cujos mares lhe envolvem cada vez mais estreitamente, relativizando as distâncias pelas terras irregulares (VIDAL DE LA BLACHE, 1873). Veremos que há uma contradição entre essa concepção de Mediterrâneo e a regionalização vidaliana essencialmente europeia.

Formação das regiões por contiguidade

Em meio à linguagem artística, são possíveis generalizações lablachianas. Há dois processos distintos de formação das regiões, delineando desenhos vários. O primeiro é a disseminação por contiguidade, que avança como uma mancha de óleo. O segundo é disseminação por linhas de contatos, organizadas em redes. Nessas formações que se espraiam viscosamente, os obstáculos do isolamento ainda imperam, de sorte que as trocas são mínimas e à curta distância:

O MEDITERRÂNEO DE VIDAL DE LA BLACHE   175

> Nesses agrupamentos de outrora, as estradas, burgos e cidades se combinam para responder às exigências das regiões que buscam a autossuficiência, vivendo de seus próprios meios e trazendo de fora o mínimo possível. A distribuição das cidades segue um certo ritmo pautado pelas comodidades de circulação; ela corresponde, grosso modo, às distâncias que podiam ser percorridas em um dia, ida e volta, com os meios da época (VIDAL DE LA BLACHE, 1911b, p. 4).[37]

Dado que esses burgos rudimentares são fortemente isolados, a questão do sítio a da adaptação ao meio é um fenômeno de importância maior, além de serem as células de densidade e peregrinações mais vastas. Não aprofundaremos este aspecto já tão discutido do pensamento de Vidal. Mas cabe ressaltar que a população precocemente aglomerada se formou em contato com a água e com rocha impermeável, fonte de solos férteis. As rochas calcárias propícias aos materiais de construção, favoráveis que são à elevação das habitações e a da defesa do território (LOI, 2000, p. 113-114) são também uma tendência à aglomeração precoce no determinismo vidaliano nesta escala.

É nesse âmbito e nessa dimensão que, para nós, revela-se a importância do gênero de vida: espacialmente vasto do ponto de vista dos múltiplos focos existentes, mas restrito do ponto de vista das espacialidades geográficas que permitem a Geografia geral de Vidal de la Blache, variável em importância segundo enfocamos os períodos históricos, permanente, contudo, pela força do hábito.

---

37   "Dans ces groupements d'autrefois les routes; marchés, bourgs et villes se combinent de façon à répondre aux exigences des contrées qui cherchent à se suffire à elles-mêmes, à vivre de leur vie propre en empruntant le moins possible au dehors. La répartition des villes obéit à une sorte de rythme réglé sur les commodités de circulation; elle correspond à peu près aux distances qu'il est possible de franchir avec les moyens d'alors, aller et retour, dans une journée."

Se o isolamento é a marca desse tipo de processo de formação das regiões, logo, a formação por contiguidade é a mais rudimentar das trocas entres os núcleos geográficos. Mas já este contato não se dá no interior de regiões naturais, muito ao contrário, eles são estimulados pelas diferenças de recursos entre elas:

> A troca, em primeiro lugar, estabelece-se no contato com as regiões vizinhas e contíguas, e é fomentada pelas diferenças que as distinguem. O princípio de agrupamento não é baseado na homogeneidade regional, mas na solidariedade entre regiões diferentes. É uma combinação e, logo, um progresso, algo como uma flor composta em comparação a uma flor simples (VIDAL DE LA BLACHE, 1911b, p. 3).[38]

Semelhante isolamento correspondente a um tipo de circulação produz, também ele, o germe de sua superação: "este contato, à medida que se torna mais contínuo e íntimo, dá impulso a um novo ciclo de fenômenos geográficos." (VIDAL DE LA BLACHE, 1911b, p. 3).[39] O contato intenso abre um novo ciclo de fenômenos geográficos, em que romarias mais vastas criam novas necessidades de circulação: "Ele cria a necessidade de estradas, de mercados permanentes, de locais de depósito, criações que se firmam no solo e fixam as correntes de circulação." (VIDAL DE LA BLACHE, 1911b, p. 3).[40] O movimento de saída do isolamento é o próprio movimento de ingresso na história e no mundo civilizado.

---

38 "L'échange, tout d'abord, s'établit par contact avec les régions voisines et contiguës; il trouve son aliment dans les différences qui les distinguent. Le principe de groupement n'est plus fondé sur l'homogénéité régionale, mais sur la solidarité entre régions diverses. C'est une combinaison, et par là un progrès; quelque chose comme une composée par rapport à une fleur simple."

39 "ce contact, à mesure qu'il devient plus continu et plus intime, mer en branle un cycle nouveau de phénomènes géographiques".

40 "Il fait naître le besoin de routes, de marchés permanents, de lieux de dépôt, créations qui s'impriment sur le sol et fixent les courants de circulation".

Desta ordem geográfica, surge outra, *agindo na brecha*. As médias e grandes cidades drenam e comandam essas pequenas e médias regiões lentamente homogeneizadas em função de espaços mais vastos. As cidades, conectadas por rede, têm a principal função de religar estes antigos patrimônios geográficos, de formação contígua e lenta. Assim,

> [...] notemos que as cidades se encontram raramente no centro de uma região natural, mas de preferência na periferia. Isto ocorre porque o desenvolvimento das cidades é sobretudo um fruto do comércio; uma localidade urbana corresponde a um ambiente de troca (VIDAL DE LA BLACHE, 1911b, p. 3).[41]

O princípio da disseminação, hoje como outrora, comanda esses movimentos. Essas camadas de tempo, de espacialidades distintas se sobrepõem como a história da terra que se "acumula" nas camadas das rochas.

Já afirmamos como, para Vidal, as eras pré-helência e helênica predominaram nesse tipo de região e suas respectivas espacialidades da circulação. Os contatos por contiguidade foram soldados nesses espaços que uma história agitada não saberia descrever. É na era romana em que as estradas e as redes fizeram sentir seu primeiro apogeu. "A via romana é, sobretudo, uma obra de imperialismo, um instrumento de domínio que aperta nas suas malhas todo um feixe de regiões diversas e longínquas" (VIDAL DE LA BLACHE, 1922, segundo trad. port., s/d, p. 298). Mas a história possui avanços e recuos tão vastos que generalizações precoces não poderiam se manter. O século XVI, nos lembra um dos mais brilhantes historiadores do século XX, tanto na Itália como na Espanha, predomina

---

41 "[...] on fait la remarque que les villes se trouvent rarement au centre d'une région naturelle, mais plutôt sur la périphérie. C'est qu'en effet le développement des villes est surtout l'ouvre du commerce; un site urbain correspond à un lieu d'échange".

178 LARISSA ALVES DE LIRA

o transporte com mulas, mesmo que as viaturas e carroças existam em pequeno número (FEBVRE, 1954, p. 314).

Formação das regiões por redes

"Uma das consequências mais importantes do desenvolvimento da rede mundial foi o estabelecimento de contactos que tendem para a formação de uma espécie de economia internacional." (VIDAL DE LA BLACHE, 1922, segundo trad. port., s/d, p. 319). As cidades, movidas pelas redes de transporte, representam uma nova ordem geográfica: "Ao investigarmos os princípios motores do desenvolvimento das cidades e dos Estados, devemos atentar sobretudo às mudanças nos modos de comunicação e transporte." (VIDAL DE LA BLACHE, 1898, p. 109).[42]

Nascidas onde a antiga ordem não pode ultrapassar seus obstáculos, as cidades são regidas, no entanto, pelo mesmo movimento da disseminação e das atrações regionais, só que numa escala mais ampla.

> Quando estudamos a gênese das cidades no passado, descobrimos que o que fez desabrochar o germe, o que lhe assegurou o desenvolvimento, foi geralmente a presença de um obstáculo. Nas saídas das montanhas, nas passagens dos rios, no limiar dos desertos, no contacto das costas, em toda a parte onde é preciso parar e preparar novos meios de transporte, há probabilidades de que uma cidade venha a formar-se (VIDAL DE LA BLACHE, 1922, segundo trad. port., s/d, p. 367).

Estas regiões são organizadas em redes e percorrem grandes distâncias, possuem relativa emancipação do meio geográfico

---

42 "Si l'on cherche quels sont les principes moteurs du développement des villes et des États, il faut regarder surtout aux changements qui surviennent dans les modes de communication et transport."

vis-à-vis o poder da circulação veloz, distante e em grande escala, capaz de reunir elementos dispersos e independentes da condição do sítio (como a força de trabalho e as matérias primas). A citação que segue merece ser esmiuçada pelo brilhantismo das observações:

> Nesta hierarquia de formas, a cidade representa, em alto grau, a emancipação do meio local, um maior e mais forte controle do homem sobre a terra. A natureza, sem dúvida, prepara o local: nas passagens ou embocaduras de rios, nos pés das montanhas, no contato de zonas climáticas muito diferentes. Mas é o homem quem cria o organismo. Através das estradas que constrói, faz convergir novas relações para o ponto designado. A cidade substitui as relações flutuantes em estado natural por um princípio de estabilidade e continuidade. [...] A influência dos produtos e a diversidade de formas de trabalho atraem elementos diversificados de população, que aí se estabelecem. É difícil imaginar a possibilidade de formação dos Estados onde já não se encontram importantes fundações de cidades, prontas para fixar, variar e ampliar as relações. As tradições e a língua de Roma foram perpetuadas na França especialmente por conta das cidades. Foi através das fundações urbanas que a Germânia de Carlos Magno e Otto tomou forma. A cidade é hoje, na América e na Austrália, o sinal por excelência da possessão europeia, núcleo do Estado (VIDAL DE LA BLACHE, 1898, p. 108).[43]

---

43 "Dans cette hiérarchie de formes, la ville répresente à un degré éminent l'émancipation du milieu local, une mainmise plus forte, plus large, de l'homme sur la terre. La nature, sans doute, en a prépare les sites: aux passages ou aux embouchures des fleuves, aux débouches des montagnes, au contact des zones de climats très différent. Mais, c'est l'homme qui crée l'organisme. Par les routes qu'il construit, il fait converger vers le point désigné des rapports nouveaux. Au flottement des relations à l'état de nature, la ville substitue un principe de stabilité et de continuité. [...] L'inffluence des produits, la diversité des formes de travail, y attirent des éléments divers de population, qui s'y fondent. On n'imagine guère la possibilité formations

A cidade é relativamente independente do meio geográfico justamente pela alta capacidade de circulação. Ela faz convergir pelas redes elementos novos, estranhos ao sítio. E a argamassa de culturas só pode se fundir nas cidades sendo elas, portanto, o princípio da construção nacional e do imperialismo dos Estados. Erigidas na brecha das grandes regiões de pequenos núcleos (onde os obstáculos impedem a continuidade do espraiamento), elas substituem este elemento estável e contínuo que são gêneros de vida. Esta vida limitada e de pequenos excedentes, predominando, pelos melhores relatos, até pelo menos o século XVI, fez sua época. A partir do século XIX, o crescimento demográfico é sustentado pelo domínio de grandes distâncias e enormes periferias, seleiros de uma urbanização crescente:

> A enormidade das massas postas em movimento, homens e coisas, com as ferramentas e o capital que exigem, não mais se adaptam aos quadros restritos de antes. Para além dos portos, é preciso um vasto território interior; quanto aos centros industriais, presos à necessidade de produção cujo andamento é estimulado pela importância dos capitais comprometidos, eles precisam de mercados expandidos. A multiplicidade de concorrentes, aos quais o acesso dos mesmos mercados é aberto, é tal, que o localismo é atacado por todo lado. A luta pelos interesses de cada produtor se trava em uma arena bem mais ampla do que anteriormente; eles só podem ser satisfeitos através de esforços coordenados, de uma organização coletiva, onde quer que ocorram, que ultrapassam nossas

---

d'États là où il ne se trouve pas déjà d'importances fondations de villes pour fixer, varier, et entendre les relations. C'est surtout par les villes que se sent perpétuées en France les traditions et le language de Rome. C'est par les fondations urbaines de Charlemagne et de Ottons que la Germaine a pris corps. La ville est aujourd'hui, en Amérique et en Australie, le signe par excellence de la prise de possession européenne, le noyau de l'État."

atuais divisões administrativas (VIDAL DE LA BLACHE, 1911b, p. 5).[44]

Apesar disso, as causas perduráveis são resistentes às mudanças ruidosas da história. Como e por que subsistem os gêneros de vida? É a grande questão que permeia as entrelinhas do livro *Princípios de Geografia Humana*, mas não só. Do nosso ponto vista, é a indagação maior de sua obra, que acalentou, contudo, respostas imprecisas daquele que vive no bojo das transformações de seu tempo. A era das cidades, gestada na era moderna, encontrou domínio pleno no século do Canal de Suez.

Ritmo lento, pequenas jornadas, meio de transporte arcaico e associação com o solo e o relevo

Mais uma espacialidade da circulação diz respeito ao ritmo em que as distâncias são vencidas e, por conseguinte, aos meios de transporte. Nada surpreendente que se afirme que "em todas as regiões onde o destino o levou, o homem empenhou-se desde o princípio na resolução do problema do transporte e da circulação" (VIDAL DE LA BLACHE, 1922, segundo trad. port., s/d, p. 279). Primeiramente, utilizou os meios que lhe oferecia o corpo até passar a dominar os

---

44 "L'énormité des masses, hommes et choses, mises en mouvement, avec l'outillage et les capitaux qu'elles exigent, ne s'accommodent plus des cadres restreints d'autrefois. Il faut aux ports un vaste arrière-pays; aux centres industriels, en proie aux nécessités d'une production dont la marche est stimulée par l'importance des capitaux engagés, des débouchés étendus. Telle est la multiplicité des concurrents auxquels l'accès des mêmes marchés est ouvert, que le localisme est partout battu en brèche. Les intérêts de chaque producteur se débattent sur une plus large arène qu'autrefois; ils ne peuvent être servis qu'au moyen d'une coordination d'effort, d'une organisation collective, qui débordent, partout où elles se produisent, nos divisions administratives actuelles."

LARISSA ALVES DE LIRA

animais e, por fim, os instrumentos que lhe serviram de auxiliares a dificuldades crescentes.

Cada um desses meios de transporte implica um tipo de jornada (um ritmo em que se empregam as velocidades), uma escala (distâncias médias vencidas por jornada), uma associação com os elementos do meio (já vimos como a mobilidade da terra coloca os homens em movimento). No Mediterrâneo, o relevo fragmentado proporcionou contatos fortuitos entre economias locais. O burro propagou-se rapidamente nessas regiões para jornadas curtas, de um ou dois dias, adaptando-se ao solo cujas carroças têm dificuldade de percorrer (VIDAL DE LA BLACHE, 1922, segundo trad. port., s/d, p. 285). Tais jornadas se dão preferencialmente da montanha para a planície, e da planície para a montanha.

Jornadas mais longas, talvez semanais, eram exercidas pelos barcos e pela navegação de cabotagem. Barcos que colocam em contato as rivieras, costas abrigadas onde a planície está intimamente em contato com a montanha (VIDAL DE LA BLACHE, 1918, p. 178), tipo de associação que abunda nas margens do Mediterrâneo. Dessa feita, uma nova escala está na ordem do dia. Duas ou mais unidades entre as montanhas e planícies são colocadas em contato através da cabotagem: "a proximidade das margens, as articulações costeiras e a quantidade de ilhas encorajavam as primeiras audácias do navegador." (VIDAL DE LA BLACHE, 1875, p. 750).[45] Se é possível atribuir uma periodização a essas rotas, como viemos afirmando, não resta dúvida que esse tipo de comunicação é dos mais antigos, ainda que não seja possível precisar data ou períodos.

---

45 "[...] la proximité des rivages, les articulations des côtes, le nombre des îles, encourageait les premières audaces du navigateur."

Ritmo veloz, grandes jornadas, meio de transporte moderno e associação com os rios e correntes

Ainda em tempos profundos, as primeiras associações para franquear grandes distâncias foram do homem com os rios. Neste caso, proferimos a ligação que atravessa um continente, ou, que coloca em contato dois mares. A periodização dessa ligação é imprecisa, mas é certo que ela "[...] é evidentemente de origem comercial. Foi preciso, para que ela surgisse, que o comércio tivesse aprendido a conhecer as relações de distância existentes entre os dois mares nessa parte da Europa [...]" (VIDAL DE LA BLACHE, 1994, p. 30).[46]

> Assim que os mercadores marselheses descobriram quais facilidades lhes oferecia o interior do país para a comunicação com os mares exteriores, os geógrafos não tardaram a extrair desse fato uma definição para a região toda. Estrabão já era intérprete de observações inspiradas por vários séculos de experiência comercial quando ele exaltou "a correspondência ali verificada quanto à relação dos rios e do mar, do mar interno e do oceano". Esses rios são auxiliares que facilitam as relações entre os mares; essa correspondência, de fato tão rara, ao redor do Mediterrâneo, e que se encontra aí, lhe sugere a ideia de um organismo composto conforme a vontade, "como em virtude de uma previsão inteligente" (VIDAL DE LA BLACHE, 1994, p. 30-31).[47]

---

46 "[...] est d'origine commerciale. Il fallait, pour qu'elle se fît jour, que le commerce eût appris à connaître les rapports de distance qu existent dans cette partie de l'Europe [...] «

47 "Dês que ler marchands marseillais eurent découvert quelle facilité offrait leur arrière-pays pour communiquer avec les mers extérieures, les

A Europa envia suas águas a sete mares diferentes e a maioria se presta à navegação. Exceções feitas aos rios da península Ibérica, muito pobres em águas e impróprios à navegação, os demais, sobressaindo-se o Danúbio e o Reno, "prestam grandes serviços em termos de comunicação entre diversas partes do continente." (VIDAL DE LA BLACHE, 1889, p. 23).[48] Quanto à jornada desses desbravamentos, só um historiador excelente nessas matemáticas poderia nos dar uma conta precisa. Fernand Braudel afirma que, em 1567, o Duque de Alba levou de 7 de maio a 30 de agosto para sair de Marselha à Flandres (BRAUDEL, 1983, p. 201). Ou seja, quatro meses no século XVI.

A possessão dos rios é o fermento das cidades e dos impérios, bem como de independência relativa às condições do meio: "[...] a possessão dos rios ou do mar é então preponderante para permitir que os residentes escapem, de certa forma, do jugo das condições locais, e para permitir que cresçam na forma de cidades ou de Impérios" (VIDAL DE LA BLACHE, 1898, p. 109).[49]

Mais tarde, a construção das estradas aproveitou os desenhos fluviais ao passo que permitiu tudo convergir para os pontos de contato, inaugurando relações de novo tipo – numa economia de poucos excedentes e baixos deslocamentos:

> [...] a construção de estradas acompanha toda grande formação de Estados. Foi por

---

géographes ne tardèrent pas à tirer de ce fait une définition de la contrée tout entière. Strabon est l'interprète d'observations inspirées déjà par plusieurs siècles d'expérience commerciale, lorsqu'il vante 'la correpondance qui s'y montre sous le rapport des fleuves et de la mer, de la mer intérieure et l'Océan'. Ces fleuves sont des auxiliaires qui facilitent les relations entre ler mers ; cette correpondance, si rare en effet autour de la Méditerranée, et qui se rencontre isi, lui suggère l'idée d'une prévision intelligente'.

48 "rendent de grandes services pour la communication entre différents parties du continent".

49 "[...] la possession de fleuves ou de la mer est alors prépondérante pour permettre aux riverains de se soustraire dans une certaine mesure au joug des conditions locales, de s'élever jusqu'à la forme de cités ou d'Empires".

meio de uma rede viária que Roma tomou o mundo mediterrâneo, e este sistema coordenado de comunicação direta e segura foi uma novidade que modificou toda a economia das relações (VIDAL DE LA BLACHE, 1898, p. 110).[50]

A era do continente e das grandes distâncias é, decerto, obra do império romano. Roma, diferenciando-se do antigo mundo helênico, soube aproveitar as interiorizações continentais e fez convergir o continente em função do mundo mediterrânico (DEPREST, 2002).

As escalas

É evidente a consideração de que os meios de transporte determinam dimensões escalares. Também em Vidal, diferentes meios de transporte determinam dimensões regionais "como se correspondessem, a cada meio de transporte, uma certa escala, uma certa dimensão [...]" (ARRAULT, 2008, p. 78).[51] Há, além disso, outras espacialidades da circulação lablachiana que entram no cômputo das escalas.

O equilíbrio entre as diversas espacialidades formam regiões. Preferir o termo "equilíbrio" deve-se ao fato de que nenhuma das espacialidades, deveras vezes expressando-se contraditoriamente, estão ausentes em qualquer das formações geográficas. Os Estados, por exemplo, com sua defesa de fronteiras e suas redes ferroviárias, não seriam o compósito "ideal" entre aliança da comunicação e do isolamento?

---

50 "[...] la construction de routes accome toute grande formation d'États. C'est par un réseau voies que Rome prit du monde méditerranéen; et ce système coordonné de communications directes et sûres fut une nouveauté qui modifia toute l'économie des relations."

51 "comme si correspondaient, à chaque moyen de transport, une certaine échelle, une certaine dimension [...]".

A primeira unidade escalar são os *pays*. Pequenas regiões já dominadas pela força do homem. Segundo o depoimento de um caçador, encontrado por acaso por La Blache, o *pays* é um lugar das vilas, das culturas e jardins em contraste com os lugares em que ninguém se estabelece, que são propícios para aventura (VIDAL DE LA BLACHE, 1993 [1904], p. 247). É ao *pays* que se associa o gênero de vida: "[...] é que estes nomes estão associados, no seu espírito, aos modos de habitação, alimentação, vestuário, linguagem, em uma palavra, a formas de viver que para ele são inseparáveis" (VIDAL DE LA BLACHE, 1993 [1904], p. 247).[52]

A tendência ao isolamento, à expansão no solo por contiguidade, através de jornadas curtas e ritmo lento, revela a intimidade dos *pays* aos fatos geológicos:

> que esta concepção traduza um fato geológico, qual seja, a existência de uma argila calcária em um subsolo permeável, nada mais natural e mais interessante do que esta coincidência, mas a expressão, para aqueles que a utilizam, representa um tipo de vida (VIDAL DE LA BLACHE, 1909, p. 397-398).[53]

Os *pays* são os representantes regionais dos gêneros de vida. A especificidade da escala, nem diminui nem aumenta a importância dos gêneros de vida. Se a escala é específica, restrita do ponto de vista das pequenas unidades, no conjunto, o *pays* é a mais vasta e duradoura formação geográfica da Europa. No *Tableau de la Géographie de la France*, Vidal publicou um mapa que ele denominou *Carta para servir à história da ocupação dos solos*. Nele pode-se observar que a ocupação dos solos pelos gêneros de vida constitui rotas, que

---

52 "[...] c'est que ces noms s'associent dans son esprit à des modes d'habitation, de nourriture, de vêtement, de langage, à des façons de vivre en un mot qui en sont pour lui inséparables."

53 "que cette conception traduise un fait géologique, soit l'existence d'un calcaire limoneux sur un sous-sol perméable, rien de plus naturel et de plus intéressant que cette coïncidence; mais l'expression, pour ceux qui l'emploient, représente un genre de vie."

sua extensão é vastíssima e, por fim, que são separados por espaços florestais que lhes mantém em estados isolados, como afirmamos sobre a tendência dos *pays* (mapa 1):

Mapa 1: Carta para servir à história da ocupação dos solos

Mapa 1: Carta para servir à história da ocupação dos solos. Fonte: VIDAL DE LA BLACHE, 1994. As pequenas manchas verdes são as regiões florestais. As manchas amarelas são os solos fáceis para as culturas de cereais. As partes marrons são as aluviões litorais e a linha tracejada é a zona de culturas das castanhas. Nota-se um movimento vindo do leste, de um lado, e do sul do outro e a enorme extensão das culturas dos cereais.

Regiões médias são constituídas a partir da junção dos *pays*:

> [...] O que seria a Normandia senão um conjunto de diferentes *pays*, ao contato dos quais duas cidades – uma, Caen, às proximidades do Bocage, outra, Rouen, ao pé do *Pays de Caux* – constituíram pontos de atração? (VIDAL DE LA BLACHE, 1911b, p. 4).[54]

---

54 "[...] La Normandie est-elle autre chose qu'un agrégat de pays différents, au

188 LARISSA ALVES DE LIRA

Mas o salto escalar fundamental é aquele que representa a formação dos Estados.

Os Estados se sobrepõem aos *pays* e às regiões médias, também referidos como "impulsos locais". Através das vias e das estradas de ferro, eles selam a unidade desses mundos isolados: as "correntes gerais" surgem dessa multidão de "correntes locais" (VIDAL DE LA BLACHE, 1994, p. 38). Segundo Arrault, os Estados são um vetor de integração territorial, e, através do sistema de estradas, que desbravam as planícies, eles asseguram não só a solidariedade interna ao território como a integração interterritorial (ARRAULT, 2008, p. 77). A definição de Petier também é precisa:

> À medida que Vidal de la Blache enfoca os diversos fatores que diferenciam o espaço francês, ele mostra de forma absolutamente concomitante que uma divisão se opera entre a multiplicidade de *pays* e uma circulação que garante a coesão e a constituição integral do território (PETIER, 2000, p. 141).[55]

Os Estados são, idealmente, a harmonia entre a tendência de comunicação e de isolamento. No seu interior agem, em resumo, todas as circularidades da circulação: as correntes locais continuam a existir sob o impulso do isolamento, dos transportes arcaicos e do ritmo lento. Mas sob essa camada atua uma tendência à comunicação, de transportes modernos e ritmo veloz, que, ao tempo que selam a unidade no interior, integram as grandes regiões ao seu exterior. Os Estados administram os conflitos entre tais espacialidades da circulação. São, portanto, entidades mistas:

---

contact desquels deux villes, l'une à proximité du Bocage, l'autre au pied du Pays de Caux, Caen et Rouen, ont constitué des points d'attraction?".

55 "À mesure que Vidal de la Blache s'attache aux différents facteurs qui différencient l'espace français il montre de façon absolument concomitante comment s'opère ainsi une division en une multiplicité de 'pays' et une circulation assurant la cohésion du territoire et le constituant en totalité."

O MEDITERRÂNEO DE VIDAL DE LA BLACHE   189

[...] no final das contas, estas unidades territoriais chamadas de Estados não dependem, de certa forma, da geografia? Não estão elas sujeitas às leis naturais que governam qualquer corpo estabelecido em termos de extensão, posição, contato? A força que há neles enfrenta, na sua expansão, a expansão das forças vizinhas: onde está o princípio de força? Não há, no grupo que representam, um núcleo inicial ou, como dizem os fisiologistas, um ponto de ossificação que deu consistência ao embrião político? (VIDAL DE LA BLACHE, 1914, p. 559).[56]

Por fim, a escala do mundo, cuja tendência à comunicação existe em potencial, organiza-se em redes e franqueia grandes distâncias por transportes modernos. O século XIX é um século de transformações profundas. Não apenas os Estados estão em pleno processo de formação (como a Itália e a Alemanha), como a economia global ensaia seus primeiros passos. Deriva desse estado em ebulição a insistência hesitante de Vidal sobre os gêneros de vida, cuja incerteza de sua resistência às revoluções comanda generalizações cuidadosas.

---

56 "[...] tout compte fait, est-ce que ces formations territoriales qu'on nomme États ne relèvent pas dans une certaine mesure de la géographie? Ne sont-ils parssoumis aux lois naturelles qui président à tout organisme placé dans les conditions d'étendue, de position, de contact? La force qui est en eux se heurte, dans son expansion, à l'expansion de forces voisines: où réside ce principe de force? N'y a-t-il pas, dans le groupement qu'ils représentent, un noyau initial ou, comme disent les physiologistes, un point d'ossification qui a donné consistance à l'embryon politique?".

CAPÍTULO 5

Vidal político
A regionalização do Mediterrâneo de Vidal de la Blache

> "'La Méditerranée doit être exclusivement
> la mer française. Son commerce entier nous
> appartient, et tout ce qui tend à en éloigner
> les autres nations doit entrer dans nos vues"
> Talleyrand.

A política. Uma energia voluntariosa que não se submete ao meio geográfico? Ações que atravessam o cilindro da História se erguem sob os obstáculos da Geografia ou sob a unidade das regiões, unidas pela circulação. Bem ou mal sucedidas, elas *tendem* a libertar-se e criar estruturas que sejam a obra do homem. Este princípio de liberdade do homem político está presente na conclusão retumbante da primeira aula de Vidal: "E assim se confirmou, em toda sua profundidade e verdade, a palavra de Tucídides: é o homem que possui a terra, não a terra que possui o homem." (VIDAL DE LA BLACHE, 1873, p. 28).[1] Está presente também na ideia de centralização da Península Ibérica e Itálica.[2]

---

1   Os geógrafos franceses deram pouca atenção aos fenômenos políticos no seu campo de atuação (VLACH, 1999; SANGUIN, 1975; VESENTINI, 2009). Para um aprofundamento da Geografia política de Vidal, ver e.g. RIBEIRO (2010).

2   Lacoste pretendeu realçar o caráter geopolítico do pensamento de Vidal através da análise da concepção de nacionalidade esboçada em *La France de l'Est* criando uma dualidade entre o Vidal dos gêneros de vida, do *Tableau* [...] e dos *Princípios* [...]. e o Vidal da geopolítica, de *La France* [...]. Parece ter olvidado a precoce aparição de *États et Nations* [...]. (LACOSTE, 1979).

A Península italiana e o reino da Itália[3]

Obra essencial de geopolítica, *États et Nations de l'Europe* (1889) é uma pérola da visão contemporânea de Vidal. Aqui, partimos de uma abordagem do passado longínquo e desembocamos no âmago do século XIX. Trata-se de uma oportunidade de ver-se desenhar a visão de Mediterrâneo do geógrafo, desde as migrações primitivas à formação do Estado Nação – tudo isso através da *démarche historique* e "circulacional".

Em 1889 faz pouco mais de 30 anos que se forjou a unificação italiana. Ela estaria completa? – pergunta-se o espírito histórico e geográfico espontaneamente desenvolvido nos *États et Nations de l'Europe*. É, pois, certo ser esta a questão versada durante todo o manuscrito. As turbulências do século XIX envolvem tanto o esgotamento do gênero de vida como principal e perdurável estimulador da densidade demográfica, como a formação do Estado e da economia mundial.

> Esta expressão, a nação italiana, representa um mundo de lembranças, esperanças, ambições, das quais o estrangeiro dificilmente faz ideia. [...] A unidade italiana é o desejo apaixonado de um povo já unido pela história e pela língua por conquistar no mundo um lugar digno de seu passado. [...] Para tirar grande proveito de suas forças militares, a Itália encontra nas condições geográficas suficientes graves obstáculos. (VIDAL DE LA BLACHE, 1889, p. 531-532).[4]

---

3 Segundo Haesbaert, o livro *États et Nations de l'Europe* é o primeiro e precoce manual de Geografia Política de Vidal. (HAESBAERT, 2009). Para acompanhar o desenvolvimento deste tópico sugerimos a consulta dos mapas que se encontram em anexo.

4 "Ce mot de nation italienne, représente un monde de souvenirs, d'espoirs, d'ambitions, dont un étranger se fait difficilement une idée [...]. L'unité italienne est le désir passionné d'un peuple déjà rapporché par l'histore et la

A Itália está, sim, unificada, mas muito mais pela vontade política do que pela territorialidade da circulação do gênero humano.[5] Esses tipos de circulação, como vimos, estão associados ao relevo nas grandes escalas, de forma que "a unidade italiana não é um desses resultados aos quais os homens são lentamente levados pela influência das causas geográficas: é uma obra da paixão e da vontade."[6] (VIDAL DE LA BLACHE, 1889, p. 531). Na escala continental, estão associadas aos rios, embora na escala do mundo sejam as correntes (climáticas e marítimas) que jogam o jogo.

Que dizer de um país com muitas barreiras, rios curtos e mares de todos os lados? Uma forte tendência a ocupar o território seja por núcleos isolados, seja por pontos das redes (metrópoles) que se lançam para o mar. O formato em península não encerra as dificuldades: o caminho ocidental para o Oriente tem a Itália por rota privilegiada. A península nasce no Ocidente e termina no Oriente, cortando o Mediterrâneo em direção Noroeste-Sudeste. Saindo da França, em Nice, pode-se percorrer o Tirreno em direção a Messina (Sicília) e, de lá, em poucos dias se está em Port-Said (VIDAL DE LA BLACHE, 1889, p. 423). Ou mesmo percorrer a península é muito mais vantajoso do que perfazer as montanhas gregas, para então

---

langue, pour prendre dans le monde une place digne de son passé [...]. Pour turer tout le parti possible de ses forces militaires, l'Italie rencontre dans les conditions géographiques d'assez sérieux obstacles."

5 PEREIRA (2012) esboça uma excelente classificação das unidades políticas vidalianas. O povo é uma amálgama das raças, as menores unidades. Este amálgama não é particular de nenhum país da Europa. Já a nação está vinculada a processos identitários e construídos por opção e ao longo da história, quando entram em conta os argumentos linguísticos, religiosos (sendo a França o modelo maior). Esta concepção é substancialmente diferente da alemã, cujo aspecto linguístico é o principal e que, segundo este critério, teria anexada a Alsácia e a Lorena ao território alemão (PEREIRA, 2011). Nesse sentido a Itália constrói uma nacionalidade no século XIX, sem que as raças tenham forjado o povo.

6 "L'unité italienne n'est pas un de ces résultats auxquels les hommes sont lentement amenés par l'influence des causes géographiques; c'est une oeuvre de passion et volonté."

enfrentar os desertos da Ásia Menor e da Palestina. Enfim, fraca força de disseminação atuando no interior da península. A península favorece intenções imperialistas dado suas fronteiras naturais. Ela é um canto da terra propício a potências continentais. O Norte, diz Vidal, possui a missão de dominar o Sul:

> Não é de ontem que os destinos políticos de toda Itália são decididos na planície do Pó. Desde a dissolução do mundo romano, todas as tentativas de dominação da península, desde os Goths de Théodoric até os Alemães de Barberousse, tomaram por alavanca a conquista do Norte. Nos tempos modernos, França e Áustria lá disputaram a preponderância do conjunto dos negócios italianos. Lá também o Piemonte ganhou a partida em que Itália estava em jogo. (VIDAL DE LA BLACHE, 1889, p. 441).[7]

Mas esse ímpeto político joga com forças adversas: primeiro, as regiões ao sul dos Alpes não favorecem a disseminação dos grupos humanos. Segundo, devido à proximidade do mar e do Oriente, a península é devassada por forças que não se disseminam no território, mas que lha ocupam para estabelecer redes mundiais. Logo, a tendência à disseminação por contiguidade é enfraquecida pela própria estrutura geográfica, conquanto a tendência para ocupação do território em redes é forte e potencializa a fraqueza da primeira.

A estrutura geográfica que não favorece grandes disseminações é a proximidade de contrastes intensos: na Itália, montanha e planície formam unidades fortes e polarizadas e são das mais

---

7 "C'est n'est pas d'hier que les destinées politiques de l'Italie entière se sont décidées dans la plaine du Pô. Depuis la dissolution du monde romain, tous les essais de domination de la péninsule, depuis les Goths de Théodoric jusqu'aux Allemands de Barberrouse, ont pris pour levier la conquête du Nord. Dans les temps modernes la France et l'Autriche s'y sont disputé la prépondérance sur l'ensemble des affaires italiennes. Le Piémont y a gagné la partie dont l'Italie était l'enjeu."

contíguas da região do Mediterrâneo. Na expressão de Vidal, a Itália possui "muitos centros" que tendem a se bastarem por si só, alimentando suas polaridades.

> A planície e a montanha representam na natureza italiana dois termos opostos e que são, no entanto, intimamente ligados. Os contrastes entre pobreza e abundância, rudeza e suavidade, que correspondem à montanha e à planície, concentram-se em uma vizinhança tão imediata que existe entre elas uma continuidade necessária de relações recíprocas. [...] Não há cantão montanhoso que não veja a planície ao seu alcance, assim como não há planície cuja população, quando expulsa pelas guerras ou por piratas, não tenha buscado refúgio nas montanhas. (VIDAL DE LA BLACHE, 1889, p. 493).[8]

Ainda assim, "graças à variedade do relevo, as populações se misturaram bem mais na Itália do que na Espanha." (VIDAL DE LA BLACHE, 1889, p. 496).[9] Na escala da unificação dos mares, também a estrutura dos rios não favorece grandes deslocamentos. Com exceção do Pó (ao Norte) e do Chianti (ao Sul), os demais rios não percorrem grandes distâncias, limitando-se a nascer nos Apeninos, ao centro da península, correndo diretamente para mares a pouca distância.[10]

---

8   "La plaine et la montagne représentent dans la nature italienne deux termes opposés et qui cependant sont étroitement mêles l'un avec l'autre. Les contrastes de pauvreté et d'abondance, de rudesse et de mollesse, qui correspondent à la montagne et à la plaine, s'y concentrent dans un si étroit voisinage qu'il y a entre elles une continuité nécessaire de relations réciproques.[...] Il n'y a pas de canton montagnard qui ne voie la plaine à sa portée, comme il n'y a pas de plaine d'où la population n'ait pu aisément, quand elle était chassée par les guerres et les pirateries, chercher abri dans les montagnes."

9   "grâce à la variété du relief, les populations se sont beaucoup plus mélangées en Italie qu'en Espagne."

10 Aqui vemos o isolamento tornar-se um problema político relativo à formação da nacionalidade.

Ao Norte, na Itália continental, conhecida também como planície do Pó, os Alpes não são uma barreira intransponível; muito pelo contrário, são porta de entrada fácil para povos continentais; diversos vales são desenhados pelas depressões: Adige, Doire Balté, Tessin, além de outras dezenas: "a chave de sua Geografia política são as passagens dos Alpes. A maioria das cidades está localizada ao pé das montanhas ou nos pontos de convergência dos colos." (VIDAL DE LA BLACHE, 1889, p. 441).[11] São conhecidas as invasões: vênetos, etruscos, germanos, gauleses, godos, todos receberam as "boas-vindas" nas depressões alpestres (VIDAL DE LA BLACHE, 1889, p. 435-436).

> Desde o século quatorze, as duas línguas lutam pé a pé nos vales de Agide e em torno dele, com sinais de progressos e recuos. O italiano conseguiu, como indicado acima, conquistar postos avançados isolados do germanismo no Vicentin, mas a língua alemã, fortemente arraigada a Botzen, se lança até cinco léguas de Trente. Desde a transferência de Vénétie, redobraram-se os esforços em Autriche para propagar as escolas alemãs no Tirol italiano. (VIDAL DE LA BLACHE, 1889, p. 461).[12]

É bem verdade que há pontos de paragem de renome. Milão, na região central da Lombardia, é conhecida por suas terras férteis, cujos frutos rendem à indústria, que alimenta uma densa população (VIDAL DE LA BLACHE, 1889, p. 452-454). Mas o Pó, que

---

11   "ce sont les passages des Alpes qui donnent la clef de sa géographie politique. La plupart des villes ont leur position marquée aux débouchés ou aux centres de convergence des cols".

12   "Depuis le quatorzième siècle les deux langues luttent pied à pied dans la vallée de l'Adige et autour d'elle, avec des alternatives de progrès et de recul. L'italien a réussi, comme on l'a vu plus haut, à conquérir les avantpostes isolés du germanisme dans le Vicentin, mais la langue allemande, fortement retranchée à Botzen, s'avance jusqu'à cinq lieues de Trente. Depuia la cession de la Vénétie on a redoublé d'efforts en Autriche pour propager les écoles allemandes dans le Tirol italien."

facilita a comunicação, jogaria esses povos aos mares, em direção ao Adriático, se os vênetos não tivessem acantonado e defendido as lagunas de Veneza (VIDAL DE LA BLACHE, 1889, p. 487). O Adriático, tão próximo do Oriente, exerce poderosa atração. O Tirreno, bem individualizado pelas ilhas é um caminho fácil. Ou, se se arriscam aventuras mais graves, é ao Sul que se dirigem essas massas. Mas é natural que se joguem para o Sul? Na verdade, a Itália do Norte sofre poderosa atração pelas economias continentais.

> A Itália é a região que se estende desde os Alpes até o estreito da Sicília. Ela é composta por uma parte continental, a planície do Pó, e uma parte peninsular. Ainda que diferentes sobre muitos aspectos, essas duas partes não saberiam viver separadas. Os Apeninos, que se interpõem entre elas, não são um obstáculo suficientemente poderoso e contínuo para servir de barreira. A planície do norte completa a península, em grande parte montanhosa; ela lhe dá, próximo ao centro da Europa, uma base continental pela qual ela se mistura ativamente à sua vida comum. (VIDAL DE LA BLACHE, 1889, p. 420).[13]

O Estado Italiano, cuja força motora encontrou-se no Norte, notadamente no Piemonte, é duplamente "invasor e invadido". Se o Sul lhe aparece como extensão natural, essas depressões facilitadoras das invasões continentais drenam a região em direção ao continente, exercendo, mas também diminuindo suas relações com o Sul. Os vales dos Alpes, eixo de encontro de civilizações, viram

---

13 "L'italie est la contrée qui s'étend depuis les Alpes jusqu'au détroit de Sicile. Elle se compose d'une partie continentale, qui est la plaine du Pô, et d'une partie péninsulaire. Quoique assez différentes sous tous les rapports, ces deux parties ne sauraient être séparées. Les Apennins, qui s'interposent entre elles, ne forment pas un obstacle assez puissant et assez continu pour servir de barrière. La plaine du nord complète la péninsule en grande partie montagneuse ; elle lui donne, près du centre même de l'Europe, une base continentale par laquelle elle se mêle activement à la vie commune."

198 LARISSA ALVES DE LIRA

em suas portas famigeradas batalhas: Mauriene (época dos carolíngios), Cadibone, François I, Bonaparte, deram os ares de suas graças. A questão militar é amplamente debatida nas considerações peninsulares de Vidal (VIDAL DE LA BLACHE, 1889, pp 442-443).

> Em Saluzzo termina o caminho do passo da Traversette (Monte Viso). É lá que se concentrou, em 1515, o exército de Francisco I da França, depois de ter atravessado os Alpes pelas trilhas, na época pouco praticáveis, do passo de Argentière e de outros colos vizinhos do Monte Viso. Os suíços ficaram perto de Suze, esperando para ver chegar o exército francês pelas passagens comuns. Tomados de surpresa, eles tiveram que se retirar para Milão. [...] Menos famoso na Antiguidade, o colo do Monte Cenis pouco a pouco emerge da obscuridade na Idade Média. A partir da época carolíngia, a rota da Maurienne é atravessada por exércitos em direção à Itália, e peregrinos rumo a Roma. Conforme este corredor escuro e tortuoso dos Alpes foi se tornando mais popular, ele adquiriu maior importância política. De lá surgiu, de um germe obscuro, o poder da Casa de Savoia. (VIDAL DE LA BLACHE, 1889, p. 443).[14]

É verdade: não há relações fáceis entre o Norte e o Sul. Tanto pela distância como pelos obstáculos dos Apeninos. No Sul, portanto,

---

14 "A Saluces aboutit le sentier du col de la Traversette (mont Viso). Là se concentra en 1515 l'armée de François Ier, après avoir franchi les Alpes par les sentiers alors peu praticables du col de l'Argentière et autres cols voisins du mont Viso. Les Suisses s' éteaint portés du côté de Suze, s'attendant à voir déboucher l'armée française par les passages ordinaires. Pris à revers, ils durent se replier jusqu'à Milan. [...] "Moins célèbre dans l'antiquité, le col du mont Cenis se dégage peu à peu de l'obscutiré au moyen âge. Dès l'époque carolingienne on voit s'acheminer par la Maurienne les armées se rendant en Italie et les pèlerins allant à Rome. A mesure que ce sombre et tortueux couloir des Alpes devint plus fréquenté, il prit plus importance politique. Là naquit, d'un germe obscurs, la puissance de la maison de Savoie."

predomina uma vida acantonada, unificada pelos núcleos de montanha e planície, onde vão se misturar essas invasões. Além disso, os vales dos Apeninos favorecem a ligação leste-oeste, e não norte--sul: "Os Apeninos se distanciam do Adriático para se aproximarem gradualmente do Mar Tirreno. As cadeias se dividem, e deixam de ser fiéis ao paralelismo." (VIDAL DE LA BLACHE, 1889, p. 485).[15] Esses particularismos a unidade italiana não apagou.

> Nenhum Estado Europeu sofre de uma tal falta de proporção entre o comprimento e a largura [...]. Esta configuração estabeleceu, por muito tempo, raras relações entre o norte e o sul; na Itália, as populações se habituaram facilmente a viverem à parte umas das outras e adquiriram, nas diferenças de costumes, instintos de particularismos, que a unidade ainda não apagou. (VIDAL DE LA BLACHE, 1889. p. 423-424).[16]

O resultado é um país de contrastes: comunidades isoladas e miseráveis reforçam, através da drenagem de múltiplas planícies felizes e próximas, sua situação de isolamento. Elas vivem perto das grandes metrópoles, como Roma e Nápoles, que são totalmente voltadas para os mares. Pouco favorece, convém repetir, relações de comunicação que intensificam os laços do território.

> Aquilo que os romanos tinham feito para assegurar a unidade política da península, a nova Itália teve de pôr em prática.

---

15 "L'Apenin s'écarte de l'Adriatique pour se rapprocher peu à peu de la mer Tyrhénienne. Les chaînes se tronçonnent, et cessent de rester fidèles au parallélisme."

16 "Aucun État européen ne souffre d'un tel manque de proportions entre la longueur et la largeur. [...] Cette configuration a pendant longtemps rendu les rapports rares entre le sud et le nord; les populations s'y sont facilement habituées à vivre à part les unes des autres et ont contracté dans la différence des moeurs des instincts de particularime que l'unité n'a pas encore effacés."

> Observando as ferrovias que cruzam a península, no sentido da largura, pode-se avaliar o nível de avanço da obra. [...] Convém lembrar que, em 1859, havia em toda a Itália apenas 1.707 km de estradas de ferro, quase todos no norte. E, quando muito, 374 km na região peninsular. Hoje, o reino já tem uma malha de mais de 10.000 km. Quando a Alemanha alcançou sua unidade política, ela já possuía uma unidade comercial e dispunha de uma poderosa rede de ferrovias. A Itália unificada precisou forjar o instrumento que ainda lhe faltava. A tarefa foi pesada, mas que benefício material e moral para o novo regime! Graças a ele, concedeu-se a circulação a este grande corpo, e foi só então que uma parte da península entrou para a vida moderna (VIDAL DE LA BLACHE, 1889, p. 499).[17]

Pela força militar, a Itália já presenciou o primeiro empreendimento que se levantou contra os obstáculos da estrutura geográfica: o império romano. Isso lhe imprimiu uma marca profunda que se misturou aos sinais do particularismo. Uma língua comum, apesar de tudo, se instalou nos estratos italianos. E a empresa romana precisa se refazer em épocas modernas, sob a égide dos caminhos de ferro.

---

17 "Ce que les Romains avaient fait pour assurer l'unité politique de la péninsule, l'Italie nouvelle a dû l'entreprendre. Un coup d'oeil sur les chemins de fer transversaux qui coupent la péninsule dans la largeur, permettra d'apprécier le degré d'avancement de cette ouvre. [...] Il convient de rappeler qu'en 1859 il n'y avait dans toute l'Italie que 1707 kilomètres de voies ferrées, presque toutes dans le nord. Il y en avait à peine 374 dans la partie péninsulaire. Le royaume dispose aujourd'hui d'un réseau de plus 10,000 kilomètres. Quand l'Allemagne a réalisé son unité politique, elle tenait déjà son unité commerciale, elle disposait d'un puissant réseau de voies ferrées. L'Italie unie dut forger l'instrument qui lui manquait encore. La charge a été lourde; mais de quel profit matériel et moral pour le régime nouveau! Par lui la circulation a été rendue à ce grand corps, et une partie de la péninsule n'est entrée qu'alors dans la vie moderne."

Península Ibérica e Reinos de Espanha e Portugal[18]

O mesmo fenômeno, de relativa fraqueza dos Estados mediterrânicos, é abordado no âmbito da Península Ibérica e dos reinos de Espanha e Portugal a partir da capacidade de circulação intra e extraterritorial. Neste caso, contudo, fica mais evidente a diferenciação entre a unidade do espaço e a sua centralização. Assim como a península itálica, a ibérica é repleta de particularismos.

> Mas a península é naturalmente muito dividida, o que não favoreceu a fusão entre os diversos grupos de população. Não somente a Península é divida em dois estados diferentes como suas populações alimentam certa antipatia. E dentro da Espanha, há sentimentos provinciais: eles são Castillan, Andalou, Catalan, Basque et Aragonais. (VIDAL DE LA BLACHE, 1889, p. 341).

Mas à diferença daquela, ela é um espaço centralizado. Na verdade, há em Vidal uma distinção: os movimentos ecológicos do homem, que ele caracteriza como civilizacionais estão em harmonia com os impulsos do meio. A política, então, é a força da vontade e pode se erguer a despeito de alguns desses movimentos. Isso aconteceu na Itália com o império romano, e também na Espanha.

A península ibérica, assim como a itálica, é um confim da terra habitada (VIDAL DE LA BLACHE, 1889, p. 331). Mas a península resguarda essa condição mais fortemente que a itálica. Ela não é uma rota de passagem importante (até pelo menos a abertura do Atlântico – que, por sinal, é um mar nervoso), de forma que os impulsos externos, apesar de encontrarem um terreno de circulação

---

18 Para acompanhar o desenvolvimento deste tópico sugerimos a consulta dos mapas que se encontram nos anexos.

complexa, contribuíram para o estabelecimento de relações contíguas ao disseminaram-se nessas terras – e fizeram da península uma verdadeira arena de lutas. Assim, se são repletas de particularismos, por um lado, por outro "estas populações são mais separadas do resto da Europa do que são de si mesmas, é isso que faz com que pertençam a um fundo comum" (VIDAL DE LA BLACHE, 1889. p. 343).[19] Também é verdade que a península é porto natural para as rotas do mar do Norte e do Mediterrâneo – mas a individualização de Coronha não trouxe muitos benefícios para o conjunto (VIDAL DE LA BLACHE, 1889, p. 348).

> Há na península uma falha de ligação natural que influenciou os destinos e o caráter das populações. Ela foi atingida, no entanto, e precocemente, por correntes gerais de comércio e invasão que contribuíram a misturar as raças do Mediterrâneo e da Europa. Desde uma época distante, a colonização fenícia, reforçada mais tarde pela de Cartago, começou a introduzir elementos orientais entre as populações do Sul. Em torno do século VI a.C., invasões célticas, penetrando pela passagem ocidental dos Pirineus, se difundem em direção a oeste e ao centro, em número suficiente para constituir grupos políticos duráveis e para imprimir seus traços nos nomes dos lugares. Lentamente, mas seguramente, a conquista romana ganhou todas as partes de península, lá implanta a língua que irá substituir, salvo em alguns distritos montanhosos, os antigos dialetos ibéricos. A península não escapa mesmo das invasões germânicas; os Suèves, Alains et Vandales lá entram pela mesma porta de invasão que outrora entraram os Celtas. Depois deles, os Goths formaram um vasto império cristão que se estendeu, primeiro, nas duas costas dos Pirineus, até que os progressos da

---

19   "Mais ces populations sont encore plus séparés du reste de l'Europe qu'elles ne sont isolées entre elles."

O MEDITERRÂNEO DE VIDAL DE LA BLACHE · 203

dominação franca o restringissem à península, que ele abarcou quase inteira. Toledo foi a
residência de reis, a sede de numerosos concí-
lios. Os descendentes dos invasores germânicos se fundiram na massa da população roma-
nizada. Mas este estabelecimento mal tinha
durado dois séculos quando já os Árabes, passando o estreito de Gibraltar, o aniquilaram
para sempre na batalha de Jérés de la Frontera.
Foram necessários oito séculos para retirar
pedaço por pedaço a península da dominação
muçulmana. Na origem dessa cruzada, as regiões vizinhas dos Pirineus, transformadas no
centro de concentração dos restos da sociedade cristã serviram de frentes pioneiras contra
o Islão; circunstância que, tanto lá como em
outros países, favoreceu a concentração política e preparou a formação dos Estados. (VIDAL
DE LA BLACHE, 1889, p. 340).[20]

20 "Il y a dans cette péninsule un déafut de liaison naturelle, qui a influé sur
les destinées et sur le caractère des populations. Elle a été atteinte cependant, et de très bonne heure, par les courrants généraux de commerce et
d'invasion qui ont contribué à mêler les races de la Méditerranée et de
l'Europe. Dès une époque raculée la colonisation phénicienne, renfor-
cée plus tard par celle de Carthage, commença à introduire des élements
orientaux parmi la popularion du Sud. Vers le sixième siècle avan notre
ère, des invasions celtiques, pénétrant par le passages occidentaux des
Pyrénées, se répandirent dans l'Ouest et dans le Centre, assez nombreuses
pour constituer des groupes politiques durables et pour imprimer leurs
traces dans les noms de lieux. Lentement, mais sûrement la conquête
romaine gagna toutes les parties de la péninsule, y implanta la langue qui
devait remplacer sauf dans quelques districts montagneux du Nord, les
anciens dialectes ibériques. La péninsule n'échappa même pas aux invasions germaniques; les Suèces, Alains et Vandales y entrèrent par la même
porte d'invasion qu'autrefois les Celtes. Après eux, les Goths fondèrent un
vaste empire chrétien qui s'étendit d'abord des deux côtés des Pyrénées,
jusqu'à ce que les progrès de la domination franque le restreignissent à
la péninsule, qu'il embrassa presque en entier. Tolède fut la résidente des
rois, le siège de nombreux conciles. Les descendants des envahisseurs germaniques se fondirent dans la masse de la population romanisée. Mais cet
établisement avait à peine duré deux siècles, que déjà les Arabes, passant
le détroit de Gibraltar, l'anéantissaient pour toujours à la bataille de Jérès
de la Frontera. Il fallut huit siècles pour enlever morceau par morceau la

LARISSA ALVES DE LIRA

Este terreno de guerras contribui para a formação precoce de Estado que começou suas caravanas em direção à conquista a partir de Aragão e Catalonha, seguindo pela costa leste por Valência e Baleares. Contudo, devido à força desses particularismos, a língua e nacionalidade espanhola não se difundiram a partir dos mesmos pontos de origem, preferindo partir de Galícia, Leão e Castilha, descendo pela rota a oeste.

> Os romanos encontraram, nesses cantões montanhosos, no momento de sua conquista, um povo chamado de *Galloeci* a oeste e *Astures* a leste [...] A conquista árabe não pode tomar posse da *Gallice* e tão pouco das *Asturies*. Lá se constituíram os restos da monarquia visigoda. [...] O movimento de reação, assim, parte das Astúrias só vai terminar em Granade. Formou-se então um germe político nessas populações romano-góticas de espírito essencialmente cantonal. (VIDAL DE LA BLACHE, 1889, p. 346-347)[21]

O impulso militar, todavia, partiu de Aragão:

> Até a morte de Ferdinand, o Católico (1516), as regiões da coroa de Aragão são separadas da Coroa de Castille. O grupo político de

péninsule à la domination mulsumane. A l'origine de cette croisade, les régions voisines des Pyrénées, devenues le centre de ralliement des débris de la societé chrétienne, servirent de marches-frontière contre l'islam; circonstance qui, là comme en d'autres pays, favorisa la concentration politque et prépara la formation d'États."

21 "Les Romains avaient trouvé dans ces cantons montagneux, au moment de leur conquête, un peuple des Galloeci à l'ouest et un peuple des Astures à l'est [...]. La conquête arabe ne put prendre pied dans la Galice; elle n'entama pas même les Asturies. Là se reconstituèrent les débris laissés par la monarchie visigothe. [...] Le mouvement de réaction parti des Asturies ne s'arrêta plus que huit cents après, à Granade. Un germe politique s'introduisit parmi ces population saines et vigoureuses, mais d'esprit essentiellement cantonal [...]"

> Aragão, apesar de formar um Estado pouco centralizado, era já bem vigoroso e nada havia em comum com a Espanha castillane. Por um momento ele pareceu se voltar ao Languedoque. Mas a batalha de Muret estancou as ambições aragonesas fazendo este reino entrar numa via de aquisições em direção ao Mediterrâneo. Aragão e Castalogne se juntam ao reino de Valence e Baléares. Depois se juntam a Sardaigne e Naples. O reino de Aragão torna-se por algum tempo uma potência marítima capaz de servir de base à hegemonia de Carlos V sobre o Mediterrâneo e África do Norte. (VIDAL DE LA BLACHE, 1889, . p. 388-389).[22]

Dito de outra maneira, a circulação por contiguidade deu-se em terreno difícil, mas existiu. Não encontrou, pelo menos, qualquer outra força que lhe enfraquecesse. As forças que drenam o território para o exterior são tímidas e a luta de integração se deu no próprio terreno. Esse estado intermediário de circulação permitiu a formação de um Estado militar precoce devido à abertura às invasões, ao tempo em que a nacionalidade, restando longamente

---

22 "Jusquà la mort de Ferdinand le Catholique (1516) les pays de la couronne d'Aragon restèrent séparé de ceux de la couronne de Castille. Le groupe politique qui s'était constitué autour de l'Aragon proprement dit et de la Catalogne, unie depuis 1162 à l'Aragon, formait, avant son absortion dans l'ensemble de la monarchie espagnole, un État peu centralisé, mais vigoureux, dont la sphère d'activité n'avait rien de commun avec celle de l'Espagne castillane. Un instant il avait paru destiné à dominer dans le Languedoc. Quand la bataille de Muret eut brisé de ce côté les ambitions aragonaises, ce royaume entra dans une voie d'acquisitions qui finirent par le rendre prépondérant dans le bassin occidental de la Méditerranée. C'est alors qu'à l'Aragon et à la Catalogne se joignirent le royaume de Valence et les Baléares. Puis s'ajoutèrent d'autres annexions : celles de la Sardaigne, de la Sicile et de Naples elle-même. Le royaume d'Aragon devint pour quelque temps une puissance maritime capable de servir de base à l'hégémonie qu'exerça Charles-Quint sur la Méditerranée et le nord de l'Afrique."

confinada e na ausência das cidades para lhe moldar e difundir a marca, tem pouca força.

Os impulsos vindos do Norte se dirigem naturalmente para o Sul. Pela pequena passagem ao Norte dos Pirineus, que liga Espanha e França, passaram os celtas, os germanos, os suevos, os alões e os vendates. Os orientais, os godos e os árabes vieram do Sul. Ao Sul o espaço é aberto e não há barreira natural entre a Espanha e a África. Muito pelo contrário, a península é um espaço descerrado em direção à África. Com a Europa ela se liga através de istmo (VIDAL DE LA BLACHE, 1889, p. 329) e, em relação à África, as terras correm por quilômetros mantendo o paralelismo. Assim, "a península tem com a África uma relação natural ao menos equivalente à sua relação com a Europa. Historicamente, ela foi o campo de batalha onde se misturaram a Europa e a África."[23] (VIDAL DE LA BLACHE, 1889, p. 329-330).

No que consiste essa complexidade de terreno que acentua o particularismo e dificulta a formação nacional? O Planalto central espanhol é todo envolto de montanhas (VIDAL DE LA BLACHE, 1889, p. 332). Flanqueado por planícies, elas não estão em comunicação e possuem pequeno desenvolvimento (VIDAL DE LA BLACHE, 1889, p. 337). No centro do planalto correm diversas serras que o dividem: Gredo, Gata, Guadarrama (VIDAL DE LA BLACHE, 1889, p. 333). Ao norte do Planalto, observam-se os Pirineus e a cordilheira cantábrica, e ao sul, a cordilheira Bética. Entre as serras paralelas, os rios cortam o planalto de leste a oeste (VIDAL DE LA BLACHE, 1889, p. 334). Nem sempre são navegáveis e não contribuem na ligação dos dois oceanos (norte e sul) ou tampouco com o movimento de reconquista que também seguiu nessa direção.

Essas montanhas de planalto são separadas pelos rios principais e cortadas por seus afluentes. O terreno é, portanto, irregular, as passagens montanhosas contrariam, por vezes, as direções dos

---

23 "la Péninsule est ainsi en rapports naturels avec l'Afrique au moins autant qu'avec l'Europe. Historiquement elle a été le champ de bataille où se sont mêlées l'Europe et l'Afrique."

O MEDITERRÂNEO DE VIDAL DE LA BLACHE   207

rios principais e as distâncias são pouco desenvolvidas em qualquer sentido que não seja de leste a oeste. Porém, a própria península tem orientação de nordeste a sudoeste, estimulando os movimentos nesse sentido. A assertiva é contundente: a península tem uma falha de ligação natural ou, a península é naturalmente muito dividida: "não há um país na Europa que não apresente maiores ou menores diferenças provinciais ou locais. [...] Mas em nenhum outro lugar elas apresentam mais crueza que em Espanha". (VIDAL DE LA BLACHE, 1889, p. 343).[24] Estas estruturas contribuem para individualizar as regiões espanholas. O Ebro separa Castilha de Aragão. A serra cantábrica cria uma fronteira entre Leon e Astúrias, bem como entre Astúrias e Galícia. Pela mesma serra separam-se de Velha Castilha que é individualizada de Nova Castilha pelas Guadarrama, Gredo e Gata. O Ebro nasce quase nas margens do Atlântico, mas corre em direção ao Mediterrâneo separando a velha Castilha dos contrafortes pirenaicos de Aragão e Catalonha (VIDAL DE LA BLACHE, 1889, p. 335-336). O país basco é de uma singularidade sem tamanho: rota de transição entre a França e a Espanha, "na porta dos dois Estados", verdadeira entrada da península por via terrestre (ao norte dos Pirineus) lá passaram muito povos sem que se fixassem. A persistência de dialetos primitivos em uma rota de passagem é um fato geográfico "contraditório" (VIDAL DE LA BLACHE, 1889, p. 350-352).

Portugal é mais uma individualização da Península Ibérica e há um paralelo entre o país do Tejo e as demais regiões da Espanha. Seu destino político e militar garantiu um relativo isolamento. Em 1107, o rei de Castilha, Alphonse VI, cedeu suas terras a *Henri de Bourgogne*. De lá partiram mais de uma caravana da reconquista. Mais tarde, ponto de paragem das rotas do Norte essa individualidade em

---

24   "Il n'est pas de pays d'Europe qui n'offre plus ou moins de différences provinciales ou locales. Mais nulle part, [...] elles ne se présentent avec plus de crudité qu'en Espagne."

relação à Península, pouco desbravada pelas rotas oceânicas, se acentuou (VIDAL DE LA BLACHE, 1889, p. 409 e seg.):

> Mas foi apenas com o tempo que Lisboa pode desenvolver plenamente as vantagens de sua posição geográfica. Até as descobertas do século quinze, ela fora uma etapa entre o Mediterrâneo e o Mar do Norte da Europa. Mas quando o sul da África foi dobrado e que foram reconhecidas as bordas opostas do vale do Atlântico, se encontrou em Lisboa uma posição privilegiada em relação às grandes rotas do mundo. As descobertas de Vasco da Gama e de Alvarez foram para ela o sinal de uma prosperidade que atingia, no começo do século dezesseis, seu ponto culminante. (VIDAL DE LA BLACHE, 1889, p. 413).[25]

A decadência do Mediterrâneo

No caso das penínsulas mediterrânicas, vimos como a vontade política pode preponderar em relação às causas geográficas. A seu turno, tais causas se diferenciam das de ordem histórica pela perenidade de sua atuação:

> Esta prosperidade [refere-se às grandes descobertas dos portugueses] tinha duas causas: uma apenas passageira, pois vinha de uma

---

25 "Ce n'est toutefois qu'avec le temps que Lisbonne put pleinement développer les avantages de sa position géographique. Jusqu'aux découverts du quinzième siècle elle n'avait été qu'une étape entre la Méditerranée et les mers du nord de l'Europe ; mais lorsque le sud de l'Afrique eut été doublé et qu'on eut reconnu les bords opposé de la vallée Atlantique, il se trouva que Lisbonne occupait aussi une position privilégiée par rapport aux grandes routes du monde. Les découverts de Vasco da Gama et d'Alvarez Cabral furent pour elle le signal d'une prospérité qui atteignit au commencement du seizième siècle le point culminant."

combinação de acontecimentos históricos. A outra deveria durar ou ao menos reviver, pois baseava-se em relações naturais. (VIDAL DE LA BLACHE, 1889, p. 414).[26]

Mas não apenas a vontade política modifica a geografia. De forma que esta perenidade não é mais que relativa. As condições de circulação da terra também fazem variar a função dessas regiões.

Por sua vez, as causas geográficas, ao estarem ligadas aos fenômenos de adaptação e circulação, não são, por isso, finalistas e eternas. A depender das ligações contíguas e das correntes gerais, as potencialidades do meio e da posição podem despertar ou manterem-se adormecidas.[27]

Essas condições geográficas da circulação dos homens, plantas e objetos foram consideradas por alguns historiadores como "causas estruturais" (BRAUDEL, 1987,[28] ARRIGHI, 1996, WALLERSTEIN, 1980). As condições de circulação definem a posição e a relação com o todo. Contudo, ela não explica por si só o lugar ocupado na economia e as condições de unidade dos povos. Wallerstein, por exemplo, ressalta a estrutura social que condiciona a estrutura produtiva. No caso da Inglaterra, a capitalização da nobreza contribui para promover as inovações na capacidade de produção no momento em que o Norte ganhava preponderância (WALLERSTEIN, 2011).

---

26 "Il y avait à cette prospérité [refere-se as grandes descobertas dos portgueses] deux causes: l'une que ne pouvait être que passagère, parce qu'elle tenait à une combinaison d'événements historiques. L'autre qui devait durer ou du moins revivre parce qu'elle reposait sur des rapports naturels."

27 Um exemplo singular nos é dado por Immanuel Wallerstein quanto à Inglaterra: até que o Báltico fosse integrado à economia mundo mediterrânica, a condição de ilha e potência marítima restava adormecida. Depois que as correntes gerais modificaram a sua direção, a partir de uma crise agrícola do Mediterrâneo, e o Báltico passou a integrar esses espaços econômicos, a Inglaterra pode exercer toda a potencialidade de interposto comercial e da condição insular (WALLERSTEIN, 1980).

28 Em *Dinâmica do Capitalismo*, o autor afirma: "E sem troca não há sociedade" (BRAUDEL, 1987).

Assim, apenas a vantagem da posição e a capacidade produtiva integrada dão conta de explicar a função das regiões no cosmos (ou na economia mundo). São dois os eixos de análise – um do ponto de vista externo e outro interno à sociedade. Vidal condicionara esta última pelas condições de adaptação? – é um eixo de análise que não desenvolvemos neste livro, mas que é igualmente importante.

O fato é que a intuição de decadência, percebida através do Mediterrâneo como objeto de estudos, relativizou a finalidade do meio geográfico. Daí, talvez, a ideia de possibilidades, que Lucien Febvre denominou as "potencialidades latentes" do meio vidaliano. Esse espírito que relativizou as causas perenes teve origem na comparação do Mediterrâneo antigo (já no doutorado) e do Mediterrâneo contemporâneo e, por fim, na vocação do historiador. Lucien Febvre, colega de ofício, notou precocemente esta característica do pensamento vidaliano.[29]

O estado de decadência do Mediterrâneo fez florescer o olhar do historiador que, aclimatado à elegância da era clássica, não via senão sinais de fraqueza em Estados neófitos e economias dependentes. A circulação do naturalista combinou-se com a contingência do historiador, formulando a ideia de um cosmos sempre em movimento (daí sua característica não imóvel) e cujas mudanças das correntes (de qualquer ordem) condicionam e provocam mudanças na história dos povos, numa lenta, média ou longa duração.

Observou-se, portanto, que o século XIX ressaltou a fragilidade dos Estados Mediterrânicos. Mas ao fim e ao cabo, por que o Mediterrâneo declinou? Vidal insiste na ideia de uma crise agrícola. Mais uma vez, o quadro de decadência é pintado de forma

---

29 Os geógrafos levam em conta também a crítica propagada por Mauss em relação à antropogeografia. Segundo Mauss, só uma ciência que leve em conta a totalidade, ou seja, o substrato material, mas também o nível da técnica, a organização moral, jurídica e religiosa pode tentar compreender porque os homens se agrupam em determinado ponto, explicando a existência da vida aglomerada. Essa crítica foi propagada em 1904-1905 e ajudou a compor as interpretações possibilistas. (CLAVAL, 1993, p. 150).

impressionista: pobreza em antigos campos florescentes, migrações maciças às Américas, antigos e belos castelos campestres abandonados, exploração do camponês... (VIDAL DE LA BLACHE, 1886, 1889, 1918). Ainda que atento às transformações provocadas pela revolução industrial, até pelo menos o século XIX não há dúvida de que a capacidade produtiva do campo obstina-se em resolver o problema da fome.

A crise agrícola (portanto, um problema de adaptação ao meio) reposicionou o Mediterrâneo frente aos outros espaços (sendo assim, um problema de posição). Passou a depender do Norte do ponto de vista do abastecimento de suas populações. Passou também a depender do Sul para enviar seus excedentes. E novas condições de adaptação e circulação passaram a reger a economia do globo.

> Com a riqueza, a influência política se afastou das margens do Mediterrâneo. A Inglaterra e a Holanda encontraram no oceano a via para sua prosperidade e grandeza [...]. O rugir do canhão de Lepanto desperta mais uma vez a atenção inquieta da Europa; mas, passado o perigo, foi em meio à indiferença geral que Veneza continuou obscuramente a disputar com os turcos os farrapos de seu império caído. Os destinos do mundo eram decididos em outra parte. (VIDAL DE LA BLACHE, 1873, p. 21).

Mas nem tudo se explica pelas causas estruturais. A política não necessariamente coincide com a construção ecológica no âmbito dos gêneros de vida. Tampouco a ciência. A regionalização ocidental do Mediterrâneo de Vidal justapôs o espaço do "mundo mediterrânico" ao espaço do Mediterrâneo colonial.

***

Há em Vidal uma evolução da liberdade do homem em relação ao meio para a qual não saberíamos arriscar uma classificação. Do isolamento dos gêneros de vida, passando pela disseminação das

LARISSA ALVES DE LIRA

civilizações e as redes da era moderna – eles são uma evolução crescente de liberdade, mas carregam consigo a marca inalienável da dependência do meio. Mas a política de Vidal nos se assemelha a uma força imaterial que plaina sob tais classificações. Ela carrega uma forte marca de ruptura.

O fato é que o Mediterrâneo europeu e o africano criaram uma unidade nos termos dos gêneros de vida (associações com o relevo e com os animais – montanhas escaladas por burros e bacias próximas unidas pela cabotagem; empréstimos de plantas – vinha, trigo, oliveira, palmeira, castanheira; e empréstimos de técnicas: a pá), que a civilização e a política não preservaram. Fenômeno este ecoado por Vidal:

> A Andaluzia e o Magrebe africano se assemelham e se atraem. Entre essas duas regiões cujas margens se olham, existem relações manifestas de estrutura, de clima, de vegetação. Sobre uma e outra borda, o homem encontra as mesmas condições naturais de existência; lá, como aqui, é com a ajuda das mesmas precauções, dos mesmos procedimentos de irrigação que ele pode lutar contra a aridez do solo; ele se encontra, em uma palavra, em sua casa." (VIDAL DE LA BLACHE, 1889, p. 384).[30]

O Mediterrâneo de Vidal exprime uma contradição geográfica. A circulação do gênero de vida por disseminação une a Europa à África. A política e a diferenciação entre dominadores e dominados separa o que a circulação uniu.[31] Vidal reproduz ambas as pers-

---

30 "L'Andalousie et le Maghreb africain se ressemblent et s'attirent. Entre ces deux contrées dont les rives se regardent, il y a des relations manifestes de structure, de climat, de végétation. Sur l'un et l'autre bord l'homme rencontre les mêmes conditions naturelles d'existence; là comme ici c'est à l'aide des mêmes soins, des mêmes procédés d'irrigation qu'il peut lutter contre aridité du sol ; il se retrouve en un mot chez lui."

31 Desde muito cedo, do ponto de vista da geohistória, o Mediterrâneo não é

O MEDITERRÂNEO DE VIDAL DE LA BLACHE   213

pectivas; seu Mediterrâneo é uma unidade *e* uma fronteira. A união dessas perspectivas está no fato da colonização europeia ser justificada pelo estado fronteiriço de um mundo de mesmo passado.

Vidal aplicou o método da circulação nas diversas escalas na análise do Mediterrâneo. Ele também admite a unidade das costas europeias e africanas em um "mundo mediterrânico": "isto significa que o estudo destas penínsulas não pode ser separado do das regiões à sua frente. Estudar a Europa meridional é estudar o mundo mediterrâneo." (VIDAL DE LA BLACHE, 1875, p. 750).[32] Mas apesar disso, a regionalização vidaliana é europeia (construímos o mapa 2 que demonstra qual é a regionalização do Mediterrâneo de Vidal). As principais cidades evocadas, os cultivos das culturas são paisagens europeias.

A hipótese da falta de fontes ou trabalhos de campo para a exclusão da África da regionalização vidaliana é enganosa. O geógrafo sempre utilizou em seus trabalhos uma enorme variedade de documentos. No caso da África, os museus etnológicos estão repletos de coleções: "o material etnográfico tem aumentado a tal ponto, durante os últimos vinte anos em nossos museus, que uma nova mina de observações e comparações foi aberta".[33] (VIDAL DE LA BLACHE, [1899], 1993, p. 265; VIDAL DE LA BLACHE, 1897).

---

uma fronteira, mas um conjunto. Vidal teria se apercebido dessa unidade precocemente ao cunhar o termo "mundo mediterrânico", emprestado depois por Fernand Braudel. Horácio anuncia a dificuldade da navegação mediterrânica e como o mar era "indigno", "com suas ondas em cólera", mas, acrescenta, a raça humana pode aos poucos ultrapassar todas as barreiras (DUMONT, 2001, p. 19). Mas foi apenas em Braudel que o mundo mediterrânico ganhou de fato uma escala maior. "O mar é suficientemente vasto para engolir muitos historiadores, mas Braudel sente a necessidade de ampliar suas fronteiras em direção ao Atlântico e ao deserto do Saara. O capítulo sobre 'O Mediterrâneo maior', como ele o chama, é um exemplo dramático da concepção braudeliana de história 'global' [...]"(BURKE, 1997, p. 55.)

32   "C'est dire que l'étude de ces péninsules ne saurait se séparer de celle des contrées qui leur font face. Étudier l'Europe méridionale, c'est étudier le monde méditerranéen."

33   "Le matériel ethnographique s'est à ce point accru depuis vignt ans dans nos musées, qu'une mine nouvelles des observations et de comparaisons s'est ouverte."

Mapa 2: As regionalizações do Mediterrâneo: cidades e áreas citadas por Vidal de la Blache por documento (1872, 1873, 1875, 1886, 1918)

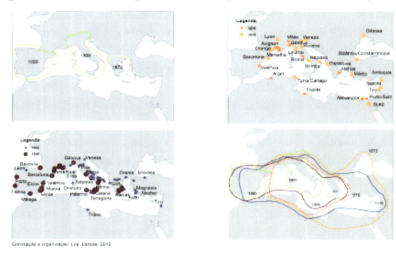

Mapa 2: Esse conjunto de mapas tem por objetivo explicitar o caminho metodológico de Vidal de la Blache em relação ao Mediterrâneo. O que se observa em primeiro lugar é que, quando Vidal transita dos métodos epigráficos e históricos ao método geográfico, ele amplia a escala de análise. Em segundo lugar, a julgar pela data do documento e pela escala de cada uma das análises, Vidal primeiro adota um grande Mediterrâneo para então promover uma redução progressiva da escala para finalmente voltar ao grande Mediterrâneo. Trata-se, ao nosso ver, de sair do universal para o particular e retornar novamente ao universal. A escala de análise vidaliana, portanto, não se encaixa exclusivamente no âmbito do que ficou cristalizada como a escala regional da Geografia francesa.

Mapa 3: Os Mediterrâneos de Vidal, da Geografia botânica, da colonização e do Império Romano

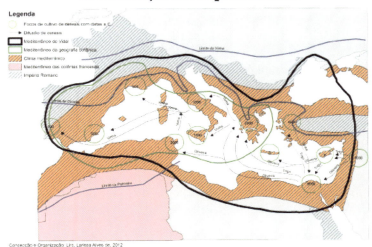

Mapa 3: Este mapa tem por objetivo demonstrar diferentes referências regionais de análise do Mediterrâneo que podem ter influenciado Vidal de la Blache. No entanto, apesar da variedade de referências (Geografia botânica, colonização e do império romano), o que se observa é que a escala de análise mais próxima da escala de Vidal de la Blache é justamente o Mediterrâneo da Geografia botânica, o que fortalece o argumento de que a Geografia de Vidal é um cruzamento entre a Geografia física e a História.

Por que adotar um recorte europeu para o "mundo mediterrânico"? A resposta para esta questão implica a ambivalência produzida pela perspectiva política. Enquanto para a botânica e para ecologia o Mediterrâneo é uma unidade, poderia assim, ser para a Geografia? Mas como se desviar da geopolítica do século XIX?

> Antes de mais nada, porém, o Mediterrâneo é europeu. De fato, a Europa não tem somente a superioridade que lhe confere um desenho mais variado, o desenvolvimento mais rico de suas costas, além disso, sua parte mediterrânica está ligada ao resto do continente; as

> comunicações são mais livres. A Itália, por ser
> ao mesmo tempo peninsular e continental, por
> sua posição central, foi admiravelmente feita
> para assegurar o controle da bacia. (VIDAL DE
> LA BLACHE, 1875, p. 753-754).[34]

Para a política da época, o Mediterrâneo é uma fronteira. Os árabes assim o viram realisticamente: "[...] para o pensamento muçulmano, voltado para Meca, o Mediterrâneo continua a ser uma fronteira [...]" (BOURGET, 1998, p. 26).[35] A fronteira que separa colonizadores dos colonizados. A profundidade desse sentimento orientalista (para usar as palavras de Said) é tão marcada que não poderíamos nos deixar levar pelo discurso colonial que propagandeia uma unidade onde se acalentam o pesar das diferenças.

O Mediterrâneo do Colonialismo

A construção do Mediterrâneo do colonialismo francês iniciou-se pelas mãos de Bonaparte e implicava uma luta de poder no coração da Europa. Henri Laurens acentua que Napoleão inventou a ideia de "missão civilizatória" no Egito e "o conceito que, até então, havia sido principalmente utilizado para analisar o desenvolvimento histórico da Europa, torna-se primordial nas relações entre o Ocidente e o Oriente" (FABRE, 2000, p. 27).[36] Mantido por décadas

---

34 "Avant tout, cependant, la Méditerrannée est européenne. L'Europe n'a pas seulement pour elle, en effet, la supériorité que lui donne dessin plus varié, le développement plus riche de ses côtes, mais encore sa partie méditerranéenne est mieux rattachée au reste du continent; les communications sont plus libres. L'Italie, par son caractère à la fois péninsulaire et continental, par sa position centrale, était admirablement faite pour lui assurer la domination du bassin."

35 "[...] pour la pensée musulmane, tournée vers la Mecque, la Méditerranée reste une frontière [...]".

36 "le concept qui, jusque-là, avait surtout servi à l'analyse du développement historique de l'Europe, devient maintenant essentiel dans les rapports

como inspiração do império, o modelo colonial francês se moldará na guerrilha contra poderosos vizinhos, mesmo na III República.

No final do século XIX, a literatura de viagens, de autores como Chateaubriand, Chamfort e Julio Verne, é das mais lidas e editadas do período (FERRO, 1996, p. 204). Inspiradoras da curiosidade pelos lugares exóticos, a corrida do conhecimento nem sempre se deu no campo literário. A ideia de uma Alemanha pacifista, difundida na França por Mme. De Staël, cai por terra em 1870, quando o resultado da guerra franco-prussiana humilha profundamente uma parte da população francesa.

Segundo Ferro, contudo, tais eventos não atingiram uma crítica profunda ao movimento colonial. O engajamento político e a busca por uma independência teórico-filosófica tinham como pano de fundo a derrota de Sedan e a perda da Alsácia-Lorena. Engajando a Terceira República numa política imperial conquistadora, nem os setores de esquerda da sociedade ofereciam resistência (FERRO, 1996, p. 29). Ao invés de contestá-lo, toda a sociedade e suas instituições já haviam se inserido num esforço de definição de um "modelo colonial":

> Separada da sua 'lenda' – com o que isso significa de riscos corridos, de ciladas evitadas, de irracionalidade – a expedição de Bonaparte ao Egito representa a passagem de um tipo de expansão a outro. O Cônsul apresentava-se com os seus exércitos na qualidade de membro do Instituto de França e rodeado por uma qualidade de 21 matemáticos, três astrônomos, 17 engenheiros, 13 naturalistas, 22 impressores etc.; entre eles se encontravam personalidades tão ilustres como Monge, Geoffroy Saint-Hilary e Berthollet. Napoleão desejava mostrar que desembarcava com um exército que encarnava a civilização – não se falava nem de ouro nem de Cristo. (FERRO, 1996, p. 95).

entre l'Occident et l'Orient".

218 LARISSA ALVES DE LIRA

Realmente, entre as pequenas nuanças, poder-se-ia dizer que a colonização francesa se diferenciava da colonização inglesa no tocante à crença que a impulsionava. Enquanto a Inglaterra preocupava-se demasiadamente com a difusão da mercadoria, na França, sem que isso pudesse parecer uma ameaça aos interesses econômicos, existia a crença de que era a civilização o que impulsionava uma máquina muitas vezes dispendiosa. Porém, a partilha da África pode facilmente ser considerada como um *gentlemen's agreement*, pois eram os territórios do "além-mar" que eram objetos de divisões (FERRO, 1996, p. 104).

Todavia, ainda que no campo dos *évenements* estejam Inglaterra e França no centro desta rivalidade, a ocupação da Alsácia e da Lorena ocupa outra escala de problemas. Tal evento aproximou os métodos alemães dos métodos orientais, notadamente dos russos, cuja diferenciação entre a expansão colonial e territorial não existia. *Para os países Ocidentais, o mar era uma justificativa para diferenciar a questão nacional da questão colonial:*

> Deste modo, o caso da Rússia significaria que entre a expansão territorial na direção da Sibéria e a conquista das regiões tártaras e turcas existe, certamente, uma ruptura mas também uma semelhança – exceto na dificuldade a vencer. A expansão territorial e a colonização são pouco menos que sinônimas; mas são cuidadosamente distinguidas no Ocidente, onde o espaço do mar é tomado por diferença entre a primeira, que pertence ao âmbito da questão nacional, e a questão colonial. (FERRO, 1996, p. 20).

Especialmente no país da Revolução de 1789, a força das ideias liberais se fez sentir na definição de um modelo colonial, que "respeitasse" os princípios anunciados. Daniel Panzac considera que a revolução inaugurou dois séculos de ambiguidade em relação ao Mediterrâneo Muçulmano.

O MEDITERRÂNEO DE VIDAL DE LA BLACHE   219

> [...] A França, pátria dos Direitos Humanos e da ideia de nação soberana, também se tornou a primeira potência colonial no Mediterrâneo muçulmano. Daí o choque de dois mitos revolucionários: de um lado a França que, filha de 1789, incumbida de uma missão civilizadora, deve administrar povos incapazes de conduzirem a si mesmos, do outro lado, esses mesmos povos reivindicam a consciência nacional e o lema republicano da pátria a fim de obter a igualdade real entre franceses e muçulmanos, as liberdades, e em seguida a liberdade, isto é, a independência. Esta contradição, cada vez mais irredutível, entre as duas Franças encontra-se na Síria (L. Bokova), no Marrocos (Mr. Sehimi), assim como na Argélia (Stora B., N. Bouzar-Kasbadji). (PANZAC, 1989, p. 16).[37]

O Mediterrâneo *como uma fronteira*, que separa povos civilizados dos incapazes de decidir por seu futuro político, teve, portanto, um papel "ajustador" na justificativa da colonização aos princípios liberais.[38]

> Na Europa, particularmente na França e em países vizinhos meridionais, a mediterraneidade complementa a europeidade. Para a Europa, o Mediterrâneo é 'a alma de seu

---

37 " [...] la France, patrie des Droits de l'Homme et de l'idée de nation souveraine, est également devenue la première puissance coloniale de la Méditerranée musulmane. D'où l'affrontement de deux mythes révolutionnaire: d'une part la France, fille de 89, investie d'une mission civilisatrice, se doit d'administrer des peuples incapables de se conduire eux-mêmes; de l'autre ces mêmes peuples se réclament de leur conscience nationale et de la patrie devise républicaine pour obtenir l'égalité réelle entre Français et Mulsulmans, les libertes, puis la liberté, c'est-à-dire, l'indépendance. Cette contradiction, de plus en plus irréductible, entre les deux France se retrouve en Syrie (L. Bokova), au Maroc (M. Sehimi) comme en Algérie (B. Stora, N. Bouzar-Kasbadji)".

38 Fora da abordagem geopolítica, a África era incluída como extensão de seus territórios da Europa segundo Cortambert que, franco colonialista, era também excelente geógrafo naturalista. (CORTAMBERT, 1880).

espírito', emprestando a expressão de Jean Arouche. A ideia europeia busca, antes de mais nada, ser razoável, baseada na lógica econômica, na superação de conflitos seculares e na necessidade realista de responder a pressões externas. A referência mediterrânica dos europeus é a dose essencial de idealismo, paixão e afeto, é a compensação de todo o realismo tecnocrata, econômico e político da 'coisa' europeia por meio de um discurso das origens e dos destinos exclusivamente cultural. Mesmo antes da guerra de 1939, a 'pátria mediterrânica' de Audisio se pensava mais grega do que romana, colocava-se como uma inspiração revivificada contra o materialismo frenético. (BASFAO, 1991, p. 46).[39]

Além disso, o Mediterrâneo significava para a França uma tentativa de hegemonia do sul europeu, numa forma de se contrapor à parte da Europa Germânica: "Ela está também dentro da própria ideologia europeia, uma sensibilidade súdica que tende a servir como contrapeso do pólo da eurogermanidade." (BASFAO, 1991, p. 46).[40] Não será coincidência que na partilha da África Negra a França tenha se apoderado de grande parte de territórios do Norte da África.

---

39 "En Europe, particulièrement en France et chez des voisins méridionaux, la méditerranéité vient compléter l'européanité. La Méditerranée est à l'Europe 'l'âme de son esprit', pour pasticher Jean Arouche. L'idée européenne se veut avant tout raisonnable, fondée sur la logique économique, le dépassement des conflits séculaires et la nécesite réaliste de répondre aux contraintes externes. La référence méditerranéenne des Européens, c'est l'indispensable dose d'idéalisme, de passion et d'affect, c'est la compensation de tout le réalisme technocratie, économique et politique du 'machin' européen par un discours des origines et des destins exclusivement culturel. Déjà avant la guerre de 1939, la 'patrie méditerranéenne' d'Audisio se voulait plus grecque que romaine, se posait comme une inspiration revivifiante contre le matérialisme frénétique".

40 "Elle est également à l'intérieur même de l'idéologie européenne, une sensibilité sudique que tend à servir de contrepoids au pôle montant de l'euro-germanité".

No século XIX, a França se mantém como o carro chefe da colonização norte africana, segundo podemos observar nesta tabela de investimentos:

Tabela 2: Investimentos estrangeiros nos empreendimentos no Egito e no Império Otomano (em milhões de francos)

Emprestadores/ credor	França	Inglaterra	Alemanha	Outros
Império Otomano	510	187	282	165
Egito	1200	751	_ _	575

Fonte: LIAZU, 1994, p. 39.

O Mediterrâneo unificava o projeto civilizatório e a colonização. A aquisição alemã da Alsácia e Lorena se justificaria pelas mãos da França apenas no território do além-mar. A política do além-mar não seria legítima para o interior da Europa, como fizeram os alemães.

Além disso, o discurso de dominação do Mediterrâneo pela França desenvolvido por muitos autores no final do século XIX é elaborado não só nos termos da responsabilidade moral com os países colonizados,[41] como também recoloca o Hexágono no mesmo patamar que grandes civilizações antigas. Assim, a colonização francesa no Mediterrâneo contribuiu para definir a própria identidade dos franceses como herdeiros de grandes civilizações. Um livro didático, provavelmente do final do século XIX, escrito por um parceiro de Vidal de la Blache, Marcel Dubois, expressa este sentimento:

> Amemos o Mediterrâneo, ao qual nós, europeus, tanto devemos, e acima de tudo não esqueçamos, nós, franceses, que ele toca nossa

---

41 Pierre Foncin disserta sobre a Argélia: "L'Algérie est aussi grande que la France. Depuis la prise d'Argel [...] nous avons soumis entièrement l'Algérie à notre domination. Nous l'avons en grande partie colonisée. Nous y avons crée des routes, des villages, des cultures, des barrages pour l'irrigation, des ports, des villes fortifiées, des écoles [...], nous y avons fait régner la paix et la justice". (FONCIN, 1905, p. 212-213).

222 LARISSA ALVES DE LIRA

> França em dois pontos: nas nossas costas da
> Provença e nas nossas costas argelinas; que
> ele pertence aos nossos comerciantes, mari-
> nheiros; que o mar que era grego, depois ro-
> mano, torne-se e continue a ser um mar fran-
> cês. (DUBOIS; PARMENTIER, s/d, p. 94-95)[42]

Diga-se de passagem, também Vidal possui um modelo de colonização, das intervenções tímidas às explícitas. Na primeira aula em Nancy, ele se refere indiretamente à polêmica sobre a nomeação do Canal de Suez, considerando justa a posição francesa (VIDAL DE LA BLACHE, 1873). A companhia que construiu o canal chamava--se Suez, de Fernand de Lesseps e o fez entre 1859 e 1869. Ora, esta controvérsia revela a mentalidade europeia quanto à fragilidade do Estado Islâmico (LIAZU, 1994, p. 20).

O *khédive* do Egito, Ismail, chegado ao trono em 1863, deu seu nome ao porto do Canal de Suez, que ele inaugura em 1869. Porém, as negociações da dívida do Egito em relação aos Estados europeus o obrigam a aceitar outro nome. Ele deixa o trono em 1879, vítima de sua posição contrária à colonização (LIAZU, 1994, p. 20). O apoio ao nome, por conseguinte, tem como pano de fundo as queda dos dirigentes colonizados.

Em 1897, Vidal publica um breve artigo sobre o Marrocos. No mesmo ano, pronunciará na *Union Coloniale Française*, uma conferência sobre a *Éducation des indigènes dans nos colonies* (SANGUIN, 1993, p. 135). A própria Geografia humana não se alimentaria dos desbravamentos coloniais?

> O que quer dizer, na realidade, este novo
> nome [Geografia humana]? Nosso horizonte
> de fato se ampliou. [...] O espírito geográfico,

---

42 "Aimons donc la Méditerranée, à laquelle nous autres, les Européens nous devons tant, et n'oublions pas surtout, nous, les Français, qu'en deux points elle touche à notre France, sur nos côtes de Provence et sur nos côtes algériennes, et qu'il appartient à nos commerçants, à nos marins, que la mer qui fut grecque, puis romaine, devienne et reste un mer français."

O MEDITERRÂNEO DE VIDAL DE LA BLACHE   223

graças a uma compreensão mais ampla do globo, saiu fortalecido do período de colonizações e descobertas que marcaram o final do século XIX. (VIDAL DE LA BLACHE, 1993 [1903], p. 224-225).[43]

A Sociedade de Geografia de Paris, fundada em 1821, acompanha o interesse geral pela Geografia das explorações. Formada por um pequeno grupo de eruditos, diplomatas, oficiais, consagra algumas conferências ao público. Vivien Saint-Martin e Malte-Brun eram seus secretários e se interessavam tanto pela Geografia dos gregos como pelas viagens modernas e o mundo árabe. Subvencionava viagens, promovia conferências e atribuía medalhas. Contudo, geógrafos da geração seguinte reprovarão o tímido papel da Sociedade de Geografia na divulgação de manuais, atlas, e dicionários, mas alimentam-se de suas publicações, inclusive Vidal[44] (BROC, 1974, p. 550).

Em 1903 Vidal descreve o que deveria ser a política francesa no deserto. Os Tuaregs (entre outros povos) controlam as rotas das águas e ligam os oásis, de onde sai a produção agrícola. No tempo de colheita, eles vêm recolher o seu filão. Comportam-se como polícia do deserto, pois controlam a imperiosa situação do isolamento. E é dessa relação conflituosa que nasce a ligação e a unidade do deserto. Segundo La Blache, não há recursos a se tirar desse ambiente abrasador. Depois de fazer uma defesa da política de penetração pacífica, ele questiona: qual o valor deste espaço? O Saara, seguindo-se as rotas

---

43   "Que nous veut, en réalté, ce nom [Géographie Humaine] nouveau? Notre horizon s'est agrandi en effet. [...] L'esprit géographique, grâce à une plus large compréhension du globe, est sorti fortifié de la période de colonisations et de découvertes qui a marqué la fun du dix-neuvième siècle."

44   Segundo Suremain, também os *Annales* reproduziam a posição do Partido Colonial. O chamado continente africano tinha um estereótipo colonial nos *Annales de Géographie*. As colônias francesas tinham mais destaque na revista do que as colônias africanas de outros países e, dentro das colônias francesas, um primado da África Ocidental à África Equatorial, da África costeira ao seu interior. (SUREMAIN, 1999, p. 152).

224   LARISSA ALVES DE LIRA

das águas (refazendo as rotas das caravanas?) pode servir de um espaço de circulação, unindo três pontos avançados da colonização: o Sudão, o Senegal e a África do Norte (os vértices de um triângulo cujo Saara é o centro). Este imenso espaço deixaria de ser valorado como obstáculo para se tornar rota entre terras que se ligam a povos completamente diferentes (VIDAL DE LA BLACHE, 1993 [1903]).

Por fim, eis o modelo colonial defendido por Vidal, já bastante explícito em 1911, uma

> mistura de diplomacia e força, buscou um nome no jargão da imprensa; e uma vez que, aparentemente, é preciso uma fórmula que determine com precisão aproximada uma coisa muito complexa cuja explicação é longa, não vemos nenhuma razão para rejeitar a fórmula consagrada: penetração pacífica. (VIDAL DE LA BLACHE, 1911a, p. 74).[45]

E por fim: "O primeiro resultado da nossa intervenção será garantir toda a liberdade de movimento que até então tinha sido privilégio somente de alguns." (VIDAL DE LA BLACHE, 1911a, p. 75).[46]

É um dado, pois, o apoio de Vidal à política colonial nos termos de uma ocupação pacífica. Vimos como o modelo francês nutre-se da percepção do rio civilizacional que separa os territórios franceses dos Africanos. É surpreendente, contudo, que nos textos mediterrânicos de Vidal, a abordagem do tema seja tímida.

> Com a conquista da Argélia, a França, já com o domínio da Córsega, garantiu para si uma

---

45   "mélange de diplomatie et de force a pris un nom dans le langage de la presse; et puisque, apparemment, il faut une formule qui fixe, avec approximation d'exactitude, une chose fort complexe dont l'explication serait trop longue, on ne voit pas de raison de rejeter la formule consacrée: "pénétration pacifique."

46   "Le premier résultat de notre intervention sera d'assurer tous la liberté de mouvements qui n'avaient été jusqu'alors que le privilège de quelques-uns."

> posição cuja importância não passou desper-
> cebida a seus vizinhos, visto que o Marrocos
> já sentiu a mão da Espanha e Túnis olha às
> vezes com inquietação para a Itália. No mo-
> mento, a bacia ocidental do Mediterrâneo
> está submetida à preponderância da mais
> avançada e mais rica das nações ribeirinhas.
> (VIDAL DE LA BLACHE, 1873, p. 22).

Como explicamos o apoio contido à política colonial? Não há em Vidal pois, uma análise diligente da política da França mediterrânica. Contudo, a própria regionalização lablachiana, ao tempo que promove uma visão do Mediterrâneo em escala ampla, como vimos no caso da Península Ibérica e Itálica, também reproduz a posição eurocêntrica da colonização. Isso é ainda mais importante quando concebemos que o Mediterrâneo de Vidal pode ser visto como um espaço de referência às demais regionalizações da Geografia que, como ciência moderna, nasce no bojo da mundialização.

O Mediterrâneo como espaço de referência[47]

O século XIX é fundamental no desenvolvimento da Geografia. Para Vidal, há a clara sensação de que a conquista atingiu o seu ápice. E de fato, segundo autores consagrados, o império americano não fez mais do que *intensificar* a conquista inglesa (ARRIGHI, 1996). Finalmente, o oceano Atlântico une-se ao Oriente, através dos espaços marítimos e das estradas de ferro. A Geografia institucionalizada nasce neste momento de nova síntese dos

---

47 Aqui retomamos os aportes da Geografia da ciência explicitados no Capítulo 2, que demonstra que mesmo nesse tipo de empreendimento teórico as ideias estão ligadas aos lugares e é sempre o mundo que está em causa, pois a ciência é um projeto que se legitimou universalmente.

conhecimentos científicos. Não é mais só o Mediterrâneo que está em causa, mas amplos espaços ao que ele se conecta e que já não é mais determinante.

Mas foi primeiro no Mediterrâneo que Ásia, África e Europa se encontraram e, tanto na Antiguidade como na Idade Média, as raças indo-europeias e as raças semíticas disputaram a condução do mundo (VIDAL DE LA BLACHE, 1873, p. 18). O Mediterrâneo foi "o teatro de lutas decisivas", como as guerras púnicas e as cruzadas, que dividiram os povos e marcaram soluções de ruptura e continuidade (VIDAL DE LA BLACHE, 1873, p. 18). O Mediterrâneo é, pois, o primeiro modelo de mundialização e expansão do mundo.

Vidal de la Blache começa sua descrição com o povo grego. Toma-se esta raça expansiva como o ponto zero da Geografia histórica das civilizações. Sempre através de um impulso de expansão, o Mediterrâneo foi ocupado de ilha em ilha, de costa em costa, formando colônias que eram não apenas seus balcões, mas cidades e portos que renascem na modernidade (VIDAL DE LA BLACHE, 1873, p. 18).

Enrique Dussel revela uma particularidade do discurso moderno fortemente presente no pensamento de La Blache: trata-se do forjamento da história da Europa como centro do mundo, ocidentalizando a herança oriental. Neste século das estradas de ferro, começa a se construir o passado da Europa como o centro do planeta: esconde-se a pujança do mundo árabe muçulmano e mesmo a influência que este exerceu sobre o império romano, unindo-se, ao contrário, ao mundo grego, símbolo da civilidade. Apagou-se mesmo a origem helênica do mundo árabe e declara-se a cultura grega como exclusividade da parte latina ocidental (DUSSEL, 2005).

O livro organizado por Edgardo Lander tornou-se um clássico no modo de ver a Europa a partir de uma perspectiva latino-americana e, nesta seara, a questão da crítica da modernidade. Para nós, a perspectiva pós-colonial revela mais três caraterísticas que se podem somar à modernidade oitocentista: o eurocentrismo e a constituição da História Universal, a ocidentalização da História

Oriental e a colonialidade, todas elas inter-relacionadas. Nesta visão, a modernidade aparece como uma verdadeira ferramenta de dominação, um projeto ideológico (DUBE, 2004).

Edgardo Lander sustenta que a primeira característica do discurso hegemônico civilizatório é sua pretensa universalidade (LANDER, 2005). A Europa, a partir da integração do Atlântico na economia do mundo começa a se definir como a culminação do movimento temporal. Todos os povos, culturas e territórios passam a ter como universal as particularidades da experiência europeia. Para Dube, o que se intentou construir, na verdade, não foi uma comparação explícita entre outros territórios e a Europa, mas sim a criação de um ponto de vista "de nenhuma parte" (DUBE, 2004).

Com efeito, "as teorias totalizadoras e os conceitos universais atuam exatamente na tentativa de aproximação do diverso [...]" (MORAES, 2009, p. 18). Aproximação do diverso, mas também comparação implícita entre os territórios. Ora, a modernidade compreendia a elaboração de um modelo de mundo:

> O projeto de tornar o mundo de todo moderno se elaborou, como bem sabemos do estabelecimento de um certo modelo de mundo [...]. O que talvez seja efetivamente novo é o sentido que isso ganha, no interior de uma poderosa armadura que resulta de uma tradição inventada, como tão bem nos ensinou Terence Ranger e Eric Hobsbawn [...] (SOUSA NETO, 2008, p. 21).

Se autores dessa magnitude teorizam sobre a existência de um "modelo moderno", não seria possível falar de um território de referência da Geografia? No caso dos mapas, o princípio da centralidade é muito bem conhecido. J. B. Harley destaca as políticas intrínsecas à construção do mapa, e a primeira delas é a regra do etnocentrismo e da hierarquização do espaço (HARLEY, 2005, p. 194). Ainda no caso da cartografia, notadamente do Atlas Vidal-Lablache, Robic introduz essa ideia de espaço de referência, da qual esperamos fazer bom proveito:

> A análise dessas pranchas permite-nos chegar a duas conclusões principais. Em primeiro lugar, fica manifesto que para cada região há cartas temáticas, isto é, a cada uma corresponde um conjunto de "traços" pertinentes: a cada país, seus fenômenos relevantes. Vimos também que as escalas de representação de um país e que os cortes espaciais diferem de um mapa a outro. Cada tema traz assim a sua escala cartográfica. Mas ao invés de se restringir ao aspecto puramente escalar, a segunda conclusão a que chegamos a partir destas observações é da ordem da referência: para cada fenômeno representado é necessário, não tanto uma escala cartográfica [...], quanto um quadro particular de representação, que chamamos de um "espaço de referência" particular, como o espaço linguístico do istmo europeu e o espaço hidrográfico das bacias do norte e do sul da Europa, no caso da Suíça. Em suma: para cada um fenômeno localizado, um espaço de referência próprio. (ROBIC, 2004).[48]

Já argumentamos sobre a existência da visão sistêmica de Vidal, cujas partes estão em movimento e conectadas. Convém repetir: "Na verdade, as regiões se explicam umas pelas outras. [...] Para

---

48 "L'analyse de ces planches nous permet de dégager deux conclusions essentielles. D'abord, il apparaît qu'à chaque contrée reviennent ses cartons thématiques particuliers, c'est -à -dire correspond son ensemble propre de 'traits' pertinents : à chaque pays ses phénomènes pertinents. On a vu aussi que les échelles de représentation d'un pays et que le découpage spatial diffèrent d'une carte à l'autre. Chaque thème attire donc son échelle cartographique. Mais plutôt que de s'arrêter à l'aspect strictement scalaire, la seconde conclusion que nous dégagerons de ces observations relève de l'ordre de la référence: à chaque phénomène représenté s'impose moins une échelle cartographique [...], qu'un cadre de représentation particulier, ce que nous appellerons un 'espace de référence' particulier, tels l'espace linguistique de l'isthme européen et l'espace hydrographique des bassins du nord et du sud européens dans le cas de la Suisse. En somme: à chaque phénomène localisé son espace de référence propre."

O MEDITERRÂNEO DE VIDAL DE LA BLACHE   229

compreender as causas dos fatos, é necessário recolher o testemunho de fenômenos que podem ser distantes e dispersos." (VIDAL DE LA BLACHE, 1993 [1899] p. 183).[49] Como não aprofundar o argumento e admitir a existência de um espaço de referência? Esta comparação implícita entre os territórios, que é filha da modernidade, nem sempre se resguardou no discurso científico. No caso de Vidal, o discurso de fundação da Geografia fez jus à revelação desses pressupostos de método:

> Nessas lições de quinta-feira, proponho-me a estudar a geografia da Europa e de seus principais Estados. Entre os diferentes povos que compõem a sociedade europeia, a raça, a história e os interesses estabelecem um grande número de relações (que estudaremos), e o método da comparação se oferecerá naturalmente para melhor fixar as ideias e falar mais vivamente ao espírito. No início de seu grande tratado geográfico, Estrabão escreveu: "*É necessário começar pela Europa*, pois essa parte do mundo é aquela cuja forma é a mais variada e é a mais favorável à civilização e à dignidade moral dos cidadãos". Nos será permitido acrescentar que a Europa é o teatro sobre o qual são encenados nossos destinos, o principal mercado que se abre aos nossos produtos; *logo, o objeto que mais importa conhecer*. [grifos nossos] (VIDAL DE LA BLACHE, 1873).

Ressairão, em seguida, as distinções do Midi: "É no sul e não no oriente que a Europa se apresenta com seus traços distintivos" (VIDAL DE LA BLACHE, 1873, p. 13). O Mediterrâneo é, consequentemente, o espaço de referência lablachiano. E disso, decorrem digressões variadas.

A primeira delas é o eurocentrismo, implicando não apenas nas divagações coloniais, mas na própria regionalização. No espaço

---

49 "En effet, les contrées s'expliquent par les autres. [...] Pour comprendre les causes des faits, il est nécessaire de réunir le témoignage de phénomènes qui peuvent être éloignés et épars."

identitário que servirá como modelo de cultura não há vagas para aqueles que se pretendem submeter a uma ordem cultural dominadora.[50] Wallerstein demonstra como a geocultura da modernidade está assentada na fé do progresso (WALLERSTEIN, 2002) e que os centros da economia mundo impõem um senso de inferioridade no auto-olhar das populações periféricas (WALLERSTEIN, 2011, p. 65).

Além disso, o discurso do empirismo de Vidal esconde as generalizações que são possíveis a partir da sua teoria. Referindo-se ao caso de Beacue, no qual a existência do *limon* permitiu a concentração de casas opulentas, Loi defende que não há espaço de referência definido, o que impossibilita a generalização (LOI, 2000). Nós acreditamos que este espaço de referência é o próprio Mediterrâneo europeu e ele assim afirma ao se apropriar das palavras de Estrabão: "é preciso começar pela Europa".

Foto 9: MARTINS, Yuri. Lisboa. 2011

---

50 Há outra estratégia de dominação imbuída nas considerações vidalianas que foi ressaltada por Ribeiro (2007): falamos da ideia de mapeamento das condições físicas que se instalaram as civilizações (RIBEIRO, 2007).

CONSIDERAÇÕES FINAIS

O Mediterrâneo de Vidal de la Blache foi o primeiro laboratório do método geográfico. Sua densidade histórica e geográfica levou Vidal a elaborar uma Geografia na fronteira de saberes, como um cruzamento entre as ciências naturais e a História; depois, como um ateliê da análise geográfica do mundo, um ponto de encontro de culturas que clamavam por ferramentas amplas para o entendimento, variando da Geografia botânica à Geografia política. Sua concepção foi vital à invenção científica do Mediterrâneo do século XIX. Ele conseguiu propor uma visão interdisciplinar, aproveitando todos os aportes deixados pela Geografia botânica das missões francesas do mesmo século e avançar para a inclusão de uma política mediterrânica cujo projeto de colonização civilizacional era central. Pois ele esboçou dois Mediterrâneos: um grande, da Geografia botânica e um estreito, espaço de referência e coração das ideias eurocêntricas.

Ademais, o mar impôs a Vidal uma tomada de posição quanto à política do século XIX sendo seu Mediterrâneo, uma unidade e uma fronteira, essencial para a ideologia da era dos impérios. Cabia à política francesa propagar a unidade do Mediterrâneo baseada numa separação profunda entre dominadores e dominados. O Mediterrâneo de Vidal, de caráter duplo, "caía como uma luva" às ambiguidades da política colonial de estilo expansionista e liberal.

Só um historiador tornado geógrafo poderia propor uma visão global do Mediterrâneo – o interesse em uma história de permanências e rupturas permite observar tais transições. Vidal entendeu com maestria o princípio da Geografia geral anteriormente elaborado por autores como Carl Ritter: era sempre o mundo que estava em causa. O Mediterrâneo, encontro de três continentes, era um objeto primordial para os primeiros passos de uma Geografia geral à francesa. Aqui se dão os primeiros passos do método mediterrânico.

Chamamos este método de mediterrânico pois nosso objetivo agiu no sentido contrário de universalizar o método. Para nós, era muito mais interessante mostrar como tais ferramentas estavam associadas aos lugares em que foram geradas e como irão se transformar com a chegada do século XX e a expansão da Geografia francesa.

O método de Vidal, elaborado a partir do Mediterrâneo, possuía três características gerais principais: apoiava-se numa visão da Geografia geral (ou global), variava suas escalas de referências e era interdisciplinar. Este encontro fronteiriço dos saberes proporcionado pelo Mediterrâneo levou Vidal a "revoluções" teóricas. Dessas revoluções, com transições e continuidades, nasceu a Geografia vidaliana.

Ele concebeu, por exemplo, um tempo geográfico, substituindo um tempo cronológico. Elaborou também uma brilhante noção de dinamismo terrestre substituindo a ideia de determinismo ao estilo de finalidade da natureza, assim como se desfez das ideias de fronteiras "naturais", propondo uma Geografia global.

Vidal deu densidade histórica à circulação e às distâncias e propôs um método regressivo no tempo e no espaço (nas rotas) que pudesse revelar as dependências diretas do meio, que agiriam sob a forma de dependência indireta e permanências nos homens contemporâneos. Os recursos da história e da circulação tornaram-se pilares do método para se desenredar as relações de determinação do meio sobre a sociedade. Três são os principais eixos de análise da Geografia vidaliana e que compõem uma visão de progresso do mundo, dois deles contemplados neste trabalho: história, circulação e adaptação.

A relatividade dos fenômenos históricos foi percebida por Vidal através do Mediterrâneo. O auge das culturas foi proporcionado pelo encontro de focos distintos, que, quando colocados em contato, geram um salto de progresso. A decadência está associada às mesmas causas que o apogeu: uma multiplicidade de focos e a pouca centralização dos países mediterrânicos, somadas a uma crise agrícola. As demandas do mundo são outras: no século XIX, uma economia global ensaia seus passos e o que está em causa é a capacidade de grandes centros de explorar grandes periferias.

Com efeito, cada época possui uma combinação específica de circulação dos seres, com direcionamentos que mudam a economia global. Portanto, as mesmas causas podem ter diferentes efeitos em diferentes contextos – o sistema de Vidal de circulação como uma combinação dos fluxos relativiza o determinismo através da história e da circulação, sem abandonar a determinação das causas físicas sob os fenômenos da história.

Assim, a história e a circulação não são apenas ferramentas metodológicas. São também uma visão de mundo e uma espécie de concepção de motor da história, saindo dos povos isolados e bárbaros, para os povos integrados e velozes, em suma, civilizados. A circulação, a história e a adaptação formam um sistema fechado sobre a evolução do mundo integrado. Os povos evoluem em parte presos ao lugar, em parte emprestando técnicas, exportando e migrando.

Desses conceitos, derivaram métodos para se enxergar os povos ou as civilizações, seja na paisagem, seja nos arquivos: as camadas de tempo, o progresso com avanços e recuos, os avanços e recuos das plantações, as escalas, os graus de isolamento, os graus de comunicação, as rotas. O tempo geográfico é uma narração dos espaços e das paisagens em durações distintas, com avanços e recuos – ele pode ser observado com o auxílio de documentos no trabalho de campo. A circulação é o ingrediente do mundo em conexão. O resultado é uma história ambiental global em que os homens são mais um dos atores geográficos.

Esses atores estão associados a outros – o clima, as plantas, o solo – e são complexos. Daí a necessidade de criar o conceito de gênero de vida. O homem é cada vez mais ativo à medida que se avança no tempo, passivo quando se recua, herdeiro, contudo, dessas permanências através dos hábitos e das técnicas. Aqui entram em causa as noções de influências diretas e indiretas do meio, porque a sociedade é um anel intermediário entre os grupos e a natureza.

O método mediterrânico lançou Vidal numa escala global nos seus primeiros anos de estudo. Ele começou sua Geografia na escala do mundo e foi progressivamente afunilando. Paulatinamente, foi recortando as áreas até chegar à orientação das monografias regionais dos discípulos, jamais elaboradas por ele próprio. Uma verdadeira divisão do trabalho científico.

O Mediterrâneo permitiu a Vidal jogar com os encontros e desencontros do mundo, com as unidades e as fronteiras. Com sua história densa, com nascimento, auge e declínio – era um objeto que se impunha a uma disciplina nova. O Mediterrâneo foi concebido com os aportes dos historiadores da natureza como uma unidade de circulação dos seres. Foi alçado como o mar das comunicações, unindo as costas da Europa às da África. Mas ao que a natureza construiu para os gêneros de vida, a política se opôs na construção dos Estados. O Mediterrâneo de Vidal é duplamente uma fronteira e união. É, duplamente, as causas físicas atuando no auge e no declínio das civilizações, nas unidades e nas fronteiras. É isso o que chamamos de laboratório do mundo, preparando uma Geografia em expansão para um mundo também em expansão.

Apesar de toda a sua relatividade, a história de Vidal é fortemente civilizacional e o Mediterrâneo é um modelo. A tarefa de analisar o Mediterrâneo não foi tomada por Vidal, porém, de forma exaustiva – os poucos artigos dedicados exclusivamente ao tema demonstram isso – mas sim na justa medida de elaborar uma Geografia francesa com base no modelo helênico – e na ocidentalização deste, mecanismo comum no discurso eurocêntrico do século XIX. O "método mediterrânico", ou, que tem o Mediterrâneo como modelo, foi um esboço do método geográfico, que será complementado pelos trabalhos de Vidal sobre a França – outro domínio de predilação do geógrafo.

Quando falamos do modelo, recorremos a dois aspectos: primeiro, os lugares muito similares ao Mar Interior, como o Golfo do

México, foram considerados "mediterrânicos" (ARRAULT, 2006).[1] Segundo, as considerações geográficas se dão igualmente por oposição. Uma vez que a baliza de comparação é o nascimento e o atraso relativo entre as civilizações. Ao se ressaltar o aspecto empirista da obra de Vidal, incorre-se em erro e se deixa de perceber o mecanismo político dessas regionalizações. A região, como afirmou Lacoste, não é um conceito obstáculo (LACOSTE, 1981, p. 262, 1997, p. 59), pois esse conceito permitiu operar a política do século XIX com as mais finas sutilezas e ambiguidades do discurso.

Com o modelo mediterrânico a Geografia pôde ganhar o mundo com alta capacidade de generalização e empirismo; a aparição das Geografias Universais[2] ilustra que a labuta do conhecimento se deu num terreno de exportação, ao qual se empenhou a Geografia Francesa. O Mediterrâneo de Vidal era um espaço de referência.

Mas não apenas o Mediterrâneo e o contexto histórico de sua época orientaram os olhos do historiador tornado geógrafo. Os jogos institucionais também têm muito a dizer quanto às opções teóricas. Vidal jogou com a prestigiosa posição de historiador e fez

---

[1] No consagrado artigo "Posições da Geografia Humana – por que Geografia Humana?" Pierre Deffontaines declara no tópico "função pioneira dos meditarrâneos": "As mais importantes zonas de dinamismo humano aparecem agrupadas em torno dos mares semifechados a que denominamos 'mediterrâneos' [...]" (DEFFONTAINES, 2004, p. 105).

[2] Segundo CLOUT, a iniciativa e lançamento da Geografia Universal tem um caráter marcante na Geografia Francesa. Vidal de la Blache começou o empreendimento logo após a colocação de seus principais discípulos nas universidades, por volta de 1910: De Martonne, Demangeon, Jules Sion, Antoine Vacher, entre outros. De acordo com alguns depoimentos, tratava-se de um empreendimento bastante centralizado, onde, nas palavras de Blachard, "Vidal, like a God the Father, divided the world among his disciples, serving the older ones first". Porém, o engajamento de alguns geógrafos na guerra e a morte de Vidal, em 1918, interromperam e mudaram o curso dos trabalhos. Neste momento, percebeu-se que a seção sobre o Mediterrâneo ainda não estava delegada e, provavelmente, quem a escreveria seria o próprio Vidal de la Blache. Após sua morte, essa seção passou para a responsabilidade de Max Sorre e Jules Sion. A totalidade da Geografia Universal apenas ficou pronta em 1948 com 22 volumes (CLOUT, 2003a).

migrar toda a legitimidade do historiador erudito ao geógrafo do campo. Elaborou conceitos que jogavam com a modernidade do século XIX e as imobilidades francesas, esteve a par dos lançamentos de ponta da Geografia física alemã e não deixou de se posicionar quanto à tarefa colonial.

Após ter-se tornado geógrafo, ele jamais deixou de ser historiador. Morreu em 1918, certamente muito abatido pela morte do filho no campo de batalha. Emmanuel De Martonne, seu genro, o encontrou falecido numa poltrona de hotel na região do Midi. No seu bolso um relato "acontecimental" da batalha em que falecera o filho.

BIBLIOGRAFIA

AGASSI, J. Continuity and discontinuity in the history of science. *Journal of the History of Ideas*. Vol. 34, n. 4, p. 606-626, 1873.

ANDREWS, Howard F. The early life of Paul Vidal de la Blache and the makings of modern geography. *Transactions of the Institute of British Geographers*. Vol. 11, n. 2, p. 174-182, 1986a.

_____. Les premiers cours de géographie de Paul Vidal de la Blache à Nancy (1873-1877). *Annales de Géographie*. t. 95, n. 529. p. 341-361, 1986b.

ARRAUT, J.-B. Une géographie inattendue: le système mondial vu par Paul Vidal de la Blache. *Espace géographique*. 1, t. 37, p. 75-88, 2008.

ARRIGHI, Giovanni. *O longo século XX*. São Paulo: Contraponto, Unesp, 1996.

ARRUDA, J. J. A. O mediterrâneo de Braudel. *Anais do Museu Paulista*, t. XXXIII, São Paulo, p. 57-64, 1984.

ANNALES DE GÉOGRAPHIE. Avis au lecteur. t. 1, n° 1, 1892.

AZEVEDO. A. Geografia francesa e a geração dos anos setenta. *Boletim Paulista de Geografia*. N. 50, p. 7-28, 1976.

BASALLA, G. The spread of western science. *Science*. 156, p. 611-622, 1967.

BASFAO, Kaoem. HENRY, Jean-Robert. Le Maghreb et l'Europe: que faire de la Méditerranée? *Vingtième Siècle. Revues d'histoire.* vol. 32, n. 1, p. 43-52, 1991.

BAULING. H. Contingence et nécessité en géographie humaine. *Annales Économies, Societés, Civilisations.* vol. 14, n. 2. p. 320-324, 1959.

BEAUNIER, A. Comment l'Alsace s'est donnée a la France au XVIIe siècle. *Revue Deux Mondes,* LXXXIX année, t. 49, p. 21, 1919.

BERDOULAY, Vincent. *La formation de l'école française de géographie (1870-1914).* Paris: Comité des Travaux Historiques et Scientifiques, Bibliothèque Nationale, 1981a.

_____. The Contextual Approach. In: STODDART, D. R. (ed.). *Geography, Ideology & Social Concern.* Oxford: Basil Blackwell, 1981b. Cap. 2, p. 8-16.

_____. La métaphore organiciste. *Annales de Géographie.* t. 91, n 507, p. 573-586, 1982.

_____. Pespectivas actuales del possibilismo: de Vidal de la Blache a la ciencia contemporane. *Cuadernos Criticos de Geografía Humana.* Ano VIII, n. 47, 1983.

_____. *Des mots et des lieux.* Paris: ECNRS, 1988.

_____. *La formation de l'école française de géographie (1870-1914).* Paris: CTHS, 2008.

BERDOULAY, V.; SOUBEYRAN, O. Lamarck, Darwin et Vidal aux fondaments naturalistes de la géographie. *Annales de Géographie,* t. 100, n. 561-562, p. 617-634, 1991.

O MEDITERRÂNEO DE VIDAL DE LA BLACHE   239

BERR, Henri. *A síntese em história*. Ensaio Crítico e Teórico. São Paulo, 1956.

BLACK, Jeremy. *Mapas e história contruindo imagens do passado*. Bauru: EDUSC, 2005.

BLOCH, Marc. *Los Reyes Taumaturgos*. México: Fondo de Cultura Econômica, 2006.

BOUILLET, M. N. *Dictionnaire universel d'histoire et de géographie*. Paris: Hachette, 1863.

BOURDIEU, Pierre. *As regras da arte*. São Paulo: Companhia das Letras, 1996.

BOURGEOIS, E. Foustel de Coulanges: un centenaire. *Revue Politique et Littéraire Revue Blue*, n 6, 68e année, 1930.

BOURGEOIS, M. Émile. *Notice sur la vie et les travaux de M. Paul Vidal de la Blache*. Paris: Fimin Didot, p. 3-48, 1920.

BOURGUET, M.-N. De La Méditerranée. In: BOURGUET, M. -N; LEPETIT, B; NORDMAN, D; SINARELLIS, M. [dir]. *L'invention scientifique de la méditerranée. Égypte, Morée, Algérie*. Paris: Ed. De L'École des hautes études en sciences sociales, 1998. Prefácio. p. 7-28.

BRAUDEL, Fernand. *História e ciências sociais*. Lisboa: Presença, 1972.

_____. *O mediterrâneo e o mundo mediterrâneo na época de Felipe II*. São Paulo: Martins Fontes, 1983.

_____. *A Dinâmica do capitalismo*. Rio de Janeiro: Rocco, 1987.

_____. Posições da história em 1950. In: BRAUDEL, F. Escritos sobre a história. São Paulo: Perspectiva, 1992a. Cap. 2, p. 17-38.

_____. No Brasil baiano: o presente explica o passado. In: BRAUDEL, F. Escritos sobre a história. São Paulo: Perspectiva, 1992b. Cap. 11, p. 219-233.

_____. El Mediterrâneo. In: BRAUDEL, F. *Une Lécion de História de Fernand Braudel*. México: Fondo de Cultura, 1996. Cap. 1, p. 9-107

_____. *Civilização material, economia e capitalismo*. São Paulo: Martins Fontes, 1998.

_____. A geohistória. *Revista de História*. São Paulo, 1, p. 124-135, 2002.

_____. *Gramática das civilizações*. São Paulo: Martins Fontes, 2004.

BROC, N. Homo geographicus: radioscope des géographes français de l'entre-deux-guerres (1918-1939). *Annales de Géographie*, vol. 102, n. 571, p. 225-254, 1993.

_____. La géographie face à la science allemande (1870-1914). *Annales de Géographie*, t. 86, n 473, p. 71-94, 1977.

_____. L'établissement de la géographie en France: diffusion, institutions, projets (1870-1890). *Annales de Géographie*. LXXXIIIe année, p. 545-568, 1974.

_____. Quelques débats dans la géographie française avant Vidal de la Blache. In: CLAVAL, Paul. *Autour de Vidal de la Blache*. Paris: CNRS, 1993. Cap. 4, p. 37-42.

BURKE, Peter. *A escola dos annales 1929-1989. A revolução francesa da historiografia*. São Paulo: Fundação Editora Unesp, 1997.

BUTTIMER, Anne. Musing on Helicon: Root Metaphors and Geography. *Geografiska Annaler.* Series B, Human Geography, v. 64, n. 2, p. 89-96, 1982.

_____. *Society and Milieu in the french geographic tradition.* Chicago: Association of American Geographers, 1971.

CAPEL, Horacio. *Filosofia y ciencia en la geografia contemporânea.* Barcanova, s/d.

_____. Historia de la ciencia e historia de las disciplinas científicas. Objetivos y bifurcaciones de un programa de investigación sobre historia da geografia. *Cuadernos Críticos de Geografía Humana,* ano XII, n 84, 1989. Disponível em: http://www.ub.es/geocrit/geo84c.htm. (sem numeração de páginas).

_____. Institutionalization of Geography and Strategies of Change. In: STODDART, D. R. (ed.). *Geography, Ideology & Social Concern.* Oxford: Basil Blackwell Publisher Ltda. , 1981. Cap. 4, p. 37-69.

CARPENTIER, Jean; LEBRUN, François. *Histoire de la Méditerranée.* Paris: Éditions Seuil, 1998.

CHAMBERS, D. W. Locality and Science: Myths of Centre and Periphery. In: LAFUENTE, Antonio; ELENA, Alberto e ORTEGA, Maria Luiza (org.). *Mundialización de la ciencia y cultura nacional.* Madri: Doce Calles, 1993, p. 605-617.

CHARLÉTY, Sébastien. Ernest Lavisse. *La Revue de Paris.* 36 année, n° 1, p. 481-508,1929.

CHEVALIER, Michel. Géographie Ouverte et Géographie Fermée. Les Premières Années des Annales de Géographie. In: CLAVAL,

Paul. *Autour de Vidal de la Blache*. Paris: CNRS Èditions, 1993. Cap. 14, p. 133-158.

CHRISTIE, John R. R. El desarrollo de la historiografía de la ciencia. In: MARTÍNEZ, Sergio F. , GUILLAUMIN, Godfrey (comp.) *Historia, Filosofía y Enseñanza de la Ciencia*. México: UNAM, Instituto de Investigaciones Filosóficas, 2005.

CIPOLLA, Carlo M. *História econômica da população mundial*. Rio de Janeiro, 1977.

CLAVAL, Paul; NARDY, J. Pierre. *Pour le cinquantenaire de la mort de Paul Vidal de la Blache*. Cahier de Gégraphie de Besançon. Paris: Les Belles Lettres, 1968.

CLAVAL, Paul. *Évolution de la Geografía Humana*. Barcelona: Oikos-tau, 1974.

_____. The Historical dimension of French geography. *Journal Geography*, 13, 3, p. 229-245, 1984a.

_____. *Géographie Humaine et Économique Contemporaine*. Paris: PUF, 1984b.

_____. Le Géographes français e le monde méditerranéen. *Annales de Géographie*, XCVII, n. 542, p. 385- 403, 1988.

_____. *Autour de Vidal de la Blache*. Paris: CNRS Éditions, 1993a. Apresentação. p. 5-10.

_____. Le Rôle de Demangeon, de Brunhes et de Gallois dans la Formation de l'École Française: Les Années 1905-1910. In: CLAVAL, Paul. Autour de Vidal de la Blache. Paris: CNRS, 1993b. Cap. 16, p. 149-158.

_____; SANGUIN, André-Louis [dir]. *La Géographie Française à l'époque classique (1918-1968)*. Paris, Montréal: L'Harmattan, 1996.

_____. *Épistémologie de la Géographie*. Paris: Armand Colin, 2007a.

_____. About Rural Landscapes: the Invention of The Mediterranean ant The French School of Geography. Die Erde, vol. 138, Heft 1, p. 7-23, 2007b.

CLOUT, H. The Géographie Universelle... but which Géogrpahie Universelle? *Annales de Géogrpahie*, vol. 112, n. 634, p. 563-582, 2003a.

_____. In the shadow of Vidal de la Blache: letters to Albert Demangeon and the social dynamics of French geography in the early twentieth century. *Journal of Historical Geography*, 29, 3, p. 336-355, 2003b.

CLOZIER, R. *Géographie de la circulation*. Paris: Génin, 1963.

CONTEL, Fábio. O Mediterrâneo de Fernand Braudel: diálogos possíveis com o pensamento geográfico. *Anais do II Encontro Nacional de História do Pensamento Geográfico*. São Paulo: Fapesp, Geopo-USO, FFLCH-USP, Capes, 2010. Cap. 12, p. 199-218.

CORTAMBERT, E. *Géographie Générale de l'Europe et du bassin de la Méditerranée* (Pour la classe de sixième). Paris: Hachette, 1880.

COURTOT, R. Les paysages et les hommes des Alpes du sud dans les carnets de Paul Vidal de la Blache, *Méditerranée*, 1091, 2007. Disponível em: http://mediterranee.revues.org/ index104.html. Acesso: setembro de 2009.

CROISET, A.; THOMAS, A. Auguste Himly. *Bibliothèque de l'école des chartes*. Vol. 67, n. 1, p. 570-571, 1906.

DAIX, Pierre. *Fernand Braudel*: uma biografia. Rio de Janeiro/São Paulo: 1999.

DARWIN, C. *L'Origine des espèces*. Paris: Flammarion, 1992.

DE MARTONNE, Emmanuel. *Traité de Géographie Physique*. Lisboa: Cosmos, 1953.

DEFFONTAINES, P. *El Mediterréneo*. Barcelona: Juventud, 1948.

_____. Mediterrâneo Americano e Mediterrâneo Europeu. *Boletim Paulista de Geografia*. 21, p. 28-41, 1955.

_____. Posições da Geografia Humana, por que geografia humana? *Boletim Paulista de geografia*, edição histórica, 81, 2004, p. 93-114.

DELEDALLE, Myriame Morel. *La Ville Figurée* Plans et Vues Gravés de Marseille, Gênes et Barcelone. Marseille: Parenthèses, Musées de Marseille, 2005.

DEMANGEON, A. Introduction géographique à l'histoire. *Annales de Géographie*. t. 32, n. 176, p. 165-170, 1923.

_____. Vidal de la Blache. Extrait da Revue Universitaire. Paris, Armand Colin, p. 1-12, 1918.

DEPREST, Florence. L'invention géographique de la Méditerranée: éléments de réflexion. *Espace géographique*. I, n. 31, p. 73-92, 2002.

DESLONDES, Olivier. La Grèce, l'École de les géographes. *Bulletin de Correspondance Hellénique*. vol. 120, n. 1, p. 451-463, 1996.

DOSSE, François. *A história à prova do tempo*. Da história em Migalhas ao resgate do sentido. São Paulo: Editora Unesp, 2001.

_____. A história em migalhas. Dos Annales à Nova História. São Paulo: Edusc, 2003.

_____. História e ciências sociais. São Paulo: Edusc, 2004.

DUBE, Saurabh, Introducción. Cuestiones acerca de las modernidades coloniales. In: DUBE, Saurabh, DUBE, Ishita Banerjee, MIGNOLO, Walter D. Modernidades Coloniales. México, 2004.

DUBOIS, Marcel; PARMENTIER, A *Géographie Générale du Monde. Bassin Méditerranée. Classe de Sixième*. Paris: G. Masson, s/d.

DUMONT, Gérard-François. Géographie historique de la Méditerranée jusqu'à a fin du premier millénaire. In: WACKERMANN, Gabriel. *Un Carrefour mondial. La Méditerranée*. Paris: Ellipses, 2001.

DUSSEL, Enrique. Europa, modernidade e eurocentrismo. In: LANDER, E. (org.). *A colonialidade do saber: eurocentrismo e ciências sociais*. Perspectivas latino-americanas. Buenos Aires: CLACSO, 2005, p. 55-70.

ÉCOLE PRATIQUE DES HAUTES ETUDES. *Revue Politique et Littéraire*, t. XVIII, 9º année, 1880.

FABRE, Thierry. La France et la Méditerranée. Généalogies et représentations. In: IZZO, Jean-Claude; FABRE, Thierry. *La Mediterranée française*. Paris: Maisonneuve et Larose, 2000.

FEBVRE, Lucien. *La terre et l'évoltuion humaine*. Introduction géographique a l'histoire. Lisboa: Cosmo, 1954.

_____. *O Reno*. São Paulo: Civilização Brasileira, 2000.

_____. *Problema da descrença no século XVI: a religião de Rabelais.* Lisboa: Início, 1970.

FERRO, Marc. *História das colonizações.* Das conquistas às Independências. São Paulo: Companhia das Letras, 1996.

FIGUERÔA, Silvia. Mundialização da ciência e respostas locais: sobre a institucionalização das ciências naturais no Brasil (de fins do século XVIII à transição ao século XX). *ASCLEPIO – Revista de Historia dela Medicina y de la Ciencia,* vol. L – fascículo 2, p. 107-123, 1998.

FLAHAUT, Charles. *La distribution géographique des végétaux dans la région méditerranéenne française.* Paris: Paul Le Chevalier, 1937.

FONCIN, M. Pierre. *Géographie Générale du Monde.* Géographie du bassin de la Méditerranée. Paris: Armand Colin, 1905.

FOURQUET, F. Um novo espaço-tempo In: LACOSTE [org]. *Ler Braudel.* São Paulo: Papirus, 1989. Cap. 4, p. 79-96.

FRANÇA, Ary. Novas diretrizes em geografia humana. *Boletim Paulista de Geografi*a. n. 5, p. 3-11,1950.

GALLOIS, Lucien. Marcel Dubois. *Annales de Géographie.* t. 25, nº 138, p. 466, 1916.

_____. Paul Vidal de la Blache (1845-1918). *Annales de Géographie.* t. 27, n. 147, p. 161-173. 1918.

GAUTIER, E.-F. *Le Passé de l'Afrique du Nord.* Les Siècles Obscurs. Paris: Payot, 1937.

GOMES, Paulo C. C. *Geografia e modernidade.* Rio de Janeiro: Bertrand, 1996.

O MEDITERRÂNEO DE VIDAL DE LA BLACHE   247

_____. Quelques Réflexions sur les Catégories de la Pensée Vidalienne. In: CLAVAL, Paul. *Autour de Vidal de la Blache*. Paris: CNRS Èditions, 1993. cap. 10, p. 89-97.

GRANÖ, Olavi. External Influence and Internal Change in the Development of Geography. In: STODDART (ed.). *Geography, Ideology and Social Concern*. Oxford: Blackwell, 1981. cap. 3. p. 17-36.

HAESBAERT, Rogério. Paul Vidal de la Blache (1845-1918). Estados e Nações. Vidal no cruzamento das dimensões política e cultural da geografia. *Geographia*. vol. 11, n. 22, p. 128-153, 2009.

_____. Paul Vidal de la Blache (1845-1918). *Geographia*. v. 1, n. 1, p. 139-140, 1999.

HARLEY, J. B. *La Nueva Naturaleza dos los Mapas*. Ensayos sobre la historia de la cartografía. México: Fondo de Cultura Económica, 2005.

HUMBOLDT, Al. *Essai sur la géographie des plantes*. México: Cytvra, 1955.

KUHN, Thomas S. *A estrutura das revoluções científicas*. São Paulo: Perspectiva, 1996.

JAPIASSU, Hilton. Introdução ao pensamento epistemológico. 3ª ed. , Rio de Janeiro: F. Alves, 1979.

LACOSTE, Yves. Braudel Geógrafo. In: LACOSTE, Y. [org]. *Ler Braudel*. São Paulo: Papirus, 1989. cap. 8, p. 175- 225.

_____. *A geografia – isso serve, em primeiro lugar, para fazer a guerra*. Campinas: Papirus, 1997.

_____. A geografia. In: *Filosofia das ciências sociais*. Rio de Janeiro: Zahar Editores, 1981, cap. 5, p. 221-274.

_____. A bas Vidal... Viva Vidal!. Hérodote, Paris, 10, n° 16. 1979.

LAFUENTE, Antonio. La ciencia periférica y su especialidad histo-riográfica. In: SALDAÑA, Juan José (editor). Actas del Simposio – Historia y Filosofia en la Ciencia en America do XI Congreso Interamericano de Filosofía, *Cuadernos de Quipu*, Guadalajara, n. 01, p. 31-40. 1986.

LANDER, E. (org.). *A colonialidade do saber: eurocentrismo e ciências sociais.* Perspectivas latino-americanas. Buenos Aires: CLACSO, 2005.

LATOUR, Bruno. *Ciência em Ação.* Como seguir cientistas e engen-heiros sociedade afora. São Paulo: Editora Unesp, 2000.

LAVISSE, Ernest. Alfred Rambaud. *La Revue de Paris*, t. 1, 3e année, p. 345-354, 1906.

_____. Le Commandant Joseph Vidal de la Blache. *La Revue de Paris*, p. 48-53,1917.

LE GOFF, Jacques. *História e memória.* Campinas: Unicamp, 2003.

LE LANNOU, Maurice. *Pâtres et Paysans de la Sardaigne.* Tourns: Arrault et Maitres Imprimeurs, 1941.

LEJEUNE, Dominique. *Les Sociétés de géographie en France et l'expansion coloniale au XIXe siècle.* Paris: Albin Michel, 1993.

LEMÉNOREL, Alain. *Nouvelle Histoire Économique de la France Contemporaine.* 3. L'économie libérale à l'épreuve. Paris: Découverte, 1998.

LIAZU, Claude. *L'Europe et l'Afrique Méditerranéenn.* De Suez (1869) à nos jours. Bruxelles: Éditions Complexe, 1994.

LIRA, Larissa A. de. Fernand Braudel e Vidal de la Blache: geohistória e história da geografia. *Confins*, n. 2, 2008. Disponível em: hppt: confins.revues.org.br\document2592.html. Acesso em: setembro de 2011.

LIVINGSTONE, David N. *Putting Science in its Place*: Geographies of Scientific Knowledge. London,Chicago: The University of Chicago Press, 2004.

LOI, Daniel. Caractères Généraux de la causalité vidalienne et objets de l'explications dans Le Tableau de la Géographie de la France. In: ROBIC, Marie-Claire. *La Tableau de la Géographie de la France de Paul Vidal de la Blache*, Dans Le Labyrinthe des Formes. Paris: CTHS, 2000. Cap. 5, p. 107-117.

LOPES, Maria Margaret. *O Brasil descobre a pesquisa científica, os museus e as ciências naturais no século XIX*. São Paulo: Hucitec, 2009.

MACHADO, Lia Osório. Origens do pensamento geográfico no Brasil: meio tropical, espaços vazios e a ideia de ordem (1870-1930). In: CASTRO, Iná Elias de; GOMES, Paulo Cesar da Costa; CORRÊA, Roberto Lobato. *Geografia: conceitos e temas*. Rio de Janeiro: Bertrand Brasil, 1995, cap. 10, p. 309-353.

MAMIGONIAN, Armen. Gênese e objeto da geografia: passado e presente. *GEOSUL*, Florianópolis, UFSC, v. 14, n. 28. p. 167-170, 1999.

MARCONIS, Robert. Les relations entre la géographie et l'histoire. In: CLAVAL, Paul; SANGUIN, André-Louis (dir.). *La Géographie Française á L'Époque Classique (1918-1968)*. Paris/Montreal: L'Harmattan, 1996. Cap. 3, p. 59-68.

MERCIER, Guy. La région et l'État selon Friedrich Ratzel et Paul Vidal de la Blache. *Annales de Géographie.*, t. 104, n. 583. p. 211-235. 1995.

MORAES, Antonio Carlos Robert. *Geografia. Pequena história crítica*. São Paulo: Annablume, 2007.

_____. *Geografia histórica do Brasil*. São Paulo: Annablume, 2009.

NAVARI, Leonora (ed). *The Cartography of the Mediterranean Maps from Greek Private Collections*. 18th International Conferences on the Histoiry of Cartography. Athens, 12-19 July. Society for Hellenic Cartography. Institut for Neohellenic, 1999.

NORDMAN, D. La Méditerranée dans la pensée géographique française (vers 1800 -vers 1950). In: GUILLOT, Claude; LOMBARD, Denys. PTAR, Roderich. *From the Mediterranean to the China Sea*. Wiesbaden: Harrassourtz, 1998. cap. I, p. 1-20.

OZOUF, R.; ROUABLE, M. Encyclopédie Géographique du XXe siècle. Paris: Fernand Nathan, 1950.

OZOUF-MARIGNIER, Marie-Vic; ROBIC, Marie-Claire. Un Tableau à vif... La réception du Tableau de la Géographie de a France de Paul Vidal de la Blache. In: ROBIC, Marie-Claire (dir.). *Le Tableau de la Géographie de la France de Paul Vidal de la Blache*. Paris: CTHS, 2000. Cap. II, p. 251-270.

PANZAC. D. Révolution Française et Méditerranée musulmane. Deux siècles d'ambiguïté. *Revue des mondes musulmans et de la Méditerranée*. vol. 52, n. I. p. 10-18, 1989.

PAQUIER, J.-B. *Atlas de Géographie Physique et Militaire de L'Europe et du Bassin de la Méditerranée*. Paris: Librarie Géographique Émile Bertaux, 1888.

PEREIRA, Sérgio Nunes. Estados, nações e colonialismo: traços da geografia política vidaliana. In: HAESBAERT, R. GUILHERME, R. , PEREIRA, S. N. [org.]. *Vidal, Vidais*. Rio de Janeiro: Bertrand. 2012.

_____. Obsessões geográficas: viagens, conflitos e saberes no âmbito da sociedade de geografia do Rio de Janeiro. *Revista da SBHC*, Rio de Janeiro, vol. 3, n. 2. p. 112-124, 2005.

PERRET, R. À propos de l'achèvement de la 'Géographie Universelle': Vingt années de géographie française. *Annales de Géographie*. vol. 61, n. 324, p. 81-97, 1952.

PERRONE-MOISÉS, Leyla. *Altas literaturas*. São Paulo: Companhia das Letras, 1998.

PESAVENTO, Sandra Jatahy. *Exposições universais espetáculos da modernidade do século XIX*. São Paulo: Hucitec, 1997.

PETIER, Paule. D'un tableau l'autre. Le Tableau de la France de Michelet et le Tableau de la géographie de la France de Vidal de la Blache. In: ROBIC, Marie-Claire [dir.]. *Le Tableau de la Géographie de la France de Paul Vidal de la Blache*. Paris: CTHS, 2000. cap. 7, p. 128-150.

PINCHEMEL, Philippe. Paul Vidal de la Blache (1845-1918). In: GEORGE, Pierre (org.). COMITÉ DES TRAVAUX HISTORIQUES ET SCIENTIFIQUE. *Les Géographes Français*. Paris: Bibliothèque Nationale, p. 9-23, 1975.

POLANCO, Xavier. Une science monde: la mondialisation de la science européenne et la création de traditions scientifiques locales. In: POLANCO, Xavier (dir.) *Naissance et Développement de la science-monde*. Paris: La Découverte, 1990, cap. 1, p. 10-52.

PORTER, Theodore M.; ROSS, Dorothy. Writing the History of Social Science. In: PORTER, Theodore M.; ROSS, Dorothy (ed). *The Cambrigde History of Science*. vol. 7: The Modern Social Sciences. New York: Cambrigde University Press, 2003, Introduction, p. I-10.

RATZEL, F. A Córsega: estudo antropogeográfico. In: MORAES, Antonio Carlos Robert [org]. FERNANDES, Floretan [coord]. *Ratzel*. São Paulo: Ática, 1990.

REIS, J. C. *Nouvelle Histoire e tempo histórico*. A contribuição de Febvre, Bloch e Braudel. São Paulo: Annablume, 2008.

RHEIN. Catherine. La géographie, discipline scolaire et/ou sience sociale: (1860-1920). *Revue Française de sociologie*. vol. 23, n. 2. p. 223-251, 1982.

RIBEIRO, Guilherme. Epistemologias braudelianas: espaço, tempo e sociedade na construção da geohistória. *Geographia*. ano VIII, n. 15, p. 87-114, 2006.

_____. Território, império e nação. Geopolítica em Paul Vidal de la Blache. *Revista da ANPEGE*. vol. 6, n. 6, p. 29-42, 2010.

_____. Uma epistemologia em construção: diálogos entre a geografia e a sociologia em Paul Vidal de la Blache. *Geographia*. vol. 09, n. 18, p. 117-122, 2007.

RIBEIRO, Orlando. En relisant Vidal de la Blache. *Annales de Géographie*. t. 77, n. 424. p. 641-662, 1968.

ROBIC, Marie-Claire. De La Relativité... Elisée Reclus, Paul Vidal de la Blache et l'espace-temps. In: BORD, Jean Paul; CATTEDRA, Raffaell; CREAGH, Ronald; MOISSEC, Jean-Marie; ROQUES, Georges. *Elisée Reclus- Paul Vidal de la Blache, la géographie, la cité et le monde, hier et aujourd'hui*. Paris: L'Harmattan, 2009.

_____. L'invention de la 'Geographie Humaine' au Tournant des Années 1900: les vidaliens et L'écologie. In: CLAVAL, Paul. *Autour de Vidal de la Blache*. Paris: CNRS, 1993. cap. 15, p. 137-147.

O MEDITERRÂNEO DE VIDAL DE LA BLACHE   253

_____. Des vertus de la Chaire à la tentation de l'action. IN: CLAVAL, Paul. SANGUIN, André-Louis [dir]. La Géographie Française à l'époque classique (1918-1968). Paris, Montréal L'Harmattan, 1996. cap. 2, p. 27-58.

_____. Spatialités et temporalités de la France du Tableau. In: ROBIC, Marie-Claire. *Le Tableau de Géographie de la France de Paul Vidal de la Blache*. Paris: CTHS, 2000. Cap. 3, p. 59-75.

_____. Un système multi-scalaire, ses espaces de référence et ses mondes. L'Atlas Vidal-Lablache. Cybergeo: European Journal of Geography [En ligne], Dossiers, Journée à l'EHESS (Ecole des Hautes Etudes en Sciences Sociales). Echelles et territoires, Paris, France, 29 avril 2002, document 265, mis en ligne le 25 mars 2004. Disponível em: http://cybergeo.revues.org/index3944.html. Acesso em: outubro de 2011.

ROJAS, C. A. A. Os Annales e a Historiorafia Francesa, tradições críticas de March Bloch e Michel Foucault. Maringá: Eduem, 2000.

_____. *Uma história dos Annales (1921-2001)*. Maringá: Eduem, 2004.

_____. *Braudel, o mundo e o Brasil*. São Paulo: Cortez, 2003a.

_____. *Fernand Braudel e as ciências sociais*. Paraná: Eduel, 2003b.

RUEL, Anne. L'invention de la Méditerranée. *Vingtième Siècle*. Revue d'histoire, n. 32, p. 7-14, oct-dec. 1991.

SAID, Edward W. *Representações do intelectual*. São Paulo: Companhia das Letras, 2005.

_____. *Orientalismo*: o Oriente como invenção do Ocidente. São Paulo: Companhia das Letras, 2007.

254 LARISSA ALVES DE LIRA

RUDWICK, Martin J. S. *The Great Devonian Controvesy.* The Shaping of Scientif Knowlegde amog Gentlemanly Specialists. Chicago and London: The University of Chicago Press, 1985.

SANGUIN, André-Louis. L'évolution et le renouveau de la géographie politique. *Annales de Géographie*, t. 84, n. 463, p. 275-296. 1975.

_____. *Vidal de la Blache*. Un génie de la Géographie. Paris: Belin, 1993.

SANTOS, Milton. *Por uma geografia nova*. São Paulo: Edusp, 2002.

_____. Sociedade e espaço a formação social como teoria e como método. *Boletim Paulista de Geografia*, n. 54, p. 81-99, 1977.

SECCO, L. Geohistória. *Revista de Economia Política e História Econômica*. n. 13, p. 5-39, 2008.

SEIGNOBOS, Ch. LANGLOIS, Ch. *Introduction aux Études Historiques*. Paris: Hachette, 1898.

SIEGFRIED, André. *Vue Générale de la Méditerranée*. Paris: Gallimard, 1943.

SILVEIRA, Maria Laura. Espaço geográfico e fenômeno técnico: por um debate substantivo. *Anais do II Encontro Nacional de História do Pensamento Geográfico*, 2010. cap. 8, p. 137-153.

SINARELLIS, Maroula. La Géologie et l'Image de la Méditerranée. In: BOURGET, Mariel-Noëlle, NORDMAN, Daniel. PANAYOTOPOULOS, Vassilis; SINARELLIS, Maroula. *Enquêtes en Méditerranée*. Les expéditions françaises d'Egypte, de Morée et d'Algérie. Actes de Colloque Athènes-Naupio- 8-10 juin 1995; Athènes, Insitut de Recherche Néohelléniques/F. N. R. S, 1998.

SION, Jules. *La France Méditerranéenne*. Paris: Armand Colin, 1934.

_____. L'art de la description chez Vidal de la Blache. *Mélanges de Philologie d'Histoire et Littérature.* Extrait. Paris: Les Presses Françaises, s/d, p. 479-487.

SIVIGNON, Michel. Cinquante and de géographie de la Grèce, d'Elisée Reclus à Jules Sion (1883-1934). *Bulletin de Correspondance Hellénique.* vol. 123, n. 1. p. 227-243,1999.

SODRÉ, N. W. *Introdução à geografia.* Rio de Janeiro: Petrópolis, 1992.

SORRE, Max. A Noção de gênero de vida e sua evolução. In: MEGALE, Januário Francisco [org]. FERNANDES, Florestan [coord.]. *Max Sorre.* Geografia. São Paulo, Ática, 1984, cap. 3, p. 99-123.

_____; SION, Jules. Méditerranée Péninsules Méditerranéennes. In: VIDAL DE LA BLACHE, Paul; GALLOIS, Lucien. *Géographie Universelle.* Paris: Armand Colin, 1934.

NETO, Manoel Fernandes de Sousa. A ciência geográfica na construção do Brasil. AGB. São Paulo: AGB, n° 15, p. 9-20, 2000.

_____. Os ventos do norte não movem moinhos. *Boletim Goiano de Geografia.* vol. 28, n. 2, p. 15-32, 2008.

SPARY, Emma C. L'invention de 'l'expedition scientifique'. L'histoire naturelle, Bonaparte et l'Égypte. In BOURGUET, Marie-Noëlle; LEPETIT, Bernanrd; NORDMAN, Daniel; SINARELLIS, Maroula (dir.). *L'Invention Scientifique de la Méditerranée.* Égypte, Morée, Algérie. Paris: Ed. de L'École des hautes études en sciences sociales, 1998. Cap. 5, p. 119-138.

STODDART, D. R. The Paradigm Concept and the History of Geography. In: STODDART, D. R. *Geography, Ideology & Social Concern.* Oxford: Blackwell, 1981. Cap. 5, p. 70-80.

SUÁREZ, Edna. La historiografía de la ciencia. In: MARTÍNEZ, Sergio F., GUILLAUMIN, Godfrey [comp.] *Historia, Filosofía y Enseñanza de la Ciencia.* México: UNAM, Instituto de Investigaciones Filosóficas, 2005.

SUREMAIN, Marie-Albane. Métamorphoses d'un continent. L'Afrique des Annales de Géogrpahie, de 1919 au début des années 1960. *Cahiers d'Études africaines*, n. 153. p. 145-168, 1999.

THOMSON, Ann. Bory de Saint-Vincent et l'anthropologie de la Méditerranée. In: BOURGUET, Marie-Noëlle; LEPETIT, Bernard; NORDMAN, Daniel; SINARELLIS, Maroula [dir.]. *L'Invention Scientifique de la Méditerranée.* Égypte, Morée, Algérie. Paris: Ed. De L'École des hautes études en sciences sociales, 1998. Cap. 12, p. 273-287.

TISSIER, Jean-Louis. Vidal de la Blache. In: WINOCK, Michel; JULLIARD, Jacques. Dictionnaire des Intellectuels Français. Les personnes, les lieux, les moments. Paris: Seuil, 1996a.

_____. Comité d'Études et Les Géographes. In: WINOCK, Michel; JULLIARD, Jacques. *Dictionnaire des Intellectuels Français.* Les Personnes, les lieux, les moments. Paris: Seuil, 1996b.

VALLAUX. Camille. *Les Sciences Géographiques.* Paris: Alcan, 1929.

VESENTINI, J. W. Controvérsias geográficas: epistemologia e política. In: VESENTINI, J. W. *Ensaios de Geografia Crítica.* São Paulo: Plêiade, 2009. Cap. 2, p. 53-99.

VIDAL DE LA BLACHE, Paul. *Hérodes Áttique.* Étude Critique Sur sa Vie. Paris: Chez Ernest Thorin, 1872.

_____. *Péninsule Européenne. L'océan et La Méditerranée.* Leçon d'ouverture du cours d'histoire et géographie a la Faculté des

Lettres de Nancy. Nancy, Paris, Berger-Levrault et Librairies-Éditeurs, p. 1-28, 1873.

_____. L'Europe Méridionale et le monde méditerranée. *Revue Politique et Littéraire*. 2e série, 4e année, num. 31, p. 750-754, 1875.

_____. Des rapports entre les populations et le climat sur les bords européens de la Méditerranée. *Revue de Géographie*. p. 401-419, Décembre de 1886.

_____. *États et Nations de L'Europe*, Autour de la France Paris: Librairie Charles Delagrave, 1889.

_____. La Zone Frontière de L'Algérie et du Maroc d'Après de Nouveaux Documents. *Annales de Géographie*. Volume 6, Numéro 28 p. 357 – 363. 1897.

_____. La Géographie Politique, a propôs dês Écrits de M. Frédéric Ratzel. *Annales de Géographie*, n. 32- 7°année, p. 97-111, 1898.

_____. Les Civilisations Africaines d'après Frobenius. *Annales de Géographie*, vol. 8, n. 39, p. 265 – 267, 1899.

_____. A Travers l'Amérique du Nord. *Revue de Paris*, n° 07, p. 513-531, 1905.

_____. Auguste Himly. *Annales de Géographie*. n° 84, p. 479-480, 1906.

_____. Régions Naturelles et Noms de Pays. *Journal des Savants*, sept-oct. , p. 381-401, 1909.

_____. La Conquête d Sahara. *Annales de Géographie*. vol. 20, n. 109, p. 73-77, 1911a.

_____. Sur la relativité des divisions régionales. *Athena*, n. 11, p. 1-8, 1911b.

_____. Sur L'Esprit Géographique. *Revue Politique et Litéraire (Revue Bleu)*. n. 18, 52e année. Paris: Bureaux de la Revue Politique et Littéraire (Revue Blue) et de la Revue Scientifique, p. 556-560,1914.

_____. Paul. Les Grandes Agglomérations Humaine. Troisième article: régions méditerranéenes. *Annales de Géographie*. vol. 27, n. 147, p. 174-187. 1918.

_____. As características próprias da geografia. In: CHRISTOFOLETTI, A. *Perspectivas da Geografia*. São Paulo: DIFEL, 1985, cap. 2, p. 37-47.

_____ [1902]. Les Conditions Géographiques des Faits Sociaux. In: SANGUIN, André-Louis. *Vidal de la Blache*. Un génie de la Géographie. Paris: Belin, 1993, cap. 12, p. 209-222.

_____ [1903]. La Géographie Humaine, ses Rapports avec la Géographie de la Vie. In: SANGUIN, André-Louis. *Vidal de la Blache*. Un génie de la Géographie. Paris: Belin, 1993. Cap. 13, p. 223-244.

_____ [1910]. Régions Françaises. In: SANGUIN, André-Louis. *Vidal de la Blache*. Un génie de la Géographie. Paris: Belin, 1993. Cap. 17, p. 295-319.

_____ [1913] Des Caractères Distinctifs de la Géographie. In: SANGUIN, André-Louis. *Vidal de la Blache*. Un génie de la Géographie. Paris: Belin, 1993. Cap. 20, p. 357-368.

_____ [1904]. Les Pays de France. In: SANGUIN, André-Louis. *Vidal de la Blache*. Un génie de la Géographie. Paris: Belin, 1993. Cap. 14, p. 245-257.

_____. Leçon d'Ouverture du Cours de Géographie. Faculté de Lettres de Paris, 7 février 1899. In: SANGUIN, André-Louis. *Vidal de la Blache*. Un génie de la Géographie. Paris: Belin, 1993. Cap. 10, p. 177-191.

_____. *Tableau de la Géographie de la France*. Paris: Le Table Ronde, 1994.

_____ [1895] O princípio de geografia geral. *Geographia*, Rio de Janeiro, ano 3, n. 6, p. 135-147, 2002.

_____ [1911] Os gêneros de vida na geografia humana. *Geographia*, vol. 7, n. 13, p. 113-130, 2005.

_____ [1902], Estradas e caminhos da França antiga. *GEOgraphia*, ano VIII, n 16, p. 120-129, 2006.

_____. *Atlas Vidal-Lablache*, Histoire et Géographie. Paris: Armand Colin, s/d;

_____ [1922]. Principes de géographie humaine, Paris, Armand Colin, citado segundo a trad. port.: Princípios de Geografia Humana. Lisboa: Cosmos, s/d.

VLACH, V. R. F. Acerca da Geografia, da política, da geograficidade: fragmentos metodológicos. In: *Sociedade & Natureza*, 11, (21 e 22), p. 97-109, 1999.

VOSGIEN, *Dictionnaire Géographique Universel dès Cinq Parties du Monde*. Paris: Eugène Penaud et Cie. Libraries Éditeurs, 1845.

WALLERSTEIN, Immanuel. *Le Système du Monde du XV Siècle à nos Jours*, tome 1: Capitalisme et Économie-Monde 1450-1640. Paris: Flammarion, Nouvelle Bibliothèque Scientifique; 1980.

260   LARISSA ALVES DE LIRA

_____. O Homem da Conjuntura. In: LACOSTE, Y. [org]. *Ler Braudel*. São Paulo: Papirus, 1989, cap. I, p. 13-29.

_____. *Após o Liberalismo*. Em busca da reconstrução do mundo. Rio de Janeiro: Vozes, 2002.

_____. *Mercantilism and the Consolidantion of the European World-Economy*. 1600-1750. Berkeley, Los Angeles, London: University of California Press, 2011.

WRIGHT, John K. A Plea for the History of Geography. In: LIVINGSTONE, David; AGNEW, John; ROGERS, Alisdair (dir.). *Human Geography*. An essentiel anthology. Oxford: Blackwell, 1996, cap. I, p. 25-36.

ZUSMAN, Perla. Recortes nacionales y internacionales en el análises de institucionalization de la geografia latinoamericana. Algunas reflexiones a partir del caso argentino en el paisaje del siglo XX. *Anais do II Encontro Nacional de História do Pensamento Geográfico*. São Paulo: Fapesp, Geopo-USO, FFLCH-USP, Capes, 2010, cap. I- p. 25-39.

ANEXO A – TRADUÇÃO

A Península Europeia – O Oceano e o Mediterrâneo[1]
Paul Vidal de la Blache

Senhores,

O novo ensino, do qual o senhor ministro da instrução pública veio dotar a Faculdade de Letras de Nancy deve, conforme seu duplo título, consagrar-se à Geografia em suas relações com a história. Há alguns anos, o auditório diante do qual tenho a honra de falar pela primeira vez, já manifestou seu gosto pelos estudos geográficos. Por esta razão, é com prazer que evoco esta lembrança, que testemunha o quanto posso contar com a seriedade do interesse de vocês nas investigações que iremos empreender aqui.

Nessas lições de quinta-feira, proponho-me a estudar a geografia da Europa e de seus principais Estados. Entre os diferentes povos que compõem a sociedade europeia, a raça, a história e os interesses estabelecem um grande número de relações (que estudaremos), e o método da comparação se oferecerá naturalmente para melhor fixar as ideias e falar mais vivamente ao espírito. No início de seu grande tratado geográfico, Estrabão escreveu: "É necessário

---

[1] Lição de abertura do curso de História e Geografia, Faculdade de Letras de Nancy, 1873. Publicado por Berger-Levrault et Cie, Librairies – Éditeurs. Tradução: Larissa Alves de Lira (doutoranda em Geografia Humana da USP e bolsista Fapesp) e Guilherme Ribeiro (UFF – Campos dos Goytacazes). Este último agradece a Guilherme de Oliveira Queiroz, ex-bolsista PIBIC da UFF – Campos dos Goytacazes. Tradução inscrita no âmbito do projeto de pesquisa "Epistemologia e Política: uma Releitura da Geografia Vidaliana para o Século XXI", contemplado pelo Programa Jovens Pesquisadores (2010) da Universidade Federal Fluminense (UFF) e dirigido por Guilherme Ribeiro no Instituto de Ciências da Sociedade e Desenvolvimento Regional (Campos dos Goytacazes) da mesma universidade.

262 LARISSA ALVES DE LIRA

começar pela Europa, pois essa parte do mundo é aquela cuja forma é a mais variada e é a mais favorável à civilização e à dignidade moral dos cidadãos". Ser-nos-á permitido acrescentar que a Europa é o teatro no qual são encenados nossos destinos, o principal mercado que se abre aos nossos produtos; logo, o objeto que mais importa conhecer. Sem insistir mais do que convém nas lacunas que impressionam todos os olhares, é bem verdade que com seu comércio – que a situa em segundo lugar no mundo – e os serviços que seus sábios, viajantes e grandes publicações renderam à Geografia, a França não saberia persistir numa negligência tão fatal a seus interesses quanto injuriosa às suas tradições.

I

Hoje, a Europa é o núcleo da única forma de civilização que teve o dom de se propagar por outras partes do universo. É possível que sua preponderância seja um dia ameaçada. No momento, a nação – muito orgulhosa e, às vezes, muito desdenhosa – que tão rápido cresceu do outro lado do Atlântico, mais lhe toma emprestado do que lhe dá. A civilização, sem, contudo, ter aparecido na Europa antes que em certos vales da Ásia ou da África, aclimatou-se preferencialmente, por assim dizer, naquele continente. E, através das vicissitudes que, por todos os lados, lhe eram fatais, a civilização não interrompia sua marcha senão para retomá-la e acelerá-la. Existiria outra causa deste privilégio a não ser uma razão material retirada do solo e das circunstâncias físicas? Estamos longe de assim pensar. Contudo, quem não se surpreenderia com a parte que cabe às influências geográficas?

A Europa, trata-se, por assim dizer, da mais vasta península do continente asiático. Comparando-a à África, seremos surpreendidos principalmente com as sinuosidades e os recortes de seu litoral, que lhe dão, com uma extensão três vezes menor, uma amplitude de costas cinco vezes mais considerável. Se pensarmos na América do Norte ou do Sul, a diversidade manifesta-se principalmente no relevo montanhoso. Aqui, um solo sulcado de vales onde cada um deles deve à sua diferente orientação uma fisionomia particular; lá, imensas bacias fluviais sem separação sensível, tipos de quadros que a natureza parece ter traçado para Estados mais vastos e para combinações convenientes a uma sociedade em plena força – porém certamente incompatíveis com a fragilidade de uma civilização iniciante. No passado, ao longo do Mississipi, ocorreram tentativas de estabelecimento sedentário e agrícola.[2] Arqueólogos acreditam ter encontrado traços de aldeias e cidades fundadas por populações pacíficas antes da chegada dos europeus – populações que caçadores nômades advindos do Norte perseguiram, desde cedo, nessas planícies sem defesa.

Entre a Europa e a Ásia, a configuração e a arquitetura interior oferecem analogias; porém, a diferença está na extensão. Victor Jacquemont, espírito viajante morto sob o clima da Índia e vítima de seu zelo pela ciência, nos deixou relatos bastante atraentes sobre os homens e as coisas desse país [pays], não experimentou diante do Himalaia senão outra coisa que um sentimento de admiração. "Oh! – diz ele – como são bonitos os Alpes!", não hesitando, diante desses colossos, em dar preferência à feliz proporção, à harmonia das partes, em uma palavra, a medida da Europa sobre a Ásia. O Himalaia é uma muralha que separa dois mundos. Atrás dele começa o gigantesco platô que cobre o centro da Ásia, onde os rios se perdem em lagos sem saída, onde se estendem imensos espaços não cultivados (estada típica das populações nômades) e onde cada tremor foi uma catástrofe histórica. Assim, a China viveu isolada, e um princípio de morte abateu-se sob sua civilização. O refinamento do letrado e a rudez do nômade se encontram nesse continente fértil em contrastes. Geralmente, a flora asiática oferece uma explosão de perfumes e cores que em nada parece com os da Europa. Entretanto, de súbito, a esterilidade sucede bruscamente a exuberância! Em meio a águas correntes e jardins, tão celebrados pela poesia árabe, que cercam

---

2   Ver John Lubock, *Homme avant l'histoire*, cap. VII (*Archéologie de l'Amérique du Nord*).

Damas de uma sombra ornada de verde, o olhar se fixa no horizonte sob a nudez do deserto Sírio. Portanto, onde estaria a fácil correspondência que une, umas às outras, as regiões naturais desenhadas em nosso continente por montanhas altas porém não impenetráveis? Onde estaria a feliz distribuição das riquezas de um solo que em todo lugar exige [*sollicite*], mas que em nenhuma parte desencoraja o trabalho humano? Os antigos não se enganavam quanto a isso, por mais incompletas que fossem suas comparações, quando se compraziam em atribuir à natureza da Europa uma espécie de virtude moral, explicando desse modo a superioridade guerreira e política de seus habitantes. Com base nessa aproximação, Hipócrates estabeleceu a célebre teoria da influência dos climas (na qual foi o pioneiro) e, no fim de sua história, Heródoto já dizia: "Uma mesma terra não produz frutos admiráveis e homens belicosos".

Na realidade, senhores, a principal originalidade da Europa consiste na distribuição dos mares que a banham. O Oceano se multiplica, por assim dizer, ao redor daquele continente e o envolve quase que integralmente, tanto ao norte quanto ao sul, por um duplo sistema de mares secundários ou interiores. Graças a esse aspecto, nosso continente é acessível, em maior alcance que nenhum outro, às influências marítimas. Da mesma maneira, as partes mais distantes foram, desde cedo, postas facilmente em contato. Hoje, esses mares ainda são o laço que parece unir o conjunto europeu. Foi ao longo de suas margens que as nações modernas foram moldadas, e cada uma delas mostrou-se disposta em assegurar, aí, seu lugar. A França conta, legitimamente, como uma de suas principais vantagens estar situada entre dois mares. Os povos que entraram por último na sociedade europeia não estão verdadeiramente a ela vinculados senão quando se estabeleceram sobre o Báltico e o Mar Negro.

Assim, a ação preponderante sobre a Europa pertence ao Oceano. No entanto, para apreciá-la em toda a sua extensão, foi necessário que o Homem viesse a conhecer um pouco melhor esse mundo dos mares que, durante muito tempo, permaneceu misterioso para ele.

O MEDITERRÂNEO DE VIDAL DE LA BLACHE   265

É preciso dizer que somente ontem a observação humana pôde penetrar nessas profundezas, conquistadas, enfim, pela centelha elétrica. Graças a aparelhos engenhosos e a pacientes explorações que o zelo de americanos e ingleses multiplicam a cada dia, o homem aprecia admirado novas formas da vida animal ou vegetal, até mesmo no interior dessas montanhas ou desses vales recobertos pela uniformidade líquida.[3] Na própria superfície, esses movimentos variados, que repercutem nas regiões inferiores, essas correntes que mantêm uma circulação incessante, foram estudados com um verdadeiro espírito científico apenas em nossos dias. Nesse sentido, um conhecimento mais preciso de suas características e de seus efeitos, abrindo novas vias sobre a economia geral do globo, esclarece com viva lucidez a própria geografia da Europa.

Sabe-se que o Equador atrai para si as águas dos mares polares e, dessa forma, correntes frias circulam através do Oceano. Porém, por outro lado, as águas equatoriais são transportadas do Oriente ao Ocidente pelo efeito da rotação terrestre. Quando, em virtude de uma longa temporada sob o calor do sol tropical, elas são fortemente aquecidas, ocorre um notável fenômeno. Tanto no Oceano Atlântico quanto no Pacífico, observamo-las, escoando ao longo das costas, serem desviadas em direção aos polos – principalmente rumo ao norte. Assim, é possível constatar, nos dois Oceanos, a existência de correntes semelhantes: a do Pacífico, cujo litoral ela acompanha, recebeu dos japoneses o nome de *Fleuve noir*, enquanto a do Atlântico chama-se *Courant du golfe* ou *Gulf-Stream*.

Do golfo das Antilhas, pelo fechado estreito que separa a ilha de Cuba da ponta da Flórida, lança-se, avolumando pouco a pouco, uma torrente de águas quentes. Distinta por sua rapidez e pela cor

---

3   A respeito da geografia submarina e da vida orgânica nas profundezas dos mares, ver os recentes trabalhos do Dr. Carpenter (explorações do [navio] *Porcupine* em 1869 e 1870), do capitão Osborn etc. (em inglês) e de Pourtales e Minddendorf etc. (em alemão). Cf. Vivien de Saint-Martin, *Année géographique*, 1872, p. 443 e ss.; e Beum, *Geographisches Jarbuch*, IV, Band, 1872, p. 59 e ss.

azulada, é um verdadeiro rio que corre através do mar dirigindo-se para o norte. Entretanto, na altura do banco de Terra Nova, ela encontra uma corrente oposta oriunda dos mares glaciais. Lá se chocam essas duas forças rivais, as águas azuis e quentes do Equador com as águas esverdeadas e frias do Polo, reunindo, ao seu redor, no ponto do conflito, espessas brumas e névoas eternas. Vítimas do súbito frio que penetra nas camadas inferiores, milhares de seres microscópicos (que o *Gulf-Stream* vivificou com seu calor) perecem e, acumulando seus despojos calcários, cobrem as profundezas do Oceano. Ao mesmo tempo, quer pelo efeito da corrente adversa, quer por outra razão, os fluxos da *Gulf-Stream* sofrem um desvio que lhes remetem para o Leste – ou seja, para a Europa. A corrente amplia-se, retarda-se e, enfim, divide-se na altura dos Açores. Uma parte retorna lentamente ao Equador; contudo, um braço se destaca do grande rio marítimo. Sem dúvida, tal braço se combina com novas massas d'água vindas dos trópicos, atraídas em direção ao Polo por uma lei geral pela qual tais fenômenos seriam apenas acidentais. Independentemente do que seja, observa-se, em geral, como uma derivação da *Gulf-Stream*, essa corrente quente que aflora em nossas costas ocidentais – da Bretagne até a Escócia e a Noruega, prolongando até Spitzberg sua fraca influência, mas, às vezes, ainda perceptível.

Atribuiu-se à influência da *Gulf-Stream* o grau avançado da civilização na Europa. Suponhamos, Senhores, com efeito, que uma mudança de direção a desvie das costas europeias; suponhamos, por exemplo, tal como um geólogo inglês nos convida, que o Vale do Mississipi volte a ser o que era antigamente: um grande braço de mar comunicando o Norte com a região dos lagos. Por ele transitaria a *Gulf-Stream* que, conforme a lei ordinária, muito provavelmente seria substituída em nossas costas por uma corrente de água fria. Neste mesmo momento, a Península Escandinava desapareceria sob o gelo, como a Groenlândia. Inglaterra e Alemanha, a partir de então submetidas ao mesmo clima que Labrador, teriam a mesma vegetação: musgos e líquens. Localizado na mesma latitude que o

O MEDITERRÂNEO DE VIDAL DE LA BLACHE   267

Baixo Canadá, o centro da França teria os rigorosos invernos das margens do *Saint-Laurent*. Assim, desapareceriam do mapa agrícola da Europa, isto é, da civilização, as próprias áreas onde sua atividade é maior. Por outro lado, enquanto os blocos de gelo separados dos mares polares no momento do degelo ultrapassam, sobre as costas da América do Norte ou da África Austral, a marca dos 40° de latitude e deveriam, por analogia, aparecer na Europa até as paragens de Lisboa, eles jamais alcançam o Cabo Norte – situado a 71° na extremidade da Noruega. Assim, por um notável privilégio, nenhuma fração das costas europeias do Oceano estaria inteiramente resistente à atividade humana.

Essa cortina de vapores tépidos, com a qual o Atlântico vela nossas costas, é lançada em direção ao interior do continente por uma corrente atmosférica que, devido às mesmas causas físicas que a *Gulf-Stream*, segue praticamente a mesma rota. Após ter auxiliado em sua marcha os navios provenientes da América, os ventos do sudoeste dominantes nas regiões ocidentais europeias nelas mantém, graças à umidade que carregam, uma temperatura amena e uniforme. Através deles se estabelece a troca que transmite do Novo ao Velho Mundo os vapores exalados pelas florestas da América do Sul, as brumas esparsas e flutuantes sobre a extensão do Oceano. Dupla e salutar função dos ventos que, de uma extremidade a outra, une os continentes opostos pela correlação climática e pela diminuição das distâncias! Assim, as monções periódicas do Oceano Índico traçam para os navios um caminho fácil de ida e volta; assim os ventos alísios conduziram, um dia, as velas de Cristóvão Colombo a um continente desconhecido.

Exaladas pelos mares e trazidas pelos ventos, estas brumas acabam em chuva a tocar nossos litorais, onde se fixam nos flancos das montanhas. De todos os lados elas afluem rapidamente para os Alpes, para os inesgotáveis reservatórios que distribuem a água e a fecundidade[4] por toda Europa. Subam vocês, por algumas horas,

---

4   A quantidade de água que cai a cada ano, medida pelo pluviômetro, atinge

dos bosques de castanheiras que revestem as primeiras vertentes até as regiões onde não aparece mais do que a vegetação do mundo polar. Então, estender-se-ão ao seu redor os campos de neve onde o vapor d'água, proveniente do frio, adormeceu, esperando que o sopro do vento africano (*Foehn*) venha de súbito despertá-lo. Ou, então, o vapor d'água é fixado em uma destas geleiras que, ao longo das encostas por elas sulcadas, descem lentamente até o ponto onde, vencidas pelo calor do sol, deixam escapar os afluentes – que, inicialmente, são torrentes – para logo tornarem-se rios. Pois, antes de nutrir nossos vales com seus limos e de abrir vias passíveis de comércio, tais águas começam por devastar os abruptos flancos que a encerram; seus turbulentos cursos se agitam e revolvem os sedimentos arrancados da montanha. Todavia, logo que essas águas param nos lagos que, ao redor dos Alpes, formam um tão maravilhoso e útil cinturão – conservando a cor verde que é como sua marca de origem –, elas saem mais puras e mais ricas em seivas férteis. Assim, retorna ao mar a gota d'água, transformada e fecunda, que ele havia enviado à montanha.

No entanto, as influências oceânicas vão se enfraquecendo à medida que nos afastamos do Ocidente. Nas planícies baixas do norte da Alemanha, começa uma mudança que vai sendo assinalada, progressivamente, até as imensas planícies russas. O horizonte se amplia sobre superfícies sem acidentes e sem relevo, e a monotonia da paisagem corresponde à uniformidade do solo. Igualmente, o clima pouco se modifica. Já entre Weser e Elba, ainda que tão vizinhos, a diferença entre os invernos é tanta que o mais ocidental desses rios fica, em média, coberto de gelo durante 30 dias por ano, enquanto o outro, 62 dias.[5] É que o Báltico, com a baixa salinidade de suas águas facilmente geladas, é antes um lago do que um mar. Nenhuma influência lhe opõe, nenhum obstáculo impede o sopro

---

dois metros nos Grandes Alpes. Ver Berghaus, *Physikalischer Atlas, météréologie*, carta número 10.

5   Daniel, *Handbuch der Geographie*, tomo III, cap. I, § 3, p. 29.

dos ventos continentais de nordeste. A Europa Oriental sofre essas mesmas variações de temperatura – que torna, um após o outro, escaldante ou gélido, o clima de Nova Iorque ou Pequim, situadas, porém, sob a mesma latitude de Nápoles. Assim, no limite onde a Europa perde sua característica de península, estendem-se regiões indecisas, cujo clima e uma parte de sua história estariam vinculados à Ásia – caso elas não tivessem se tornado europeias por um paciente esforço do gênio político. É no sul, e não no Oriente, que a Europa reconhece seus traços distintivos.

II

Jamais houve, senhores, revolução comparável em seus resultados do que àquela que, separando violentamente as duas colunas de Hércules, lançou o Mediterrâneo no fundo da bacia que contorna as montanhas da Europa e da África. Depois de ter inicialmente preenchido o amplo espaço que separa as penínsulas hispânica e italiana, as águas alcançaram o planalto, submerso em baixa profundidade, que, por baixo de sua superfície, une a Sicília à ponta de Túnis. Então, muito antes, elas atiraram, para o interior das terras, esses longos e preciosos golfos, denominados Adriático, Arquipélago, Mar de Mármara, Mar Negro. E, sem dúvida, suas irrupções encontraram a poderosa ajuda da atividade vulcânica, que os séculos amorteceram sem extinguir.

Nessa nova distribuição dos rios, a Europa, particularmente favorecida, ficou com a maior parte das penínsulas e das ilhas, com os portos mais numerosos e mais seguros. A costa africana é quase totalmente desprovida de baías; exceção feita ao Nilo, ela só oferece finos cursos d'água encerrados pela proximidade das montanhas. Na Europa, ao contrário, abrem-se em direção ao mar numerosos vales fluviais.

Destarte, entre três continentes, formou-se um mar, pela cor de suas águas, pela característica de seus movimentos e pelo aspecto de suas margens, distinto desse Oceano que nele se lança e ainda o alimenta com suas águas. Praticamente insensível à ação das marés, o Mediterrâneo não oferece, tal como os mares mais abertos que contornam os Países Baixos, esses temíveis movimentos que, quando combinados a uma tempestade, ameaçam destruir as margens. Sabemos com quanto trabalho e com quanta vigilância sem trégua o homem disputa, palmo a palmo com o Oceano, essas margens mal protegidas pela natureza. Sua perseverança triunfou: ele conquistou, ampliou sem cessar seu domínio, mas não sem, às vezes, sofrer os selvagens retornos de seu eterno inimigo. Em 1280, quando o Oceano transformou bruscamente em golfo o lago que, outrora, ocupava a praça de Zuyderzée, 80 mil homens pereceram. Em 19 de novembro de 1421, 72 aldeias perto da embocadura do Meuse foram engolidas em uma noite de tempestade: foram a presa de outra de suas surpresas. É verdade que, favoráveis sob outros aspectos, as próprias marés criaram e cavaram incessantemente na embocadura dos rios oceânicos esses vastos estuários, esses portos naturais onde a navegação marítima sucede sem interrupção a navegação fluvial. É graças a essas marés que o porto mais importante do mundo pode estar localizado a 73 km do mar, pois, na Inglaterra, diz-se, não são os rios que correm para o Oceano, mas o Oceano que avança em direção aos rios.

O Mediterrâneo não apresenta nem essas vantagens, nem esses perigos. Nele, as embocaduras fluviais são obstruídas pelos bancos de areia, desgastados sem cessar pelo mar, mas também continuamente renovados, sem permitir em parte alguma o estabelecimento de um porto sobre o próprio rio. É a terra que avança sobre o mar, através de baixas planícies aluvionais ou lagunas, num progresso contínuo que se prolonga na direção fixada pelas correntes marítimas. Perigosas dádivas que os rios cobram por meio da febre e da *malária*, quando o homem abandona a obra da natureza à sua própria sorte! Ravena, hoje a 6 km terra adentro; Veneza, cujos canais se preenchem; Aigues-Mortes e Narbonne são as vítimas mais ou menos ilustres, porém igualmente tristes, desse recuo incessante das águas. O Ródano, "que será sempre incorrigível" – escreveu Vauban após uma exploração seis vezes repetida –, cobre com seus detritos todo o fundo do Mediterrâneo ocidental.[6] A costa do Languedoque lhe deve suas areias e seus pântanos, e nossos portos da Provença só foram salvos pela poderosa corrente que empurra as águas do golfo de Lion em direção ao oeste.

O aspecto muda se as montanhas, mais próximas das costas, apresentam ao mar esses terraços abrigados que predominam nos Alpes, Líbano, Atlas ou Serra Nevada. A vinha, a oliveira e a figueira ainda compõem, a despeito dos estragos do desmatamento, o revestimento característico das margens mediterrâneas. É nessa semelhança de vegetação e de bordas opostas que se manifesta a unidade do teatro onde se desenvolveu a vida histórica dos povos antigos. Por todo o tempo a bacia do Mediterrâneo[7] manteve uma fisionomia especial. No século passado, via-se ainda essas pesadas galeras à vela ou a remo que nossa marinha militar ali conservara. Mesmo hoje, seria possível encontrar, nesses medíocres navios multiplicados pela atividade econômica dos gregos, mais de uma lembrança das formas de construção antigas. A despeito da distância que as separa, Marselha, Odessa e Alexandria apresentam o mesmo espetáculo: por todos os lados, a vida e os negócios a céu aberto como

---

6   Exploração do *Porcupine* no verão de 1870. Ver *Geographisches Jarhbuch*, t. IV, p. 68.

7   No momento em que escreve Vidal de la Blache, está nascendo uma diferença de terminologia entre 'bacia mediterrânica' e 'região mediterrânica'. Enquanto a primeira denominação refere-se à bacia cujo mar esta 'entre terras', a segunda refere-se à nova região e ao conjunto dos mares cuja unidade natural, cultural e civilizacional começa a ser ressaltada no século XIX. Ver: BOURGUET, Marie-Noëlle; LEPETIT, Bernanrd; NORDMAN, Daniel; SINARELLIS, Maroula [dir]. *L'Invention Scientifique de la Méditerranée*. Égypte, Morée, Algérie. Paris: Ed. De L'École des hautes études en sciences sociales, 1998; DEPREST, Florence. "L'invention géographique de la Méditerranée: éléments de réflexion". In Espace géographique, 2002_1, nº31, p. 73-92; FABRE, Thierry. "La France et la Méditerranée. Généalogies et représentations". IN: IZZO, Jean-Claude; FABRE, Thierry. *La Mediterranée française*. Paris: Maisonneuve et Larose, 2000 (N. T.).

nos tempos da *agora*, a atividade barulhenta e o formigueiro de uma multidão cosmopolita – onde Oriente e Ocidente estão lado a lado. Em nossos ouvidos ressoam as mais diversas línguas, e do ambiente desta Babel emerge uma espécie de criação bizarra, esse jargão arbitrário e compósito que se denominou língua franca.[8] Na Antiguidade, por mais que o Oceano tivesse sido visitado inúmeras vezes por embarcações fenícias e, mesmo depois deles, por gregos e romanos, a imaginação do homem mediterrâneo facilmente se perturbava diante dos fenômenos e perigos da navegação setentrional. Quando, próximo à embocadura do Ems, uma dessas tempestades de equinócio – tão perigosas na parte rasa do mar do Norte – assolou e dispersou a frota de *Germanicus*, alguns náufragos lançados sobre as costas da Germânia ou da Bretanha foram acolhidos e salvos por seus habitantes. "Eles contavam, disse Tácito, coisas estranhas: lufadas furiosas, pássaros desconhecidos, peixes imensos, monstros com uma forma indefinida entre o homem e a besta. Fenômenos reais ou fantasmas do medo".

Durante muito tempo, a bacia do Mediterrâneo apresentou um triste contraste àqueles que, plenos de recordações, comparavam sua situação atual com a do passado. No começo deste século, o ilustre viajante que percorreu essas regiões devia dedicar, mesmo a uma visita rápida e incompleta, um ano de sua vida e uma parte de sua fortuna. A imagem da decadência e das ruínas aparecia em cada página de seu itinerário.

Contudo, não foi o acaso que quis que, durante um longo período, a história do Mediterrâneo se confundisse com a da própria civilização. Naquele momento, somente a Europa estava em contato com a Ásia e a África e quando, na Antiguidade e na Idade Média, as raças indo-europeias e as raças semíticas disputaram a condução do mundo, o Mediterrâneo foi o teatro necessário dessas lutas decisivas denominadas guerras púnicas ou cruzadas. O destino do

---

8   Desde as Cruzadas, língua atribuída aos europeus dos portos do Mediterrâneo Oriental (N. T.).

O MEDITERRÂNEO DE VIDAL DE LA BLACHE   273

povo grego estava estreitamente ligado às suas costas. Pouco a pouco, de ilha em ilha, de uma margem a outra, viu-se propagar o gênio desta raça expansiva. Ampliando o próprio horizonte, à medida que irradiava ainda mais seu brilho, tal raça veio a animar quase todo o Mediterrâneo com suas colônias, que não eram somente balcões[9] como em Tyr ou Cartago, mas sim cidades sobre as quais crescem hoje nossos principais portos. As cidades gregas de Ponto-Euxino abriram caminho em direção ao continente setentrional que a Antiguidade praticamente só conheceu por meio delas. Que dizer da expedição de Alexandre que, pela afluência de observações e de novas vias da qual foi origem, mereceu ser comparada por Humboldt ao período de nossas grandes descobertas do século XV? Em seguida, quando, entre os povos mediterrâneos, a comunidade de civilização abriu passagem para a conquista romana, foi o centro geográfico da bacia que ofereceu o ponto de apoio da nova organização política. Por fim, foi ao longo das margens meridionais desse mar que os árabes estenderam, a galope de seus cavalos, seu efêmero império para além das colunas de Hércules – cujo nome atesta, a partir de então, sua passagem.

Na sequência, como os destinos comerciais seguem seus cursos através das instabilidades das combinações políticas, Alexandria, Antioquia e Beirute tornam-se, para Veneza, os principais mercados nos quais ela estabelece seus balcões, recebe os produtos da Índia e onde o comércio da Europa reencontra o da Ásia. Por trás do mundo muçulmano, quando a Ásia Central, reunida sob o domínio mongol, entra em contato com o Ocidente, Gênova e Veneza passam a ocupar no Ponto-Euxino o lugar onde, outrora, Mileto as precedera.

No Oriente, as duas rivais combatem brutalmente; o comércio e a guerra vão à frente. Os mercadores são homens de armas, e seus balcões têm as fortalezas como abrigo. No entanto, na costa da Crimeia, Gênova funda uma cidade cuja população ultrapassa em poucos anos

---

9   Denominação que, a partir da Idade Média e, sobretudo, na Idade Moderna, teria como equivalente *feitoria* (N. T.)

a de Constantinopla: Cafa. Segundo um viajante, nela encontram-se três bispos de comunhões diferentes, sinagogas de duas seitas rivais e templos pagãos de toda sorte, a serviço de uma população na qual todas as religiões e raças estavam reunidas. Qual motivo retinha essa multidão em uma praia onde, por muito tempo, a antiga Theodosia não oferecia mais que ruínas e, hoje, voltando a ser quase solitária, deve à vizinhança da obscura capital da província um pouco de animação durante alguns meses de verão? Foi em Cafa que a República de Gênova conseguira fixar um ponto de chegada das caravanas que, do interior da Ásia – pela dupla rota natural que Oxus e Cáspio abrem em direção ao Volga, e o Volga e o Don no sentido do Mar Negro –, nela vinham se reencontrar com o rude e astuto negociante do litoral da Ligúria. Assim, o gênio de uma cidade medieval havia reencontrado os acessos que, conforme Eratóstenes, outrora fizeram a fortuna das colônias gregas de Ponto – e que, atualmente, a Rússia se apressa em reconquistar através da construção de uma ferrovia em direção ao Cáspio e ao lago de Aral.

Sabe-se como no século XV extinguiu-se essa prosperidade. Os turcos lhe deram o primeiro golpe, e não tardou para que a descoberta da passagem pelo cabo da Boa Esperança permitisse que as nações ocidentais fossem buscar por si mesmas, na Índia, as mercadorias que antes só chegavam ao Mediterrâneo por meio das dificuldades e perigos das rotas terrestres.

O tamanho do desvio era compensado pela vantagem natural que a via marítima oferecia ao comércio. Com efeito, o mar é para as trocas uma rota mais segura e, no fundo, menos dispendiosa. Mesmo sem invocar o exemplo da Inglaterra, as estatísticas comerciais atestam ainda hoje, para Estados continentais como França ou Rússia, a superioridade constante do comércio marítimo sobre o comércio terrestre. Com a riqueza, a influência política se afastou das margens do Mediterrâneo. Inglaterra e Holanda encontraram no Oceano a via de sua prosperidade e grandeza. O rugir do canhão de Lepanto desperta mais uma vez a atenção inquieta da Europa; mas, passado o perigo, foi em meio à indiferença geral que Veneza continuou a disputar obscuramente com os turcos os farrapos de seu império caído. Os destinos do mundo eram decididos em outra parte.

Parece, senhores, que ficou reservado para nossa época assistir ao renascimento político e comercial dessas regiões históricas. A decadência precoce dos Estados muçulmanos pôs em xeque o que a Conquista tinha decidido, e afastou das costas do Mediterrâneo um dos mais graves problemas acerca do equilíbrio europeu. O futuro desse mar parece cada vez mais depositado nas mãos dessas duas famílias de povos (latino ou grego-eslavo) que ocupam suas bordas europeias. A abertura do Canal de Suez oferece-lhes uma nova ocasião de prosperidade comercial, cujo desenvolvimento depende, sobretudo, de seus progressos político-econômicos.

Cabe à França marcar passo nessa nova via. O país que, com Veneza, outrora cobrira com seu pavilhão quase todo o comércio europeu no Levante tem hoje no Mediterrâneo seu maior porto comercial. Em menos de 30 anos, pela importância de sua navegação, Marselha passou do 4º ao 1º lugar. Se em 1811 sua população era de 96.000 habitantes, hoje conta com mais de 300.000. Progresso bastante sólido para ser factício, o que, aliás, é um dos indícios da crescente atividade do trabalho nacional. Com efeito, Marselha desenvolveu sua indústria para nutrir seu comércio e, no mesmo passo, cresceram a indústria e a população de Lion, saída natural daquela cidade. Pela conquista da Argélia, a França, já senhora da Córsega, assegurou uma posição cuja importância não passou desperbecida a seus vizinhos, visto que o Marrocos já sentiu a mão da Espanha e Túnis olha às vezes com inquietação para a Itália. No momento, a bacia ocidental do Mediterrâneo está submetida à preponderância de mais avançada e mais rica entre as nações litorâneas. A pirataria, praga secular que, até quase os dias de hoje, não cessou de desonrar esses mares, recebeu seu derradeiro golpe das mãos da França. Nada mais justo que um nome francês permanecer vinculado à obra que, definitivamente, permitiu ao Mediterrâneo a passagem em direção às Índias.[10]

O mesmo sopro de futuro parece se fazer sentir nos outros portos do Mediterrâneo. A Espanha realiza hoje por Barcelona dois terços de seu comércio marítimo, e também ali os progressos da indústria local fizeram crescer o número de intercâmbios. Certamente bem distante de seu antigo esplendor, Gênova situou--se sem dificuldades à frente dos portos italianos e, sobre a costa que no passado viu a grandeza de Pisa, ergueu-se a ativa e populosa Livorno. A Itália não hesita, apesar de sua dívida, em multiplicar suas ferrovias; sempre ávida a aproveitar as circunstâncias, ela se recorda que no sudeste da Península enlanguesce, desde a Idade Média, uma cidade de nome ilustre. Localizada, até o presente, na extremidade continental da rota mais rápida em direção às Índias, Brindisi aguarda não sem razão restabelecer em seu porto, reparado e ampliado, a atividade que antigamente lhe era aportada pela via Apenina. Veneza assistirá, sem dúvida sem tomar partido, a essa ressurreição do passado. Porém, diante dela, no litoral – italiano graças à língua – uma orgulhosa nova-rica ostenta sua prosperidade. Em 1719, Trieste era um burgo de 6 mil habitantes quando foi declarada porto livre pelo imperador Charles VI; unida hoje à Viena por uma ferrovia, ela tornou-se o que antes foram Adria, Aquileia e o que foi Veneza: a desembocadura comercial oferecida sobre essa praia do Adriático à Europa Central e ao vale do Danúbio.

---

10 La Blache se refere indiretamente à polêmica sobre a nomeação do Canal de Suez. A companhia que construiu o canal chamava-se Suez, de Fernand de Lesseps e o fez entre 1859 e 1869. Ora, esta polêmica revela mentalidade europeia quanto à fragilidade do Estado Islâmico. O *khédive* do Egito, Ismail, chegado ao trono em 1863 deu seu nome ao porto do Canal de Suez, que ele inaugura em 1869. Porém, as negociações da divida do Egito em relação aos Estados Europeus o obrigam a aceitar outro nome. Ele deixa o trono em 1879 vítima de sua posição contrária à colonização. LIAZU, Claude. L'Europe et l'Afrique Méditerranéenne. De Suez (1869) à nos jours. Bruxelles: Éditions Complexe, 1994, p. 20 (N. T.).

A natureza, mais ainda do que o homem, criou no ponto de encontro entre a Europa e a Ásia, entre dois mares, num sítio fácil de defender e com um porto vasto, seguro e profundo, uma cidade que, pelas eternas pretensões que excita, sempre foi para o resto do mundo objeto de inquietude e, às vezes, de temor: Bizâncio. Seria difícil dizer em que época, sobre esta praia onde ocorreriam as vicissitudes da mais turbulenta história jamais vista, alguns pescadores, para capturar o cardume de atum que descia pela passagem do Mar Negro, tiveram a ideia de construir suas primeiras cabanas. A humilde associação cresceu e, sem dúvida, logo experimentou a tentação de lucros ainda mais fáceis através do estabelecimento de pedágios sobre os navios. O oráculo de Apolo não teve dificuldade em obter de Mégara o estabelecimento de uma colônia neste sítio (Bizâncio) que, logo, seria disputada por Mileto. A seu turno, Atenas ocupará Bizâncio. Senhora do Ponto-Euxino, Atenas o defende com obstinação das penetrações. Expulsa de Bizâncio, para lá retorna. Vencida, ela prospera ao recuperar este precioso destroço de seu naufrágio. E, quando Felipe quis tocar no coração da dominação ateniense, ele a ataca em Bizâncio, mas não consegue penetrá--la. Bizâncio pode crescer e mudar de nome, mas não conseguirá conjurar a fatalidade que a condena a servir de objeto aos ataques e de recompensa ao vencedor. A cidade ali sediada não deverá ver uma segunda vez esta luz miraculosa, que, iluminando subitamente a noite, teria lhe revelado os preparativos e as armadilhas de Felipe.

Quando a Europa deixou cair este último bastião da cristandade, ela sofreu por dois séculos com os temores que a posse de Constantinopla provocava nas mãos de um inimigo daí em diante livre para enviar audaciosamente suas selvagens cavalarias através das planícies húngaras até os muros de Viena. Esse período passa a dar lugar a um outro, e a fragilidade dos turcos tornou-se objeto de inquietude quase tão grave quanto fora sua pujança. Tanto é verdade que, nesse lugar central em direção ao qual convergem as rotas terrestres e marítimas, formou-se uma cidade única no mundo que, seja por sua importância, seja pela mistura de sua população, parece antes pertencer à própria Europa do que a um povo; ponto vulnerável e delicado que não pode ser atingido sem que todo corpo sinta o golpe.

Aliás, o Mar Negro, do qual Constantinopla detém as chaves, entra a cada dia com uma parte cada vez maior nas preocupações comerciais e econômicas da Europa. Antigamente, era nos portos de Ponto-Euxino que Atenas ia buscar os cereais com os quais abastecia a Grécia. Hoje, as planícies da Romênia e da Rússia meridional nos oferecem o tributo de sua fecundidade inesgotável. Desde que um acordo europeu garantiu a independência do Danúbio e provocou engenhosos trabalhos, florescentes portos foram erguidos perto dos afluentes desse rio. A partir do fim do século XVIII e do momento em que a Rússia substituiu os turcos e os tártaros nômades desde a Crimeia até o Dniester, ela faz questão de justificar suas usurpações por suas obras. A população transformada e fixada ao solo, colônias agrícolas estabelecidas por todas as partes, cidades pelas quais se revivia os nomes helênicos, tomando o lugar dos débeis vilarejos tártaros: tais foram os títulos que, em pouco tempo, atestaram tanto a ambição quanto a atividade dos novos senhores. Uma grande cidade, uma das metrópoles comerciais do Mediterrâneo, deve sua origem a esta transformação: Odessa, fundada em 1794, conta com 120 mil almas. As ferrovias – que, com a precaução dada pela experiência, a Rússia não deixou de construir 15 anos antes – transportam hoje os grãos da Ucrânia até os portos onde os navios do Ocidente os esperam. Uma parte da subsistência europeia já advém de áreas ainda praticamente isoladas, cujas riquezas, enfim, entram na circulação geral.

Assim, Senhores, regiões por muito tempo adormecidas se reanimam, e o movimento geral que conduz nossa civilização parece, a partir de agora, bastante forte para apagar aos poucos – em certas partes da Europa onde a atividade humana brilhou outrora com um clarão intenso – os traços já seculares do esgotamento e do

O MEDITERRÂNEO DE VIDAL DE LA BLACHE   279

abandono. Insisto, no início deste curso, nessas vicissitudes, posto que são a expressão mais surpreendente de uma verdade útil a recordar: a história é, sobretudo, obra humana, isto é, independente da parte considerável das influências geográficas, o homem conserva em meio a elas sua preponderância – condição de sua responsabilidade. Muitas causas favorecem o desenvolvimento das sociedades humanas na Europa. A principal delas foi estimular sua atividade, impor a si o exercício constante como se fora sua própria lei de existência; o signo do progresso consiste na ação cada vez mais sensível do homem sobre o mundo físico que o cerca. Logo, é mister que sua vigilância trabalhe sem interrupção e sem descanso, apropriando a natureza de acordo com seus fins. Se o homem se abstém ou abandona sua obra, a natureza, longe de servir ainda mais aos seus interesses, antes se torna rebelde e mesmo hostil. Então, o homem torna-se raro e miserável nos próprios lugares onde antes floresceram pujantes civilizações e, a cada dia, acumulam-se obstáculos ao seu redor, diminuindo suas chances de recuperar o terreno perdido. Sem dúvida, a vocação e as aptidões de uma população estão estreitamente ligadas ao solo que ela habita, mas as vantagens dele extraídas dependem apenas de si mesma. E, se a história de um mesmo país apresenta tamanha desigualdade de fortuna; se seu aspecto físico e o próprio solo revelam mudanças; se o segredo de prosperidades desaparecidas parece às vezes eternamente escondido, é que as influências do mundo físico permanecem subordinadas a essas forças livres – cujo desafio compõe a história humana.

A população acumulou-se sobre este pedaço do globo que habitamos; nele, ela pode crescer, pois sua atividade lhe fez descobrir, a cada dia, novas riquezas no solo que lhe foi atribuído. Entretanto, o mesmo solo viu essas mesmas raças vegetarem de modo obscuro durante longos séculos. Certamente, quando no tempo de César a Europa Central era coberta por imensas florestas em meio às quais acampava, de clareira em clareira, uma população miserável, poder-se-ia desafiar o observador mais atento a dizer, acerca dessas regiões, que algo de fatalidade os aguardava. Quando Tácito nos descreve o céu baixo, as brumas, as terras incultas e os alagados do Norte, é impossível – pensa ele – que os habitantes tenham vindo de outras regiões para estabelecer-se preferencialmente numa terra tão maltratada pela natureza. Improfícuas ou não, essas regiões não foram menos propícias aos progressos do homem quando este soube e quis agir. O que ocorreu foi que, pouco a pouco, a civilização, moldando, por assim dizer, a Europa a seu uso, criou por si mesma as condições das quais tirou partido. Assim confirmou-se, em toda sua profundidade e verdade, a frase de Tucídides: "É o homem que possui a terra, e não a terra que possui o homem".

ANEXO B – TRADUÇÃO

A relação entre as populações e o clima nas costas europeias do Mediterrâneo[1]
Vidal de la Blache

As bordas europeias do Mediterrâneo têm um clima que, mesmo na Europa meridional, se distingue por suas características tão especiais. O olho do naturalista e do geógrafo reconhece facilmente uma familiaridade entre as costas orientais da Espanha, aquelas da Provença, da Liguria, da Itália Meridional e da Grécia. Ao contrário, entre a Catalunha e a Galicia, entre a Provença e a Gasconha, entre a Dalmácia e a Bósnia, há uma mudança de natureza. Essas diferenças de clima se refletem nos costumes e na fisionomia das populações.

É necessário, para compreensão, começar por resumir as particularidades mais notáveis do clima que reina na Europa, nas bordas do Mediterrâneo.

Durante o ano, o ribeirinho do Mediterrâneo vê um maior número de dias puros e luminosos que o ribeirinho do Atlântico na mesma latitude. As observações feitas na parte meridional da bacia são muito significativas deste ponto de vista. Elas indicam que, em média, o número de dias absolutamente claros chega a 171 por ano em Palermo, a 110 em Nápoles.[2] Pode-se, sem exagero, repetir sobre a Sicília a palavra de Cícero, que não há um dia cujo tempo

---

1   Publicado originalmente em VIDAL DE LA BLACHE, Paul. Des rapports entre les populations et le climat sur les bords européens de la Méditerranée. *Revue de Géographie*, p. 401-419, Décembre de 1886. Tradução: Larissa Alves de Lira. Agradeço ao professor Hervé Thérry pelo auxílio em algumas expressões. (N. T.)

2   Geogr. Jahrbuch, 1884, p. 56.

permaneça suficientemente ruim para que o sol não se mostre pelo menos um instante. Em Atenas, não há, em média, mais de três dias por ano em que sol permaneça inteiramente oculto.[3] O céu de Múrcia, na Espanha, "el reino serenisimo", é provavelmente o mais puro da Europa, quase nunca o vemos coberto de nuvens.[4] Valencia de Espanha, não teria menos de 260 dias absolutamente claros, em média, por ano, mas este dado nos parece maculado de algum exagero.[5] No Norte da bacia, os dias cobertos são ainda menos raros. Ao longo da Riviera de Gênova acontece algumas vezes, sobretudo nos equinócios, que o sol fique oculto por dois ou três dias.[6] Mas, após as chuvas excepcionais, o mesmo vento do Sudoeste que as produziu, varre as nuvens, limpa o céu e um sol radiante seca o solo em algumas horas. No inverno, são, sobretudo, os ventos do norte que reinam sobre as praias setentrionais do Mediterrâneo. Frequentemente violentos, mas quase sempre secos, eles são acompanhados de um sol vivo e de um céu azul-claro. Às vezes, o mistral da Provença tem início no inverno e atravessa roupas e habitações com seu sopro gélido, enquanto um sol cintilante ilumina o ar.

A atmosfera é, portanto, em geral, luminosa e seca, não somente no verão, mas também em grande parte do inverno. É raro, mesmo no outono, estação em que chova bem frequentemente, que o ar fique saturado de umidade. Essas brumas leves que, no oeste da França, limpam a adocicam os contornos, que dão charme às amáveis encostas de Charente ou do Loire, quase não são vistas mesmo nas bordas setentrionais do Mediterrâneo. Na Grécia Oriental, que é, de resto, umas das regiões absolutamente privilegiadas em relação

---

3   Resumo de vinte e quatro anos de observações, in Schmidt, Météréologie de l'Attique.

4   Hann, Handbuch dês Climatilogie (p. 418), de acordo com Wilcomm.

5   Fischer, Studien über das Klima der Mittelmeerländer, p. 28 (Petermann's Mittheil. Ergänzungsheft, n° 58)

6   James Bennett, La Méditerranée et la Rivière de Genes. Paris, 1880, p. 123.

à transparência do ar, o céu conserva até o horizonte seu tom azul, no lugar de fundir-se gradualmente em um tom esbranquiçado. A secura do ar não é menos notável que sua transparência. Segundo observações recolhidas em diversos pontos, a umidade relativa, em outras palavras, a proporção de vapor de água contida no ar em ponto de saturação, é, em média, 62% em Atenas, 67% em Palermo e Múrcia.[7] No verão ela cai em Atenas para até 43%. Os ventos do norte, que reinam em Gênova quase constantemente durante o inverno, determinam um estado extraordinário de seca do ar; o grau de umidade relativa diminuiria até 8 ou 9 %.[8] O regime de chuvas não é de modo algum semelhante na parte setentrional e na parte meridional da bacia, mesmo sem se levar em conta as costas asiática e africana. Ao norte, as maiores quantidades de chuva caem na primavera e principalmente no outono; na parte meridional, no inverno. É dessas chuvas que depende a sorte das colheitas do agricultor e do horticultor da costa do Mediterrâneo. Elas penetram profundamente na terra e garantem às plantas a umidade necessária ao seu desenvolvimento. Não se pode contar com o verão: nesta estação, no Mediterrâneo, é, por toda parte, ainda que em diferentes graus, escasso de chuvas. Na Grécia, na Sicília, da parte oriental da Espanha situada a sul de Valencia, não cai em média 50 milímetros de água, de maio a setembro. Calcula-se que em Atenas, se passam, em média, 55 dias por verão em que uma única miserável gota de água não vem refrescar a terra.

A precipitação de chuva no verão é um pouco menos insignificante, acima de 40° de latitude; não atingindo 150 milímetros, a não ser em certos lugares submetidos a um regime excepcional. Em Nápoles, a chuva é uma raridade nos três meses de verão; em Roma, durante os dois primeiros meses. A parte meridional da Crimeia é atingida, sobretudo no verão, por longos períodos de seca. As exceções que podemos constatar em certas partes do Mediterrâneo

---

7   Neumann e Partsch, Physicalische Geographie Von Griechenland, p. 28.

8   Hann, *op. cit.*, p. 445.

são frequentemente mais aparentes que reais. Assim, na costa da Riviera, da Istria ou Dalmácia, a quantidade de chuva é bastante alta no verão, por conta da orientação em relação aos ventos de sudoeste. Mas, a despeito do pluviômetro, o regime de seca domina também nessas regiões; os dados dizem respeito a enxurradas torrenciais que correm sobre o solo e que evaporam sem ter tempo de exercer influência.

Assim, a duração das secas é razoavelmente grande, principalmente abaixo dos 40° de latitude e marca um período de paragem na vegetação para a maioria das plantas. Uma morna aridez pesa então sobre os campos ardentes, a natureza parece adormecer sob os gritos estridentes das cigarras. Tudo enlanguesce à espera das primeiras gotas de água de setembro e outubro; o homem do centro ou do norte da Europa, habituado ao verde de suas pradarias e florestas, sente-se pouco à vontade neste clima abrasador, que outrora devorou tantos invasores germânicos. Por outro lado, os espaços irrigados são como oásis, onde a natureza apresenta uma vida sempre renovada de plantas, flores e frutos. Esse contraste quase africano se atenua na metade setentrional do Mediterrâneo. O aspecto dos meses de verão seria bem árido se a vinha, através de suas raízes profundas, não sugasse o que resta do frescor do subsolo. Há alguns anos, antes da filoxera, sua folhagem de tom vívido e alegre revestia como um oceano verde nossa costa do baixo Languedoque no mês de agosto.

As costas europeias do Mediterrâneo gozam no inverno de uma temperatura relativamente doce, principalmente nos cantões abrigados por uma cortina de montanhas, como na Riviera, próxima das extremidades meridionais, ou a Málaga, ou Catânia; ou ainda nas ilhas, como em Corfu. Pode-se dizer, contudo, que em geral a influência tonificante dos frios invernais não está ausente em parte alguma da Europa mediterrânica. Mesmo nas costas abrigadas da Ligúria o termômetro chega a descer, durante a noite, a 2°C e mesmo a 0°C.[9] Não é raro que os ventos de inverno do vale do

---

9   James Bennett, *La Méditerranée*. Paris, 1880.

Ródano produzam fortes nevadas nas ruas de Montpellier, Avignon ou de Marselha. Não se passa uma década sem a qual a baixa planície situada entre o Golfo de Lion e de Cevenas não desapareça submergida por muitos dias sob enormes montes de neve. Esses rigores acidentais diminuem, é verdade, na parte meridional na bacia. Porém, a planície de Atenas é exposta a frios castigantes que parecem evadidos dos flancos de Parnés; e, às vezes, uma leve camada de neve salpica, de manhã, sobre as ruas da cidade. São poucos invernos nos quais o termômetro não caia, em Atenas, abaixo de zero. Nos invernos ensolarados do Mediterrâneo, o frio produz uma impressão mais sensível na superfície da pele, devido à rapidez da evaporação, favorecida pela seca do ar.

Durante o verão o calor é tão forte no norte quanto no sul da bacia, mas as estações intermediárias, a primavera e o outono, lá têm uma duração maior, uma existência mais bem definida, e realizam um pouco melhor a transição entre os frios relativos do inverno e os calores do verão.

Portanto, apesar das incontestáveis diferenças, sobretudo no inverno, as condições de temperatura sob as quais vivem animais e plantas ao longo do Mediterrâneo possuem maiores semelhanças, que não fariam supor as distâncias muitas vezes consideráveis. No Sul da Bacia, a vegetação quase não se submete à interrupção no inverno, enquanto no norte ela adormece desde começo de dezembro até o fim de fevereiro. No Sul, as amendoeiras se cobrem de flores desde janeiro, enquanto, na Provença, a floração ocorre apenas em fevereiro. Desde o fim de maio ou os primeiros dias de junho, acontece a colheita da Sicília, somente nos dias de São João na Provença. À medida que avançamos para o sul, os agaves, os cactus, os limoeiros, as cidreiras, laranjeiras, alfarroberias etc. , trazem seus traços particulares à vegetação de folhagem escura e de aspecto metálico, que a oliveira, o cipreste e o carvalho são os representantes quase exclusivos no Cevenas. Mas o fundo do quadro permanece o mesmo; a natureza se limita a acrescentar por aqui e por ali alguns retoques.

Se excetuarmos algumas localidades insulares como Palermo, Corfu ou Malta, onde a distância entre a temperatura média do inverno e do verão não ultrapassa 14° C, os contrastes de temperatura são notáveis ao redor do Mediterrâneo conforme as estações. É neste aspecto que seu clima se distingue daquele do Oceano. Quando comparamos, com efeito, localidades situadas nas mesmas condições de latitude e de nível no Mediterrâneo e no Oceano do ponto de vista das temperaturas médias de janeiro e de julho, a característica contrastada do clima se desenha claramente.

	Janeiro	Julho	Diferença
Lisboa	10° 3	21° 7	11° 4
Múrcia	9° 3	26° 1	16° 8
Atenas	8° 2	27° 0	18° 8

Assim, o inverno de Lisboa é mais doce que o de Múrcia, mas seu verão é menos quente. As diferenças se acentuam progressivamente em direção ao leste; o clima de Atenas se distancia ainda mais que o de Múrcia do tipo oceânico. As mesmas diferenças poderiam ser observadas, em graus diversos, se contássemos as temperaturas médias entre as estações em Porto e Barcelona, entre Baiona e Narbona.

Não somente entre inverno e verão, mas entre os dias de uma mesma estação, entre as horas de um mesmo dia, o clima do Mediterrâneo acusa bruscos contrastes. Esses contrastes são marcados principalmente na primavera e no outono. Nesses dois períodos do ano uma mudança de vento é suficiente para revolucionar o termômetro. Vimos em Atenas, durante o mês de março, a temperatura passar em quatro dias de 0,9 °C a 28°C.[10] Por todo lado, mesmo nos cantões abrigados, uma brusca queda de temperatura sucede ao poente do sol: momento crítico onde, no ar subitamente resfriado, a malária captura o homem. Nas horas em que o sol brilha com mais intensidade, nos enganadores dias do inverno que se

---

10 Neumann e Partsch. *op. cit.*, segundo Schmidt, p. 20.

O MEDITERRÂNEO DE VIDAL DE LA BLACHE   287

assemelham a uma festa da luz, a passagem à sombra produz uma sensação de frio muito mais forte que se faria supor a temperatura indicada no termômetro.

II

Ao comparar os povos do sudeste da Europa com os habitantes das ilhas e os ribeirinhos da Ásia ocidental, Hipócrates disse: "As reviravoltas frequentes do clima apontam para sua característica de rudeza". De fato, observa-se claramente essa característica de contraste brusco no clima ao redor do Mediterrâneo. A mole brandura dos climas oceânicos é estranha à natureza física dessas regiões. Sem dúvida a natureza se mostra doce e clemente nas partes abrigadas pela cortina de montanhas, que reúnem canteiros de flores inclinados na borda das curvas de nível. Mas mesmo lá há a rudeza. O homem não sente em parte alguma esta espécie de abundância na qual repousa a natureza tropical. Os ribeirinhos das bordas do Mediterrâneo usam de precauções, agem mesmo com certa dose de desconfiança em relação a seu clima. O camponês, o pastor, aquecidamente revestidos de pele de carneiro, guardam suas vestimentas de inverno até o fim da primavera. O *palicare* se cobre com um casaco cinza de lã felpudo sem mangas. A maioria dos sardos mantém-se fieis à *mastrucca*, espécie de peliça composta por pele de carneiro e de cabra não tosados.[11] O catalão anda alegremente, com suas roupas justas ao corpo e sua capa de lã dobrada sobre os ombros, para envolvê-lo segundo as ocasiões. Todos cobrem cuidadosamente o rosto, frequentemente a nuca e as orelhas, seja como o *maïnotes* e os espanhóis com o *foulard*, seja com um capuz. Eles evitam a frescura pérfida da sombra e das horas crepusculares. Os sardos têm o hábito de sair uma hora após a aurora e voltar uma hora antes do crespúsculo. Lá, onde o europeu do norte é levado a dispensar essas precauções que julgam inúteis correndo o risco de ser vítima de

---

11   Gillebert-Dhercourt, *Rapport sur l'anthropologie des populations sardes* (Arch. des missions, 1885).

sua imprudência, o habitante do Mediterrâneo se mostra receoso e desconfiado.

E há razão de ser, pois um elemento mórbido se mistura às seduções da natureza mediterrânica. Do fundo das baixas planícies mal drenadas onde as águas estagnam no inverno, e onde apodrecem os restos da vegetação, reina o veneno escondido da *malária*. As maremas da Toscana, os pântanos pontines, as planícies de Sybaris e de Métaponte, o oristano na Sardanha, de Almeria na Córsega, de Lamia na Grécia, de Leontini na Sicília, as bordas das lagunas languedoquianas e das *albuferas* espanholas, têm um triste renome. Acima de 200 metros a influência malsã cessa, geralmente, de se fazer sentir. No verão, essas planícies desoladas pela febre intermitente, quando são enxugadas pelos raios do sol, apresentam frequentemente um aspecto verdejante que iludem quanto ao veneno que encobrem. O frescor e a densa folhagem mantida pela umidade, se juntam então para desenhar essa cruel ironia da natureza.

Os verões secos e abrasadores do Mediterrâneo, mesmo ausente de toda influência paludina, são uma crise anual, perigosa sobretudo à vida nascente. Muitas crianças são ceifadas pela morte. Nossos departamentos contíguos ao Mediterrâneo perdem duas vezes mais crianças que aqueles do centro e de oeste, e a maior da mortalidade, na faixa de um a cinco anos, ocorre no verão.[12] Na Sardenha,[13] onde sem dúvida o clima não é o único responsável, é com dificuldade que sobrevive uma criança sobre dez. Os meses de julho e de agosto são aqueles que, para o conjunto da Itália, acusam a maior mortalidade,[14] de acordo com uma proporção bem mais marcada nas províncias meridionais que nas do norte. Lá também são as crianças de menos de cinco anos que pagam o tributo do verão. A estação onde a vegetação sofre uma paragem ou tudo enlanguesce é também aquela na qual o homem é atingido em seu vigor e

---

12 Bertillon, *Statistique humaine de La France*.

13 James Bennett, *Corse et Sardaigne*, p. 182. Paris, 1876.

14 *Itália economica, nel* 1873, p. 632

fecundidade. Segundo as estatísticas italianas, que desenham junho como o mês em que se constata o menor número de nascimentos, vemos que o fim do verão, neste clima, é a época do ano mais propícia para a renovação da espécie. Compreende-se porque na imaginação grega esteja figurado o ardente sol do verão sobre os traços do perigoso Apollon, cujas flechas levam à morte.

Mas aquilo que resiste, dura. As raças do Mediterrâneo devem sua elasticidade e seu vigor, em parte, aos bruscos contrastes de temperatura aos quais precisaram se adaptar, e, em parte, à seleção inclemente que se exerce sobre a infância. Os casos de grande longevidade são frequentes na Provença, na Ligúria, na Sardenha e na Grécia. A miséria e as más condições de higiene preparam com frequência o terreno para as epidemias que assolam periodicamente as grandes cidades do Mediterrâneo. Mas a vida ao ar livre exerce também sua influência salubre e fortificante. Vimos populações esgotadas fisicamente por um regime social e político deplorável renascer para a saúde depois de alguns anos de melhor governo.[15]

Esse clima seco resseca os tecidos da pele, endurece as carnes, precipita a circulação do sangue. O sangue, mais pobre em água, age como um estimulante energético sobre o sistema nervoso e aviva suas funções. A vivacidade do olhar, a prontidão do gesto, a agilidade dos movimentos, a sonoridade dos sons articulados, são fatos que se devem diretamente à ação do clima. Tais traços fazem parte das características em comum das populações ribeirinhas do Mediterrâneo. Talvez seja necessário atribuir, além disso, a esta influência tônica e excitante, uma das particularidades pelas quais os habitantes do Mediterrâneo se distinguem positivamente do resto dos europeus: falo da reserva que eles demonstram, em geral, em relação às bebidas alcoólicas. Como sabemos, em nenhuma outra parte o alcoolismo é mais difundido que nos climas úmidos, onde o organismo parece sentir a necessidade de reagir contra a influência deprimente de um ar que torna mais lenta a circulação do sangue

---

15   James Bennett, *La Méditerranée* (p. 337, antigo principado de Mônaco).

e as funções do sistema nervoso. É uma tentação de que o clima do Mediterrâneo poupa seus habitantes. Gregos, italianos, espanhóis provençais mostram uma sobriedade na Argélia que passa muitas vezes despercebida. É a principal causa de força de vitalidade resistente da qual dão provas, e que permite aos trabalhadores maiorquinos e catalães desbravarem o sol africano, e aos marinheiros do Mediterrâneo de suportar melhor os rigores das expedições polares que os marinheiros do norte. A influência estimulante do clima se traduz na postura geral do corpo. Na região do Mediterrâneo, o corpo esbelto e bem proporcionado, os membros elegantes, a postura livre do homem do povo causam espanto ao olhar habituado ao passo lento e pesado dos camponeses moldados à postura de arar a terra. Os catalães, os provençais, os lígures, os napolitanos, os dalmácios, os gregos são raças que amam o movimento. Fala-se, no entanto, da apatia dos murcianos.[16] A exceção se explica, talvez, pelo calor excessivo dos cantões que habitam. A exaltação provençal, a petulância napolitana são fatos psicológicos relacionados ao clima. A energia e o esforço perseverante em relação a um objetivo determinado são mais raros, mas não fazem falta. Encontraríamos dificilmente na Europa uma população mais moldada ao trabalho que os catalães e lígures.

A claridade habitual do céu é uma atração permanente que favorece a vida ao ar livre. A vista do sol toma o homem de alegria, como a luz recria a criança. Ela estimula a leveza e a mobilidade do pensamento. A nostalgia que os provençais com frequência sentem, quando no norte da França, se deve menos ao frio que à falta de luz, com o grande número de dias de céu cor de chumbo. Nossos climas cinzentos, nossos longos invernos durante os quais a vida se acantona pouco a pouco nas habitações, submetem os hábitos sociais a necessidades das quais o homem do Mediterrâneo pode facilmente se libertar. A necessidade artística que existe na humanidade levou os povos setentrionais a embelezar suas casas, a lá reunir todas as

---

16   Laborde, *Itinéraire de l'Espagne*, tomo II.

comodidades e prazeres que são privados habitualmente pela natureza ingrata, alegre eventualmente. Não é o caso da Provença, mas sim sob o céu cinzento da Normandia, da Inglaterra e da Holanda que triunfa, mesmo nas habitações mais pobres, o gosto pelas flores. O ribeirinho do Mediterrâneo não experimenta esse desejo inquieto de imaginação frente aos espetáculos da natureza que é notável nos povos ao Norte. Ele goza, simplesmente, pela familiaridade cotidiana, do espetáculo dos objetos exteriores. Mas tal familiaridade invadiu suas necessidades, não somente seus hábitos, mas a mentalidade de todo o ser se acomodou de longa data. Para ele, os objetos se desenham claramente até nos seus pequenos detalhes, ressaltando à sua vista as facetas mais finas, acusando todas as nuanças de sua coloração. A natureza não fornece a seu espírito formas vagas, esmaecidas pela distância. Sua visão e sua memória são nutridas por traços precisos e distintos. É esta precisão que o ribeirinho se esforçou por imitar da arte, e que, mesmo fora do domínio plástico, tornou-se característico de seu gênio.

O homem cujas impressões são móveis e a expressão muito próxima ao pensamento não se compraz no isolamento, busca a sociedade de seus semelhantes, gosta das cidades. As casas nas quais habitam o citadino ou o aldeão das bordas do Mediterrâneo conservaram frequentemente e em grande medida uma semelhança com as habitações privadas em que se acomodavam o habitante de Atenas e de Pompéi. Nada é feito pelo arranjo interior, mas a porta é, ao contrário, o lugar de importância, onde o artesão instala sua bancada, o botiqueiro seu mostrador ao lado do qual as mulheres conversam e as crianças divertem-se. A vida da casa transborda sobre a rua. Os telhados são pouco inclinados no antigo reino de Nápoles, na Grécia, na Córsega e mesmo na Balanha, as casas de telhados planos não são raras, e, fornecem, assim, terraços onde se pode gozar a frescura do anoitecer e das noites. Todavia, não é a casa, mas a rua, o lugar habitual de reunião. As casas se alinham estreitamente, de maneira a se defender dos raios do sol, frequentemente os andares se inclinam uns sobre os outros, de forma que no alto delas só se pode observar o céu por uma fenda. Vemos mesmo, naquela antiga e pequena cidade de Riviera de Gênova, as ruas são inteiramente cobertas. Mas sob um clima seco e ventoso tais ruas não possuem o aspecto fétido que lhe dotam o clima do Norte. A disposição em anfiteatro, comum a muitas cidades do Mediterrâneo, permite às casas de se arranjarem umas sobre as outras, de forma a aproveitar do ar vivificante e salubre, que circula também nos intervalos que a separam. A rua é o lugar das distrações e dos negócios. Todas as profissões lá se encontram e todas as classes se relacionam. A vida ao ar livre implica hábitos pouco compatíveis com o respeito à hierarquia social. O respeito se enraíza com certa naturalidade nas regiões onde os hábitos de vida interior criam entre as classes barreiras não transponíveis por um esforço de vontade. Mas o sentimento das desigualdades sociais é uma planta para a qual o clima do Mediterrâneo é pouco favorável. Os gregos de hoje não conhecem tal sentimento mais do que os de antigamente. Quando, em uma cidade da Itália, se veem ricos e pobres, nobres e artesãos juntos, no mesmo lugar, cercado de pórticos, de *loggie*, e participando abertamente dos mesmos prazeres em dias de festa, fica evidente que essa multidão é alheia a certo número de convenções, que outros costumes se desenvolveram em outros climas. Que este instinto de igualdade transforme-se às vezes em inveja é um fato social com o qual o clima nada tem a ver.

O ribeirinho do Mediterrâneo, principalmente na parte meridional, não precisa de uma alimentação tão substancial quanto o homem das regiões frias e úmidas. Há menos alimentos a serem absorvidos para manter o calor do corpo; pode ele mais facilmente se contentar com uma alimentação que as frutas e hortaliças suprem e que contém pouco carbono. As hortaliças e as frutas formam, durante três quartos do ano, a base da alimentação da população de Nápoles. "Em Múrcia, escreve Laborde,[17] não saberíamos encontrar

---

17 *Itinéraire de l'Espagne.* Paris, 1828, p. 112.

O MEDITERRÂNEO DE VIDAL DE LA BLACHE   293

uma criada durante o inverno, e muitas daquelas que estão nessa situação abandonam suas condições na entrada na boa estação. Neste momento, elas encontram facilmente salada, algumas frutas, melões, sobretudo pimentão, tais provisões são suficientes para sua alimentação etc.". No interior da Sardenha, a dieta ordinária compõe-se de pão, queijo de cabra ou ovelha e, de tempos em tempos, um pouco de carne de porco salgada ou carneiro.[18] O trabalho parece um engodo, já que é possível se livrar a tal ponto da preocupação de se alimentar. De que serve o espírito de economia e de previdência quando a vida material é mais ou menos garantida no seu dia a dia? Essas condições engendraram todo o tipo de desocupados e mendigos, uma espécie de proletariado ocioso que infesta as grandes cidades do sul da Itália e da Espanha. Elas explicam também o desprendimento com que o Grego de antigamente passava à vida de ladrão, e com o qual o bandido corso tem a perspectiva de viver nos refúgios dos matagais, com o leite de suas ovelhas e os frutos das castanheiras, ao abrigo da justiça.

No Norte do Mediterrâneo as exigências da vida material aumentam suficientemente para atenuar os efeitos sociais que resultam alhures a facilidade do clima. A alimentação é mais variada e mais fortificante, mas aqui também o clima não perde os seus direitos. O provençal, o catalão, o lígure se assemelham em uma predileção por uma cozinha cujo azeite forma o tempero favorito, que brutaliza o gosto com o sabor excitante da pimenta, estimula o apetite tornado languescente pelo calor. A cozinha do provençal não é menos característica no seu acento, e mostra também uma relação com o clima. Todavia, os adornos e ornamentos são verdadeiro luxo em sua casa, como na do italiano, muito mais que na sua mesa. Confiante e desenvolvida harmoniosamente sob seu penteado antigo, a mulher de Arles e Marselha reúne sob sua pessoa as economias do trabalho doméstico, o luxo da casa do artesão.

---

18   Gillebert-Dhercourt, *op. cit.*

III

Se a terra fosse abandonada a si própria, não tardaria a se cobrir, na costa do Mediterrâneo, de uma vegetação natural representada principalmente pelo medronheiro, pelo lentisco, pela oliveira selvagem, pela azinheira, que formariam moitas ou matas, em meio às quais o tomilho, a hortelã, as cistáceas e as murtas cresceriam em tufos. Essas são as espécies mais comuns, as plantas mais adaptadas ao clima do Mediterrâneo; reconhecíveis por sua cor, ora luzente e escura, ora opaca e empoeirada, a sua folhagem dura, na qual a espessura do tecido que compõe a epiderme torna lenta a evaporação e conserva, assim, ao indivíduo vegetal a seiva necessária para sua manutenção durante o período de seca. Nós os vemos, nas partes desoladas do litoral mediterrâneo, nas maremas toscanas, nas planícies de Métaponte, entre outros, tornaram-se senhoras do solo. Não é a floresta primitiva da Europa central e setentrional que, se a mão do homem se retira, tenderá a tomar possessão do solo, mas também não é a pradaria das savanas ou das estepes, como nas planícies da América do Norte e da Rússia meridional: é a mata, à maneira de maquis da Córsega ou os garrigues de Cevenas. Para tornar a natureza propícia e produtiva, o agricultor da costa do Mediterrâneo precisou se entregar a um trabalho obstinado: extirpar o mato tenaz, limpar o solo e, sobretudo, purificar, manejando o escoamento das águas, provendo-se contra a formação de pântanos que o ardor do sol os torna pestilentos. As gerações de colonos que, na época atual, valorizaram a Mitidja, sabem o quanto custa conquistar o solo na costa do Mediterrâneo para uma exploração produtiva e regular.

Esse trabalho de apropriação do solo data de muito tempo ao redor do Mediterrâneo. Ele foi obra dos povos da antiguidade. Mas aconteceu que, em consequência não de uma mudança de clima, mas de circunstâncias históricas, em certas partes do litoral, até mesmo as europeias, perderam-se os benefícios do trabalho secular pelo qual o homem conseguiu dominar as influências hostis do solo. As perturbações econômicas que modificaram o regime do

O MEDITERRÂNEO DE VIDAL DE LA BLACHE   295

solo, comprometeram, por contragolpe, sua salubridade. As gerações atuais vêm elevar diante delas a tarefa outrora realizada pelos heróis legendários das civilizações primitivas: sanear o solo, suprimir as influências nocivas que lhe retomaram posse. Assim é que na Grande Grécia antiga, fertilizada pela colonização helênica do século VII a.c., as baixas planícies que se inclinam para o mar Jônico só ao custo de um verdadeiro trabalho de regeneração poderão voltar a ser uma região à qual o homem possa confiar sem risco sua existência, onde possa residir de modo permanente. Nada mais tristemente significativo do que o quadro descrito por François Lenormant sobre o trabalho agrícola tal como é realizado, hoje, nas planícies de Siris e de Heracleia: "No momento dos labores e da colheita, os montanheses descem em bandos de Basilicata e vêm trabalhar como operários enquanto durarem esses labores... Veem-se então pelos campos até vinte ou trinta arados seguindo em fila, ou então uma frente de várias centenas de homens que avançam revolvendo a terra com a enxada. O *fattore*, o intendente e seus agentes vão a cavalo, percorrendo sem trégua à frente de trabalhadores...".[19] Se tudo continua assim, não é de surpreender que Cûrier tenha podido escrever no começo do século no tocante a essas regiões: "O camponês mora na cidade e trabalha no subúrbio, partindo de manhã, e retornando antes do anoitecer". Com efeito, as estatísticas do reino da Itália demonstram, como um fato quase generalizado na parte meridional, a concentração da população quase inteira nas cidades e burgos.[20]

Na Grécia, assim como na Itália meridional, são também as terras baixas, as planícies de aluvião que apresentam geralmente um aspecto de abandono. As cidades se comprimem nas encostas de Pelion e de Malevo, enquanto a febre e a solidão reinam nas

---

19   Fr. Lenormant, *La Grande Grèce*, t. I, p. 173.

20   *Italia economica, nel* 1873, p. 575-576. Nessa época, a proporção entre a população aglomerada e a população dispersa variava para a primeira entre 87 e 95% no Latium, nos Calabres, na Campanha, na Sicília, Púglia, na Sardenha e em Basilicate.

planícies de Maratona e de Argos. Pouco a pouco, porém, nos nossos dias, a população vai descendo para as planícies, abandonando o refúgio das alturas, e se juntando nos lugares para onde as chama o trabalho cotidiano.

Na Córsega, a parte mais aberta e mais fértil é também a mais desolada. Na Planície da costa oriental, são os *luquois* que vêm a cada ano fazer os trabalhos agrícolas; eles chegam em novembro, trabalham na terra durante os meses de inverno e retornam ao menos em junho para o seu país, abandonando por cinco meses essas planícies fecundas à malária e à solidão. Na Sardenha, como no Sul da Córsega, os camponeses habitam as cidades ou os vilarejos, e perdem metade do seu tempo para ir a seus trabalhos e retornar deles.

Assim, dessa intimidade que se estabelece quando o camponês habita o mesmo lugar que ele cultiva, entre o homem e o solo, que faz da terra o objeto de cuidados de todos os membros da família, a preocupação de todos os instantes, isso é fora de questão sob este regime. Reside-se no campo o menos possível. Os camponeses o evitam; ainda com mais razão aqueles cujos capitais permitam uma existência abastada e luxuosa nas cidades. Desfigurado pelo abandono, despojado de árvores, ele torna-se presa de uma cultura precoce e rapinante. Após lhe ter tirado na passagem tudo o que sua generosidade nativa é capaz de fornecer, abandona-se o campo a si próprio. Seu tipo de vida preferido é o da grande cidade para o rico, e do *borgho* para o pobre. Favorecida pelo abandono no qual languesce boa parte do solo cultivável, a vida pastoral passa a ter um desenvolvimento exagerado. Entre as alturas que circunscrevem o Mediterrâneo e as planícies que se estendem a seus pés, estabeleceu-se fortemente a prática da transumância. É um traço comum em quase toda a costa do Mediterrâneo essas migrações periódicas realizadas por carneiros e pastores: dos Abruzzes, onde eles encontram um verão verdejante e fresco, eles descem no inverno para as planícies da Púglia; dos Alpes à Baixa Provença, de Cevenas ao baixo Languedoque; na Espanha, como nas costas de Tróade e Carie,

O MEDITERRÂNEO DE VIDAL DE LA BLACHE   297

oberva-se o mesmo vai-e-vem em intervalos fixos entre a montanha e a planície. Felizmente a vida rural nas bordas do Mediterrâneo apresenta outros aspectos, mais em conformidade às condições de atividade regrada que é a saúde das sociedades.

Se, por um lado, a agricultura do Mediterrâneo tem no período da seca um temível inimigo que impede as culturas de verão e prejudica a criação de gado, por outro, consegue em certos cantões privilegiados triunfar por meio da irrigação, podendo então obter, graças ao poderoso sol que a aquece, uma riqueza de produtos sem igual na Europa. Não é ainda a cultura de oásis, mas algo que a ela já se assemelha. As *huertas* de Valência, de Alicante, de Múrcia, de Elche, de Orihuela, a Conca d'oro de Palermo, concentram sobre um exíguo espaço uma maravilhosa variedade de produtos. Entre eles figuram em primeira posição, pelo desenvolvimento que alcançou sua cultura, sobretudo desde um quarto de século, as laranjeiras, limoeiros, cidreiras, árvores originárias da Índia e posteriormente trazidas à Europa, que necessitam de água todo o ano. É somente na condição que a irrigação corrija a seca de um clima que não é o seu de origem, que os arvoredos de limoeiros de Poros, de Sorrente, de Reggio, de Messina, de Conca d'Oro, que as laranjeiras de Valência, de Puerto de Soller em Maiorca, ou a célebre floresta de Milis, na Sardenha, que se soma, diz-se, 500.000 árvores, ostentam na primavera suas flores perfumadas, no outono e no inverno seus frutos de ouro.

Ao Norte da zona que esta preciosa cultura não pode ultrapassar, esta dos frutos, as primícias e os legumes ainda garantem às regiões onde a irrigação logrou a se desenvolver, uma maravilhosa variedade de recursos. Os pomares de Perpigam, de Hyères, de Cavaillon, sustentam, ao menos no aspecto da variedade, a comparação com as *huertas* de parte meridional da bacia.

A água, que é o princípio dessa riqueza, aí é vendida e armazenada como um produto precioso. Desviada dos rios, ela alimenta todo um sistema de canais, de valas e dutos de uso estritamente regulado por normas especiais entre os proprietários. Na *huerta* de Valência, o sinal de abertura das valas em um ponto, e de seu fechamento em outro, é dado pelo grande sino da catedral, e na quinta-feira de cada semana acontece o tribunal das águas. Os jardineiros de Conca d'Oro compram a água em quantidades que são medidas, dizem eles, após a abertura de um tubo. No pé do Canigou, nas planícies de Prades e Perpigam, inumeráveis valas distribuem para todas as partes a água que deixa todo ano sem se esgotar a bela montanha pirenaica. Os sindicatos vigiam a distribuição. A venda das *horas de água* se estende à noite tanto quanto ao dia, e nenhuma gota é perdida para o solo. Os tapetes de aspargos e de alcachofras se estendem nas sombras dos pessegueiros, tal campo, que acaba suportar uma colheita de trigo em junho é imediatamente semeado de milho, cuja colheita será feita no fim de outubro. A fecundidade não folga jamais; e à admiração desta riqueza se mistura uma sensação de bem-estar, de frescor voluptuoso, quando, nas horas quentes, seguimos pelas veredas de água corrente, que os plátanos sepultam sob um largo berço de verdor.

A cultura de jardins floresce também ao longo da Riviera de Gênova. Os flancos ressequidos das montanhas que os bordam guardam perto de suas bases as fontes cuja possessão, avidamente disputada e paga com caros *deniers*, é ordinariamente dividida entre muitos proprietários que têm, cada um por semana, suas horas de água. Essa água é estocada nos reservatórios, cavados às pressas, dos quais dependem a existência de seus jardins. Esses serviços de água são vendidos com a terra, que, sem eles, perdem quase todo o seu valor.

Se os cuidados industriosos e delicados verificados em certas partes do Mediterrâneo, para a distribuição de água, oferecem um espetáculo interessante, não é de menor interesse a arte pela qual as montanhas foram conquistadas por meio da enxada e do trabalho do homem. Essas rochas calcárias, esses flancos abruptos e ressequidos que enquadram em grande parte o Mediterrâneo, parecem colocar um desafio àquele que ousar suspender as culturas, talhar os jardins. Faltava terra vegetal nesse terreno pedregoso, mas o homem a levou para lá. As torrentes ameaçavam carregar de uma vez a terra e as plantas, mas o homem conteve o solo por meio de muros de pedra extraída do rochedo. Essa é a economia dessas culturas em degraus, que se arranja em espaldeiras quase de um canto a outro do Mediterrâneo, desde os flancos de Pélion e Parnon até os dos Apeninos e de Cevenas, desde as montanhas da Catalunha até as de Serra Nevada e o Atlas. A montanha é recortada por uma série de degraus sobrepostos que sustentam a mesma quantidade de terraços onde o sol, cuidadosamente acumulado, é minuciosamente restaurado caso uma tormenta violenta faça uma brecha nesses campos artificiais, cheios de vinhas, oliveiras, amoreiras, árvores de frutos misturadas às árvores de cultura. Esses terraços custam muito a conservar, ainda mais a construir. Mas a maioria deles é um legado que tempos muito recuados deixaram ao presente por meio do trabalho das gerações anteriores. Labor paciente para o qual o Grego de Pélion ou das montanhas de Cynurie não mostrou menor perseverança e aplicações que os lígures, os cévelons, os catalães e os kabyles, populações rudes e fortes, *Assuetumque malo Ligurem!*[21] inscrustadas no seu solo natal.

Não poderíamos concluir esta análise das relações do homem com o solo, por mais sumária que seja, sem dizer uma palavra a respeito de uma cultura cuja importância é maior do que em qualquer outro tempo na costa do Mediterrâneo: a da vinha. O clima do litoral do Mediterrâneo favorece em alto grau a produção abundante da vinha. Quanto mais generosamente inundada pelo sol, mais aí está garantida contra frios intensos e tardios em relação a outras regiões vinícolas da Europa. No Baixo Langudoque, região que, antes da *phylloxéra*, era, a este respeito, o maior centro produtor do mundo, os ventos corpulentos e impregnados de vapor, que se desprendem do Mediterrâneo e sopram frequentemente no verão, enchem as uvas e aceleram a maturidade. Na Grécia, uma espécie particular,

---

21 Virgílio, Georg., II v. 167.

dita uva de Corinto, ainda que seja majoritariamente cultivada em torno de Patras e em Messinia, tornou-se nos nossos dias a principal riqueza nacional do reino: é a seca dos verões gregos do que depende o sucesso dessa colheita; se chove no momento da maturidade, a qualidade da uva e principalmente sua conservação são comprometidas. Depois que as facilidades de transporte aumentaram em grau inaudito o valor dos produtos da vinha, essa cultura não deixou de se espalhar pela costa do Mediterrâneo; ela cresceu na Espanha, na Itália, na Dalmácia e na Grécia à custa de outras culturas, especialmente da oliveira, que suplantou. Assiste-se, portanto, a um fenômeno econômico em grande escala, graças ao qual um volume considerável de trabalho humano, de salários e de capitais é colocado em movimento e se aplica ao solo. Não é uma cultura ociosa nem fácil a da vinha: ela exige cuidados frequentes e minuciosos que, desde o momento da poda das cepas até a manipulação da vindima, se estendem por três quartos do ano. Para o pequeno proprietário, que espera de sua pequena plantação de vinha, a renda de todo ano, não há cepa que não seja objeto de um cuidado particular, que ele não conheça, em torno da qual não tenha muitas vezes remexido o solo.

O camponês da costa do Mediterrâneo não se assemelha ao agricultor das planícies da Europa central. O clima e o solo, pelos tipos de produtos que favorecem, bem como pela natureza dos obstáculos que apresentam, desenvolveram nele aptidões especiais. Todas as vezes que o governo russo tentou atrair a colonização do fundo de suas províncias rurais em direção às costas meridionais da Crimeia, suas tentativas encontraram obstáculos nos hábitos dos camponeses russos do interior, pouco habituados às culturas de *plantation*, que praticam, ao contrário, com sucesso os tártaros ou, para melhor dizer, os antigos habitantes do solo. O trabalhador da costa do Mediterrâneo prima por manejar a pá, mais do que o arado: ele triunfa na pequena propriedade; sua atividade se desenvolve de preferência sob a forma de esforço pessoal que se exerce sobre um espaço restrito. Sua sobriedade vem maravilhosamente em seu auxílio. Na luta contra o solo duro, na arte de captar a água, ele soube dar provas de um notável espírito criativo e de uma verdadeira engenhosidade. O gênero de cultura no qual ele se sobressai, coloca em jogo sua personalidade e sua iniciativa, não se deixa curvar sobre a monotonia do labor. Através dela, ele escapa notavelmente ao espírito da rotina que ganha facilmente raiz no trabalhador da planície. Quando se observa que, há aproximadamente vinte anos, são principalmente os viticultores e hortelões provenientes da costa do Mediterrâneo que estão transformando o solo da Argélia, é preciso reconhecer o valor desse elemento rural tão vivaz e tão ativo.

Infelizmente esse quadro tem uma contrapartida. Há regiões remotas onde a ausência de comércio preservou a indolência facilmente proporcionada pelos climas meridionais: pode-se supor que o progresso das relações aos poucos prevalecerá sobre hábitos inveterados. Mas há outras em que, por uma série de fatalidades históricas, foi destruída essa base de trabalho anterior necessária para servir de apoio ao trabalho das gerações atuais. A natureza ali voltou a ser selvagem e hostil; o solo permaneceu em estado de pastagem, ou só é cultivado furtivamente; as populações adotaram costumes adaptados ao novo meio que se formou ao redor. Aí efetivamente se nota a marca da decadência. Não é sem dificuldades que se conseguirá subir a correnteza, e só se pode esperar que leve um tempo talvez bem longo para o restabelecimento de condições melhores.

ANEXO C – Mapa 4: Italie Politique

Fonte: VIDAL DE LA BLACHE, s/d.

ANEXO D – Mapa 5: Italie Physique

Fonte: VIDAL DE LA BLACHE, s/d.

ANEXO E – Mapa 6: Espagne et Portugal Politique

Fonte: VIDAL DE LA BLACHE, s/d.

ANEXO F – Mapa 7: Espagne et Portugal Physique

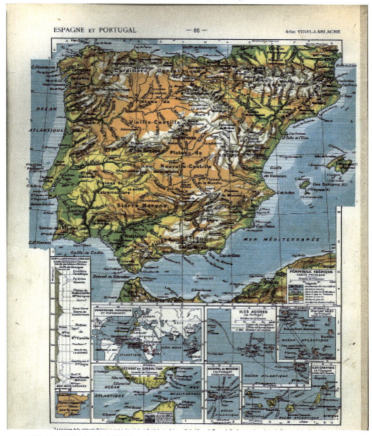

Fonte: VIDAL DE LA BLACHE, s/d.

AGRADECIMENTOS

Meus pais, Jaime e Maria Auxiliadora, foram, à sua maneira, os principais apoiadores deste projeto. Apesar de todas as dificuldades, pode-se dizer que o cultivaram desde a minha infância. Eles são os principais responsáveis pela minha formação, tanto acadêmica como política, aprendizado que eu não saberia separar dessa empreitada. Este livro é tanto obra deles como minha. Lelê, meu irmão, foi um esteio no que toca ao desprendimento necessário para colorir a vida, mais do que poderia oferecer uma dedicação acadêmica obstinada, lição que eu tive que lembrar muito frequentemente...

Agradeço à Sheila Grinberg por me ajudar a sobreviver na metrópole.

Reitero meu reconhecimento aos professores Lincoln Secco, Antonio Carlos Robert Moraes, Armen Mamigonian, Maria Laura Silveira, Marisa Midori Deaecto, Guilherme Ribeiro, Sérgio Nunes, Perla Zusman, Hervé Théry, Fábio Contel, Mario Di Biasi, Elvio Rodrigues e a todos os professores do departamento de Geografia da USP. Agradeço ao professor Paul Claval pela disposição de me receber em sua sala para uma longa entrevista na Sorbonne. Mais tarde, o mesmo pesquisador leu os originais deste livro, a quem devo enorme gratidão pelas preciosas sugestões.

Dentre os amigos, lembro-me especialmente de Helena Wakim, Luna Bocchi, Breno Pedrosa, Marcos Lino, Camila Gui Rosatti, Luccas Gissoni, André Michiles, Raul Zito e Maria Clara Gaspar. Os que não estão anotados são alvos de injustiça, pois também foram vitais. Terei que lembrar em conjunto de todos os meus amigos da Escola da Vila, assim como de sua equipe de profissionais, de quem recebi as primeiras formações, intelectual e na área de humanidades. Especialmente, é claro, Laércio Furquim, quem me iniciou nos estudos geográficos. Meus amigos e colegas do curso de Geografia da USP são inesquecíveis. Meus amigos do movimento estudantil da USP e da vida partidária viveram comigo momentos intensamente densos. Agradeço aos meus primos e primas, Luciana Barbosa, Pedro Lira, Júlia Lira, Larine Lira, que foram companhias divertidíssimas, e a toda minha família, apegada aos risos e festas. Iremos comemorar felizes o suposto fim deste projeto. A turma de Maceió fez rezas e torceu muito. Deu tudo certo, obrigada. Yuri Martins cedeu as belas fotos, pelas quais, novamente agradeço. Erivaldo Costa de Oliveira digitalizou meus mapas, a quem devo gratidão pela enorme dedicação.

Agradeço também ao pessoal da CCINT, especialmente, Maria das Graças, Rosângela Duarte e Marlene, que contribuíram para que me fosse proporcionado o intercâmbio da França. Esse intercâmbio permitiu meus trabalhos de campo no Mediterrâneo Ocidental. Aos companheiros do grupo de estudos Fernand Braudel e aos meus colegas orientandos do professor Manoel Fernandes. A ele, sou especialmente grata pela jornada de conhecimento e amizade. Um agradecimento especial também cabe ao professor André Martin, cuja solicitude é sem tamanho. Agradeço também a preciosa convivência com os colegas da Rede Brasileira de História da Geografia e Geografia Histórica, companheiros também de edição da Revista Terra Brasilis. O Bruno e sua família, especialmente Misa Boito, Markus Sokol e Julio Turra, fizeram parte dessa trajetória e muito da nossa história está nessas linhas.

Uma vez mais, agradeço à Fundação de Amparo à Pesquisa do Estado de São Paulo, sem a qual este projeto não teria sido possível, tanto na elaboração da dissertação, que foi a base para este livro, como na sua edição final.

CADERNO DE IMAGENS

Foto 1: MARTINS, Yuri. Alexandria, Egito. 2011.

Foto 2: MARTINS, Yuri. Aqaba. Vista do litoral palestino. 2011.

Foto 3: MARTINS, Yuri. Istambul. 2011.

Foto 4: MARTINS, Yuri. Atenas. 2011.

Ilustração 1: Vidal de la Blache.
Fonte: RIBEIRO, 1968.

Foto 5: MARTINS, Yuri. Veneza. 2011.

Foto 6: MARTINS, Yuri. Veneza. 2011.

Foto 7: LIRA, Larissa Alves de. Roma. 2011.

Ilustração 2: BRESSON, Jean-Pierre. Plan Géométral Gravé par Faure. 1772.
Fonte: DELEDALLE (2005)

Foto 8: LIRA, Larissa Alves de. Barcelona. 2011.

Mapa 1: Carta para servir à história da ocupação dos solos. Fonte: VIDAL DE LA BLACHE, 1994. As pequenas manchas verdes são as regiões florestais. As manchas amarelas são os solos fáceis para as culturas de cereais. As partes marrons são as aluviões litorais e a linha tracejada é a zona de culturas das castanhas. Nota-se um movimento vindo do leste, de um lado, e do sul do outro e a enorme extensão das culturas dos cereais.

**Mapa 2. As Regionalizações do Mediterrâneo:
cidades e áreas citadas por Vidal de la Blache por documento (1872,1873,1875,1886, 1918)**

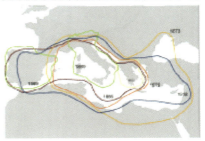

Concepção e organização: Lira, Larissa, 2012

Mapa 2: Esse conjunto de mapas tem por objetivo explicitar o caminho metodológico de Vidal de la Blache em relação ao Mediterrâneo. O que se observa em primeiro lugar é que, quando Vidal transita dos métodos epigráficos e históricos ao método geográfico, ele amplia a escala de análise. Em segundo lugar, a julgar pela data do documento e pela escala de cada uma das análises, Vidal primeiro adota um grande Mediterrâneo para então promover uma redução progressiva da escala para finalmente voltar ao grande Mediterrâneo. Trata-se, ao nosso ver, de sair do universal para o particular e retornar novamente ao universal. A escala de análise vidaliana, portanto, não se encaixa exclusivamente no âmbito do que ficou cristalizada como a escala regional da Geografia francesa.

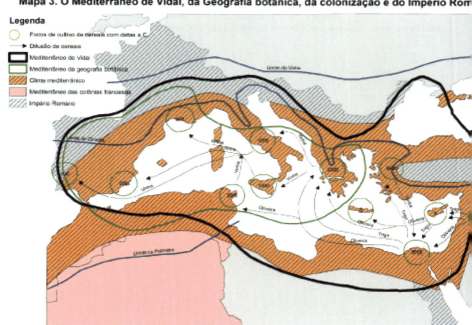

Mapa 3: Este mapa tem por objetivo demonstrar diferentes referências regionais de análise do Mediterrâneo que podem ter influenciado Vidal de la Blache. No entanto, apesar da variedade de referências (Geografia botânica, colonização e do império romano), o que se observa é que a escala de análise mais próxima da escala de Vidal de la Blache é justamente o Mediterrâneo da Geografia botânica, o que fortalece o argumento de que a Geografia de Vidal é um cruzamento entre a Geografia física e a História.

to 9: MARTINS, Yuri. Lisboa. 2011

Mapa 4: Italie Politique
Fonte: VIDAL DE LA BLACHE, s/d.

Mapa 5: Italie Physique
Fonte: VIDAL DE LA BLACHE, s/d.

Mapa 6: Espagne et Portugal Politique
Fonte: VIDAL DE LA BLACHE, s/d.

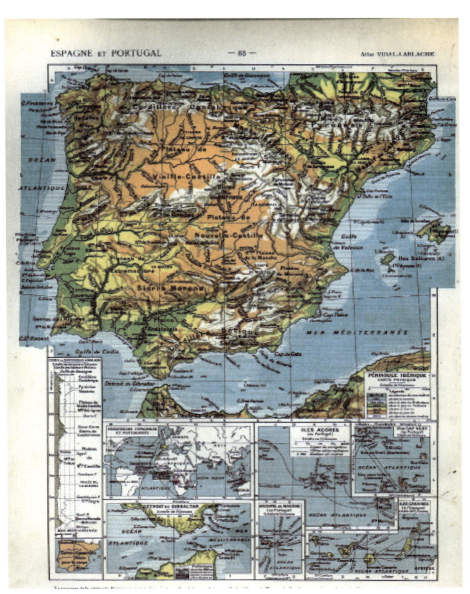

Mapa 7: Espagne et Portugal Physique
Fonte: VIDAL DE LA BLACHE, s/d.

Esta obra foi impressa em São Paulo pela Gráfica Vida e Consciência no outono de 2015. No texto foi utilizada a fonte Vollkorn em corpo 10 e entrelinha de 14 pontos.